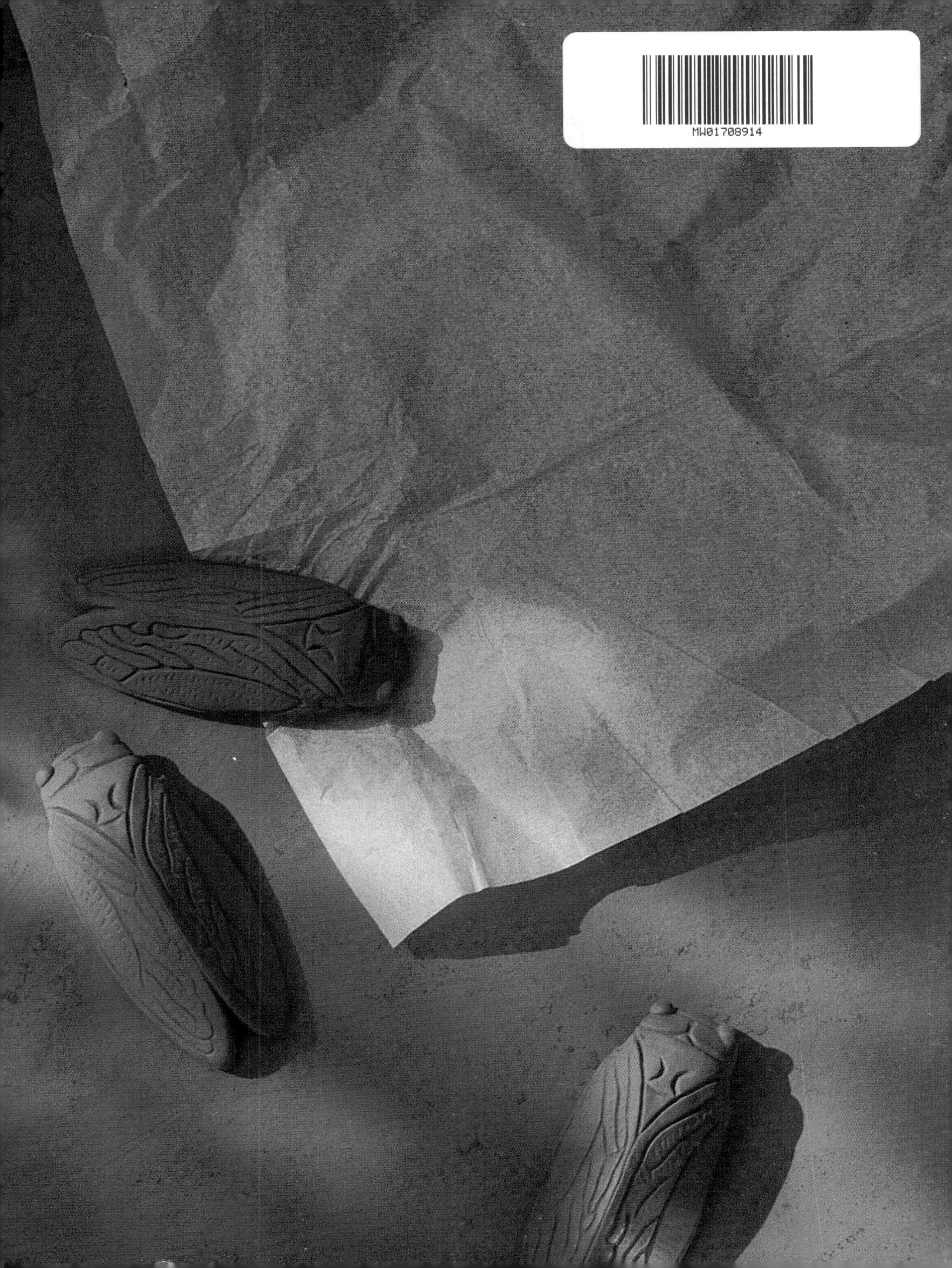

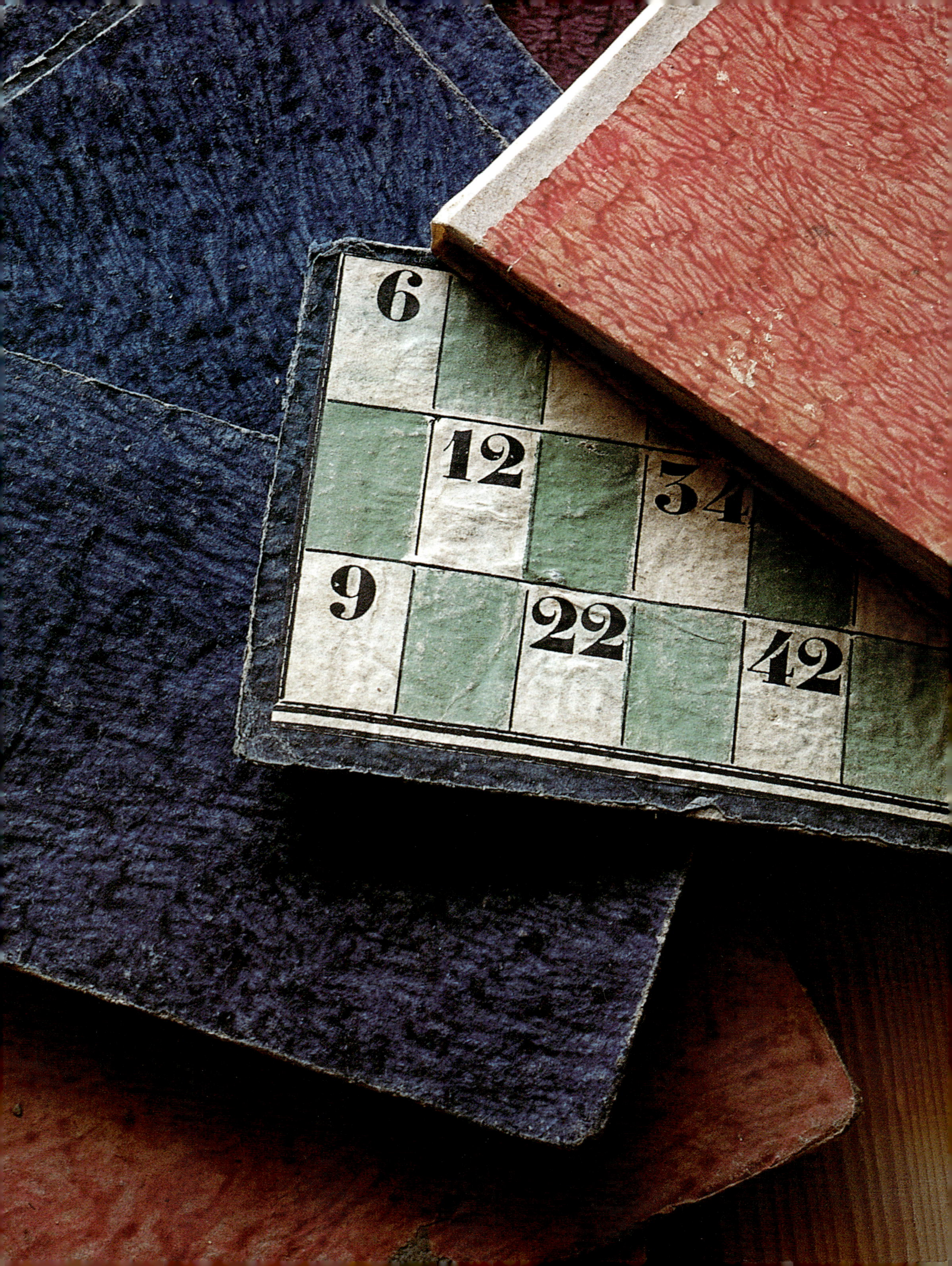
6
12
34
9
22
42

couleurs de Provence

Michel Biehn

Photographies originales

de Heinz Angermayr

Flammarion

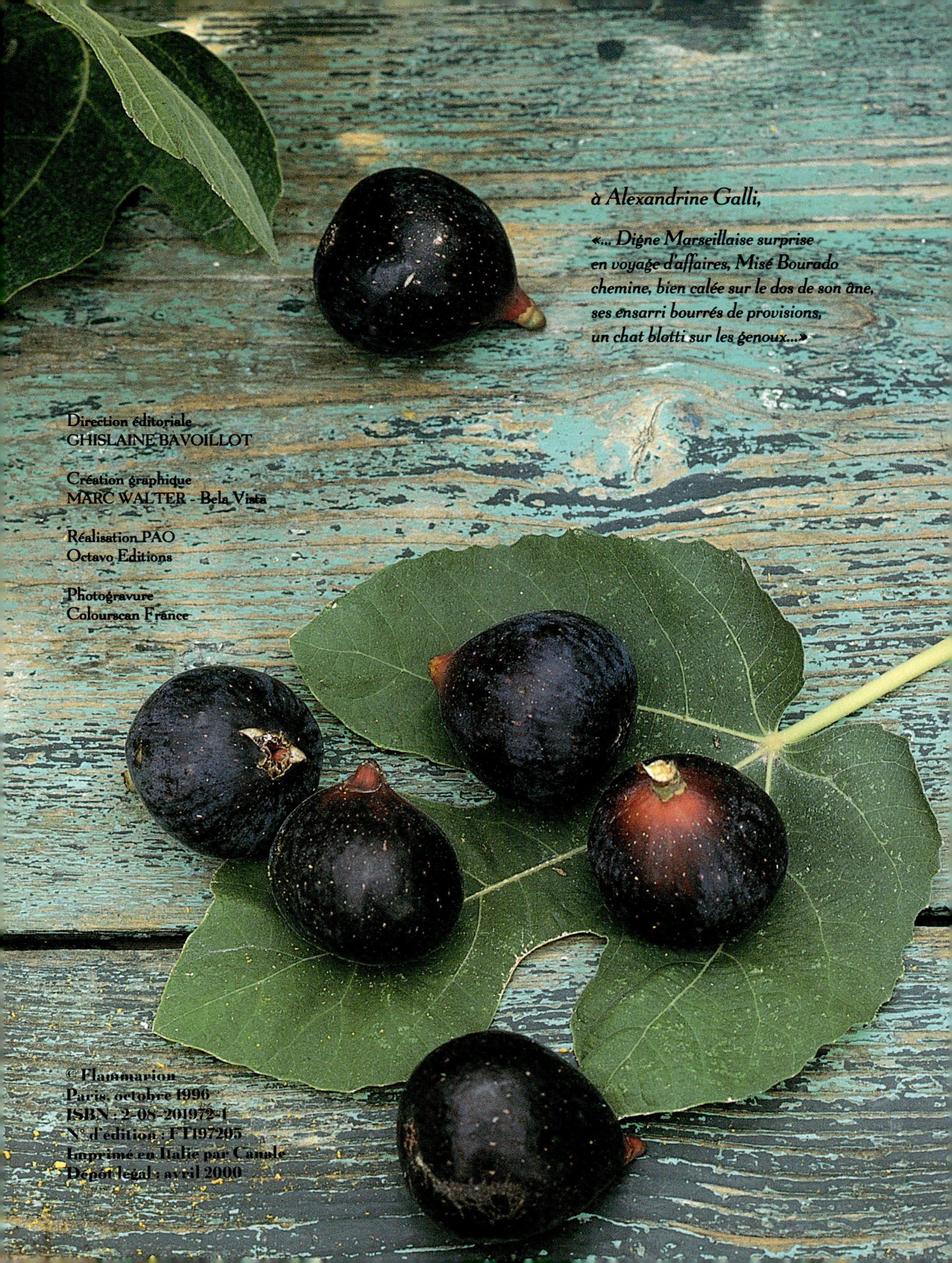

à Alexandrine Galli,

*«... Digne Marseillaise surprise
en voyage d'affaires, Misé Bourado
chemine, bien calée sur le dos de son âne,
ses ensarri bourrés de provisions,
un chat blotti sur les genoux...»*

Direction éditoriale
GHISLAINE BAVOILLOT

Création graphique
MARC WALTER - Bela Vista

Réalisation PAO
Octavo Editions

Photogravure
Colourscan France

Paris, octobre 1996
ISBN : 2-08-201972-1
N° d'édition : FT197205
Imprimé en Italie par Canale
Dépôt légal : avril 2000

Sommaire

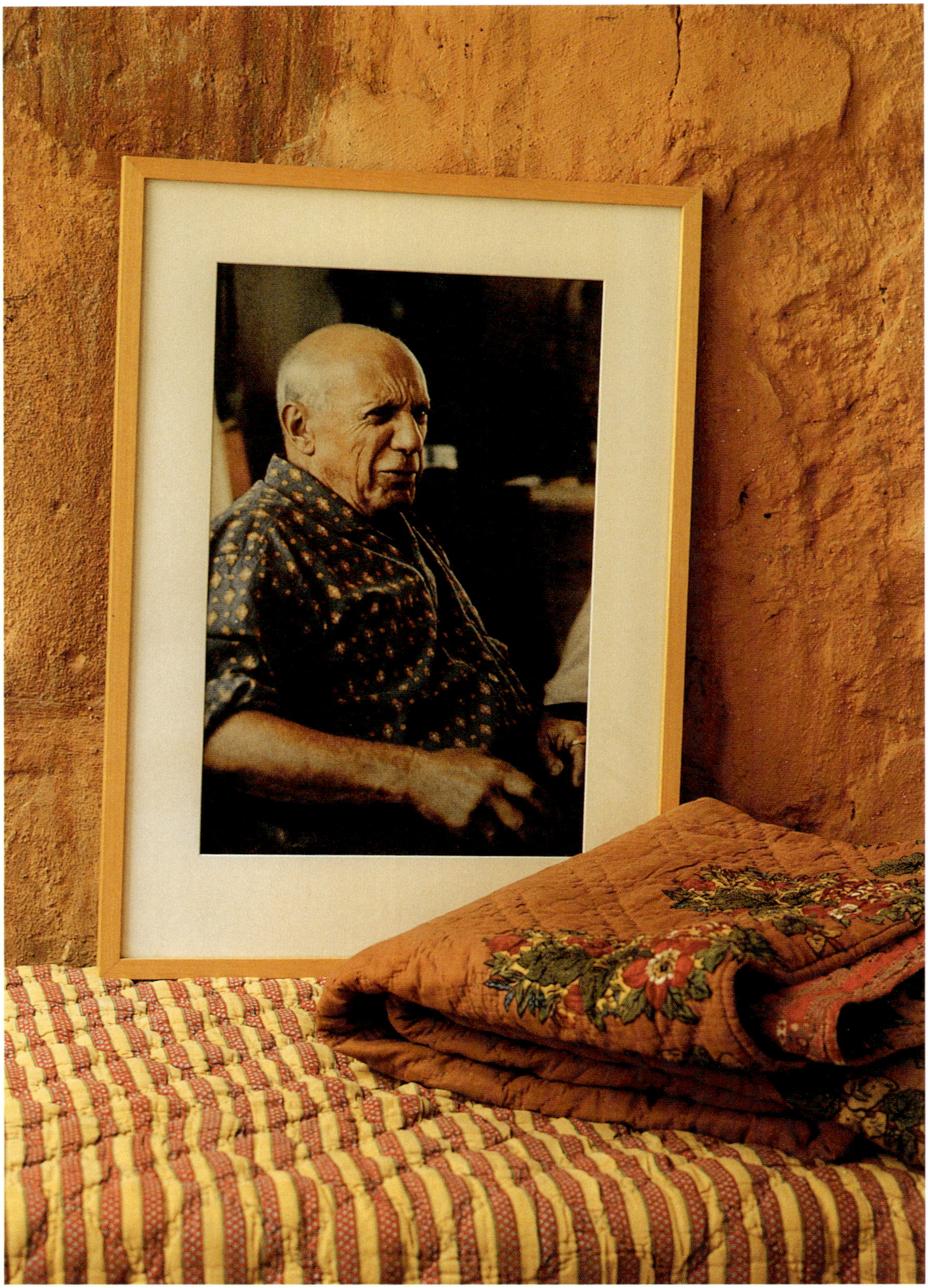

Provence, terre de couleurs

Au cœur du musée Charles-Demery à Tarascon, parmi documents et boutis anciens, une photo de Pablo Picasso vêtu d'une des premières chemises Souleiado imprimées à la planche (page ci-contre).

De la Provence de Mistral et de Léo Lelée, avec ses tambourins et ses cigales, ses bannières rayées de rouge et de jaune, ses brunes panetières et ses buffets à glissants de noyer ciré, à celle de Picasso, avec ses corridas en rouge et noir et les premières sublimes chemises Souleiado confidentiellement imprimées à la planche de bois par Charles Demery dans sa petite fabrique de Tarascon ; de la Provence de Van Gogh, avec ses tournesols, ses champs de blé, sa vigne rouge et ses jardins fleuris, à celle de Christian Lacroix en rose fuchsia, vert absinthe et jaune de soufre, sa croix de Camargue, ses cœurs de boutis et ses belles Arlésiennes dansant au son des guitares gitanes ; des champs de lavande du plateau de Valensole aux falaises d'ocre de Roussillon, des contreforts de la Sainte-Victoire aux murs en pierre de Bibemus des bastides aixoises, des étals de légumes des marchés de Provence aux indiennes fleuries teintées par la garance, l'indigo et la genestrolle, tout ici est couleurs, vibrations colorées dans la franche lumière du soleil provençal. Les couleurs de Provence, tout comme d'ailleurs ses saveurs et ses parfums, ont conquis aujourd'hui le monde entier. La Provence fait fureur. De Tokyo à Toronto, de Stockholm à San Francisco, l'ocre jaune et l'ocre rouge envahissent les murs de restaurants d'où s'échappent de délicieux effluves de basilic, de thym et de romarin, et les vitrines des boutiques provençales étalent la gaieté des cotonnades imprimées et la générosité des poteries débordantes d'huile d'olive, de lavande et de savons de Marseille.

Souvenez-vous, dans les années 70, les antiquaires des Alpilles meublaient les belles maisons d'alentour de tables de couvents espagnols et de rares meubles de haute époque. A l'intérieur, les murs étaient uniformément blancs, les poutres brou-de-noix et les pierres « apparentes ». On ôtait le crépi des façades anciennes et l'on construisait « néo-provençal » à tort et à travers. La toile de jute, brune ou beige, parfois orange ou bleu pétrole, ornait les fenêtres. Et des ateliers des artisans-chevriers du Larzac ou du Luberon nous parvenaient d'étranges abat-jour tissés de mèches de laine aux couleurs de la bête, qui rejoignaient sur l'indispensable pétrin de gigantesques bouquets de monnaie-du-pape.

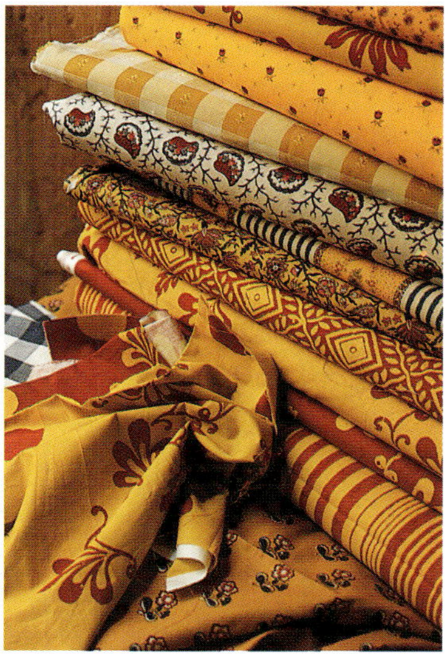

Les motifs des tissus Souleiado sont pris dans l'exceptionnelle collection de planches de bois gravées conservées dans les greniers de la fabrique à Tarascon.

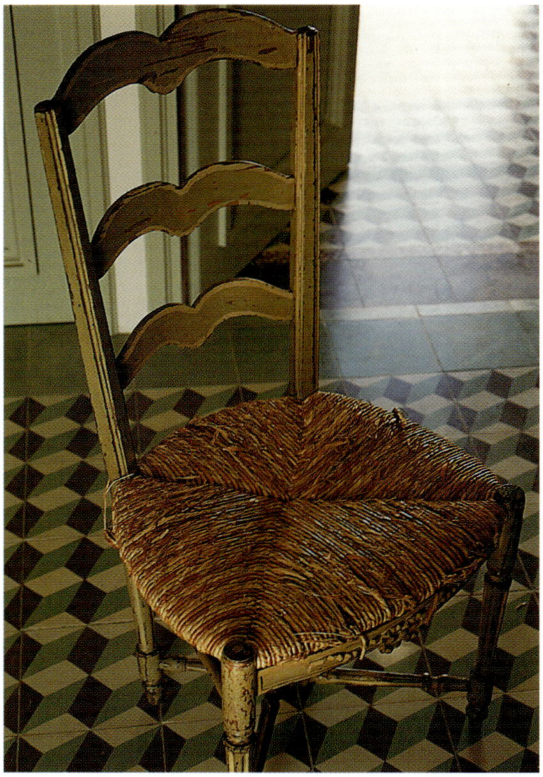

Les sièges provençaux étaient souvent garnis de paille torsadée comme cette chaise du XVIIIe (ci-contre). Les toiles rayées et les étoffes imprimées de fleurs de ces costumes traditionnels du bord de mer – première moitié du XIXe siècle – conjuguent le chanvre, le lin, la soie et le coton (page ci-contre).

Puis vint la mode de la brocante, et bien vite l'on décapa tous les meubles peints pour montrer le pin « blond, couleur de miel et de blé mûr », en même temps que l'on découvrait les céramiques de Massier, barbotines de Vallauris, à la joyeuse polychromie sucrée.

C'est alors que deux Américains, Pierre Moulin et Pierre Le Vec, et leur best-seller, *L'Art de vivre en Provence*, nous montrèrent une nouvelle Provence, vue d'Amérique. Les murs de pierre furent recrépis, mais aux couleurs de l'Italie cette fois ; l'olivier et la lavande donnèrent leurs teintes aux peintures des chaises et des volets ; le fer forgé, uniformément peint en vert sombre, meubla les jardins ; les tissus provençaux envahirent toute la maison ; et radassiers paillés et jarres d'Anduze devinrent symboles de l'art de vivre.

Dans le même temps, la mode des *quilts* américains nous faisait nous souvenir de leurs lointains ancêtres, les merveilleux piqués de Marseille et les boutis, tandis que la mode des châles de cachemire éclairait différemment les imprimés provençaux. Ensuite, les indiennes détrônèrent les motifs cachemire, et c'est la jolie Provence du XVIIIe, celle de *L'Atelier des couturières* de Raspal et des couvertures piquées fleuries, des meubles peints de gris et des toiles rayées de blanc et d'indigo, qui prit le devant de la scène, bien vite complétée par les accents dépouillés d' un proche cousin suédois, Gustave III.

Aujourd'hui, la Provence semble retrouver un peu de sa simplicité coutumière et, dans les pages du magazine *Côté Sud*, les toiles bises de lin et de gros chanvre brut, les meubles peints aux douces patines se détachent sur des fonds badigeonnés à la chaux teintée d'ocres jaunes ou rouges et sur des sols carrelés de ciment aux dessins polychromes. Et les belles armoires, les crédences, les buffets à glissants, les *estagniés* (étagères réservées aux étains), les panetières de bois ciré ? Ces beaux meubles de noyer d'un

Détail de la porte polychrome d'une armoire d'Uzès, XVIIIe siècle (ci-contre).

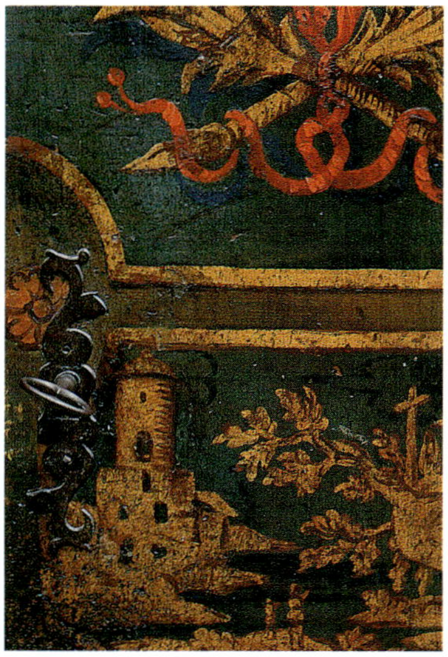

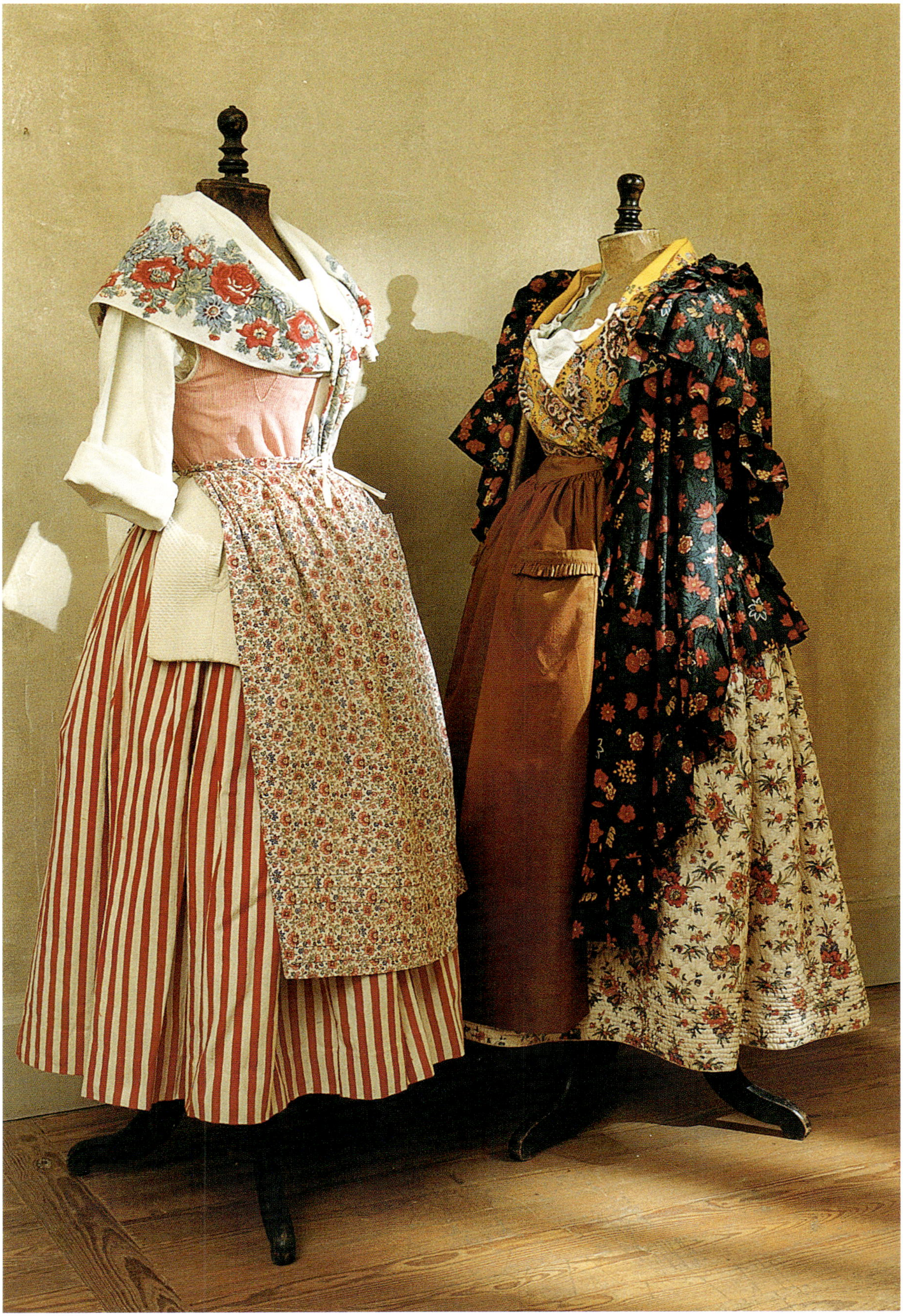

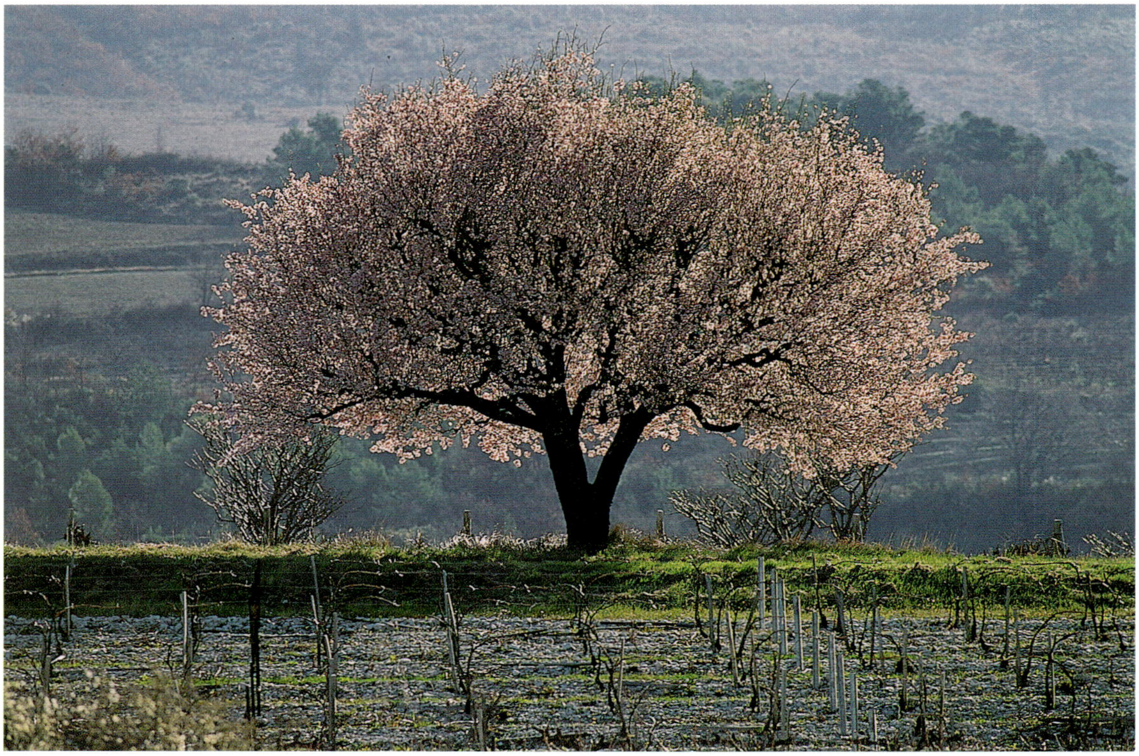

jaune fauve veiné de brun et de noir, polis et lustrés par deux siècles de couches d'encaustique, ne sont plus à la mode. On leur préfère des meubles de magasin ou d'office et quantité de meubles modestes faits en bois de pin et enduits de peinture ou de « patines » savamment et récemment élaborées.

Tout cela pour dire l'évidence que la Provence, sa terre, ses fleurs et ses fruits, ses peintres, ses antiquaires, ses artisans, son art populaire et ses tissus, ses matières et ses couleurs influencent le goût et la mode depuis bien longtemps, et que le goût change ici comme ailleurs. Et la Provence est faite de toutes ces Provences-là, comme si la mode se contentait d'éclairer successivement, un jour ici, le lendemain là, parfois avec délicatesse, parfois dans la caricature ou la dérision, les beautés et les richesses de ce magnifique pays. Mais la Provence est belle depuis des millénaires, et nos pierres dorées et nos champs d'amandiers en verront encore bien d'autres...

L'amandier en fleur est le premier qui marque le triomphe du printemps sur la mort de la terre.

La couleur aujourd'hui triomphe partout, dans l'image, la photographie, la pub, le vêtement, la maison. L'extraordinaire développement et la très récente maîtrise de la chimie des couleurs permettent ce triomphe. Qu'on se rappelle que pendant des siècles les indienneurs ne savaient imprimer la couleur verte sur une étoffe qu'en superposant du jaune et du bleu. Mais, alors que le bleu indigo était « de grand et bon teint », c'est-à-dire solide et résistant à l'eau et à la lumière, le jaune de fustet, de sumac ou de génestrelle était lui de « petit teint », c'est-à-dire qu'il s'évanouissait au premier lavage. Et c'est ainsi que les verts ont disparu de la plupart des toiles imprimées anciennes. Ce n'est qu'en 1808 que, pour la première fois dans l'histoire de l'impression sur tissu, on sut obtenir un vert solide et résistant en une seule application.

Dans les tableaux de Bruegel l'Ancien, le monde paysan du XVIe siècle est montré principalement vêtu d'étoffes brunes ou beiges, c'est-à-dire dans les couleurs naturelles de la fibre, sans teinture. C'est bien qu' alors la couleur est un luxe réservé à l'élite. On est loin de l'hallucinante polychromie fluorescente des fibres synthétiques des rayons de vêtements de nos supermarchés. Et par un juste retour des choses, l'élégance « branchée » d'aujourd'hui se fait noire en ville et de lin blanc et beige pour les vacances.

Lorsque, vers 1900, Méliès réalise les premiers films en couleurs, c'est en peignant la pellicule à la main, au pochoir, image par image, comme au Moyen Age un bénédictin enluminait un manuscrit ou comme au XVIIIe une pinceauteuse armée d'un pinceau fait de ses propres cheveux coloriait les fleurettes d'une toile de Jouy. Le cinéma en technicolor n'apparaît qu'en 1928 et la première télévision en couleurs en 1953 aux Etats-Unis.

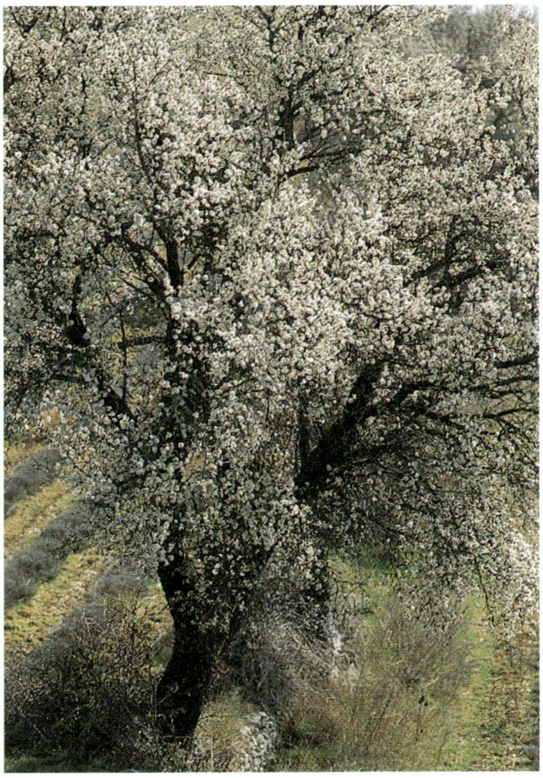

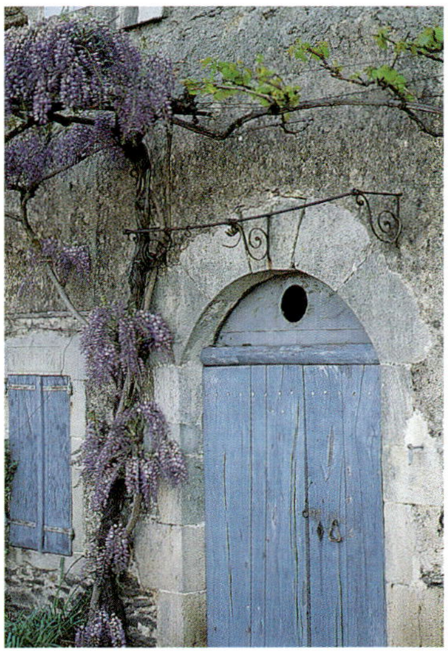

Les années 50 marquent d'ailleurs l'explosion des couleurs dans la maison et la mode, sans doute en réaction aux longues années grises de la guerre. Le IIIe Reich avait imposé au monde une coloration violemment perverse et limitée. Le noir et le gris des uniformes, des fumées et des cendres servaient de fond au rouge des drapeaux nazis, des flammes et du sang, alors que l'étoile jaune était symbole d'infamie. Dès la Libération, l'Europe retrouve ses couleurs, avec joie. Le bleu rejoint le rouge et le blanc au pavois des drapeaux alliés. Les déserts calcinés des champs de bataille reverdissent. Et, dans l'énergie du boum économique, l'industrie produit des voitures, des textiles et des objets d'usage qui désormais ne sauront plus jamais se passer de couleurs. Mais le bonheur de l'après-guerre et le progrès technique ne suffisent pas à expliquer cette explosion colorée. Il faut ajouter à cela la fête psychédélique des hippies dans les années 60, en réaction celle-ci à une autre guerre, celle du Vietnam, l'internationalisation du

Le mauve des glycines et les gris des pierres et des peintures se rencontraient souvent sur les façades des mas (en haut). Les amandiers se couvrent d'une délicate neige blanche ou rose (ci-contre).

La folle avoine et la lavande en fleur font triompher l'été sur la montagne de Lure.

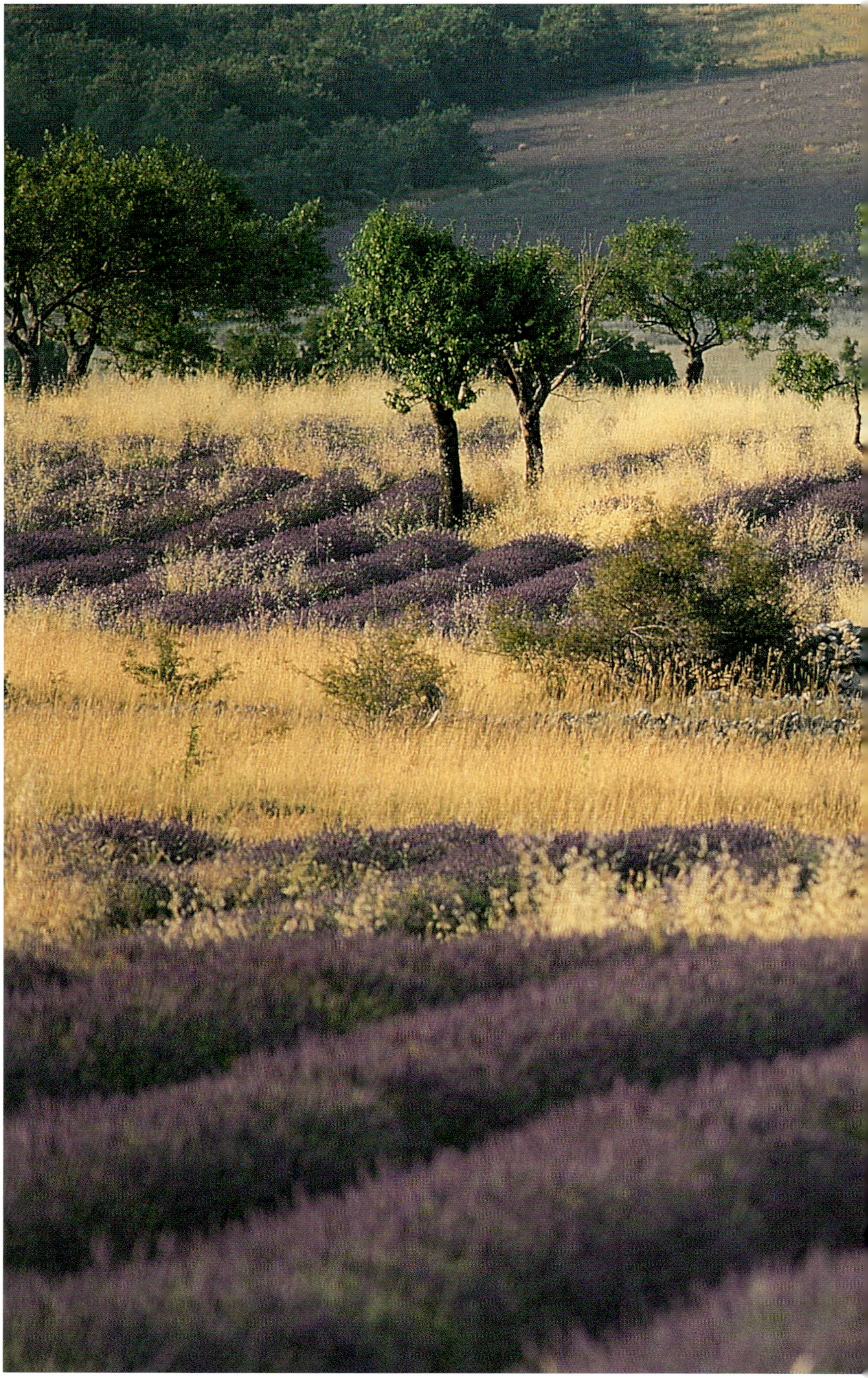

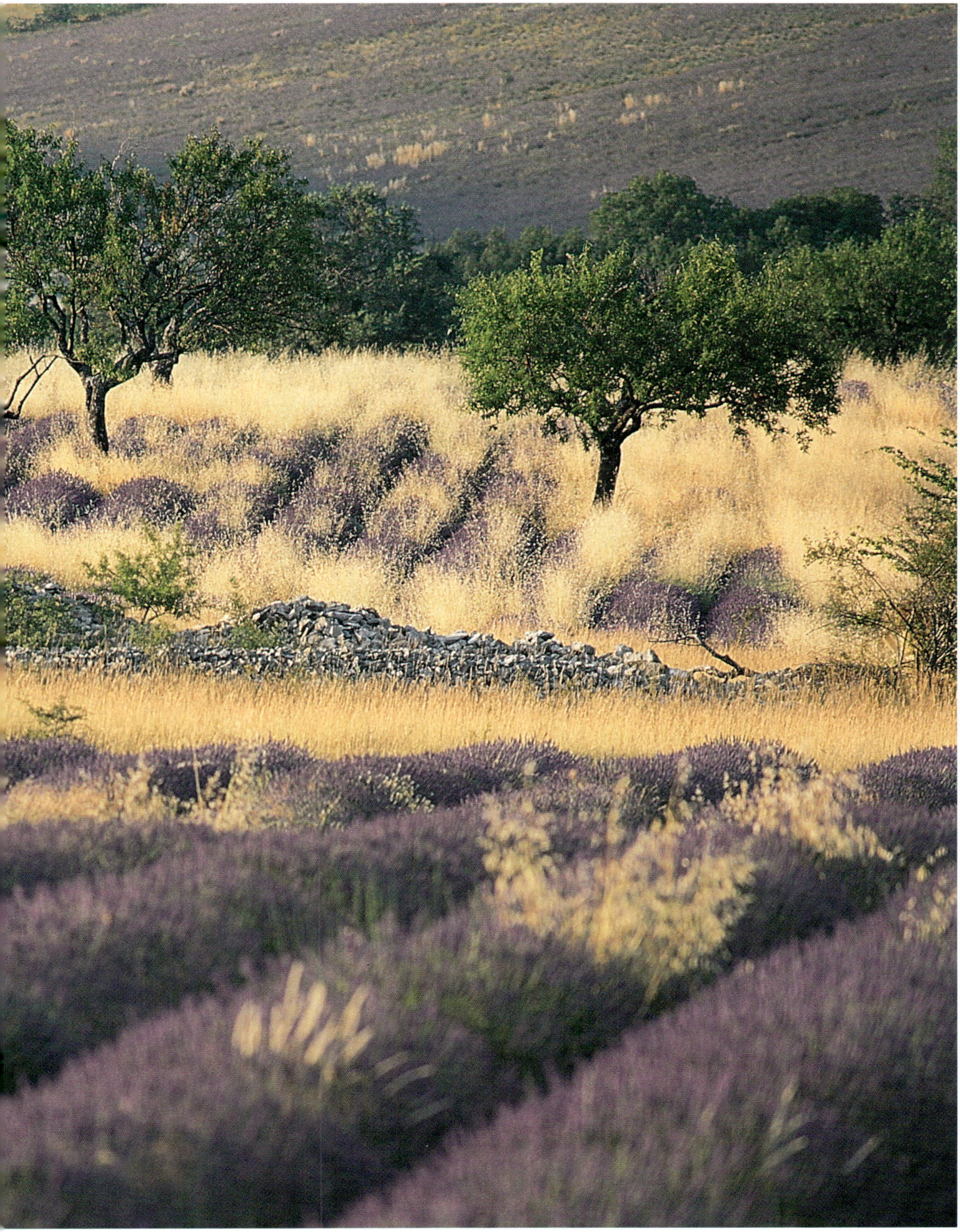

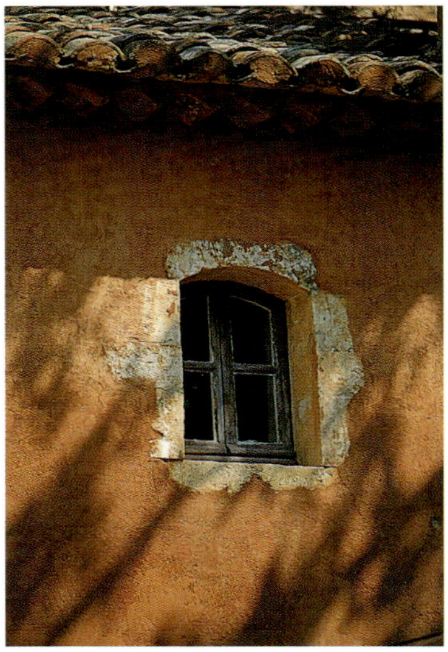

Une fenêtre à Roussillon (ci-contre).
Ces anciens récipients colorés par les sulfates servaient à traiter vignes et cerisiers (en bas, à gauche).
Fleur de tournesol et petites figues noires de Caromb (en bas, à droite).

monde, le métissage des cultures et le tourisme de masse. Alors, le turquoise des lagons, le bleu des hommes du désert, le rose indien des saris et le jaune safran des robes de bonze enrichissent encore la palette. Et c'est ainsi que, pour sa collection d'été 93 et pour fêter ses soixante ans d'existence, la célèbre chemise Lacoste put oublier sa blancheur originelle pour emprunter soixante coloris différents.

Si pendant des siècles on a considéré la couleur comme une substance ou comme une fraction de lumière, ce n'est que plus récemment que l'on s'est mis à l'envisager davantage comme une sensation. La couleur n'est rien sans la sensibilité de celui qui la regarde. Il semble même que la couleur dans son rayonnement génère des forces, que nous en soyons conscients ou pas, et les publicitaires du XXe siècle ont appris à en maîtriser les effets avec la même efficacité que les maîtres verriers du Moyen Age qui, dans les cathédrales, utilisaient les couleurs des vitraux pour créer une atmosphère qui élevait l'âme des fidèles. On redécouvre aujourd'hui l'importance des couleurs pour vendre, pour mettre en appétit, pour calmer, pour stimuler. Elles peuvent rendre gai ou incliner à la mélancolie. Elles poussent à l'agressivité comme elles conduisent à la sérénité, provoquent des sensations de fraîcheur ou de chaleur, d'espace ou d'étouffement. Elles nous manipulent dans notre comportement quotidien.

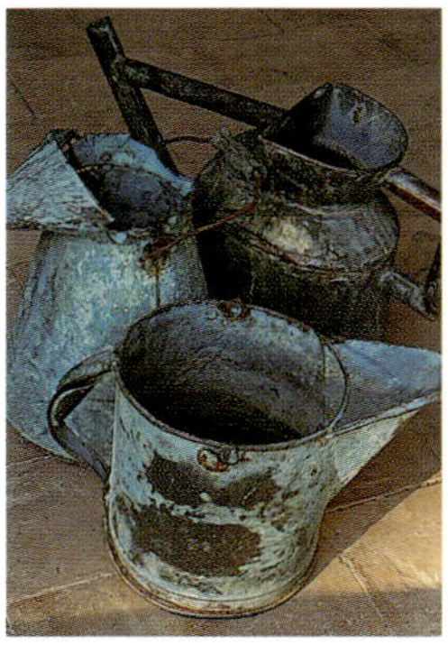

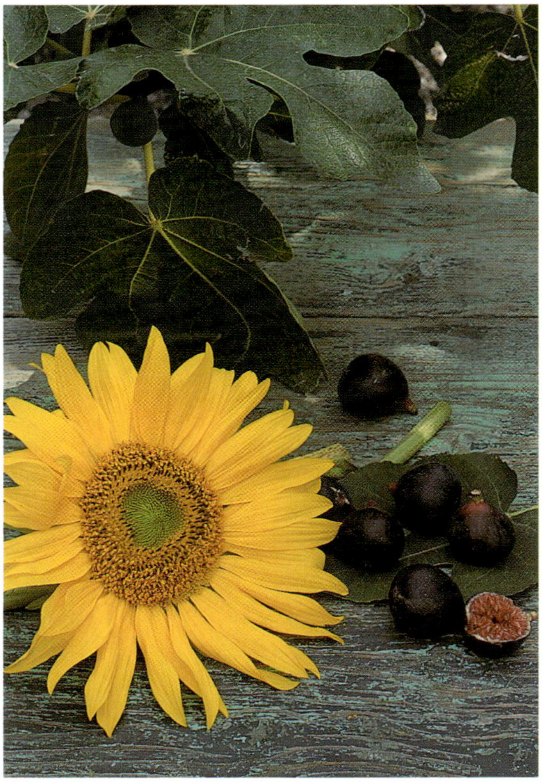

Mais tout cela mérite d'être relativisé, parce que nous ne percevons pas tous les couleurs de façon identique. D'autre part, si l'on compte sept couleurs dans l'arc-en-ciel, l'œil peut y distinguer en fait plus de sept cents teintes différentes. Et puis, une couleur est indissociable de la matière qu'elle colore ; ainsi, la même intensité de bleu sera perçue très différemment selon que l'on regarde la mer ou la barque peinte. Enfin, une couleur n'existe que par rapport aux couleurs qui l'entourent et à la qualité de la lumière qui la révèle.

Et c'est bien dans la lumière, dans l'étonnante qualité de la lumière du soleil provençal qu'il faut comprendre pourquoi les couleurs trouvent ici une force toute particulière. « L'Empire du Soleil », disait Frédéric Mistral. Et de fait, l'intensité de la lumière joue en Provence une étrange magie que peintres, céramistes, décorateurs et poètes sont de tout temps venus tenter de déchiffrer.

Je vais vous raconter ma Provence, celle de mon enfance dans les années 50, quand on parlait encore le provençal dans bien des villages et qu'on pouvait croiser au mois de juillet sur un chemin de poussière une charrette bleue tirée par un cheval et chargée d'une montagne de belles gerbes de blé.

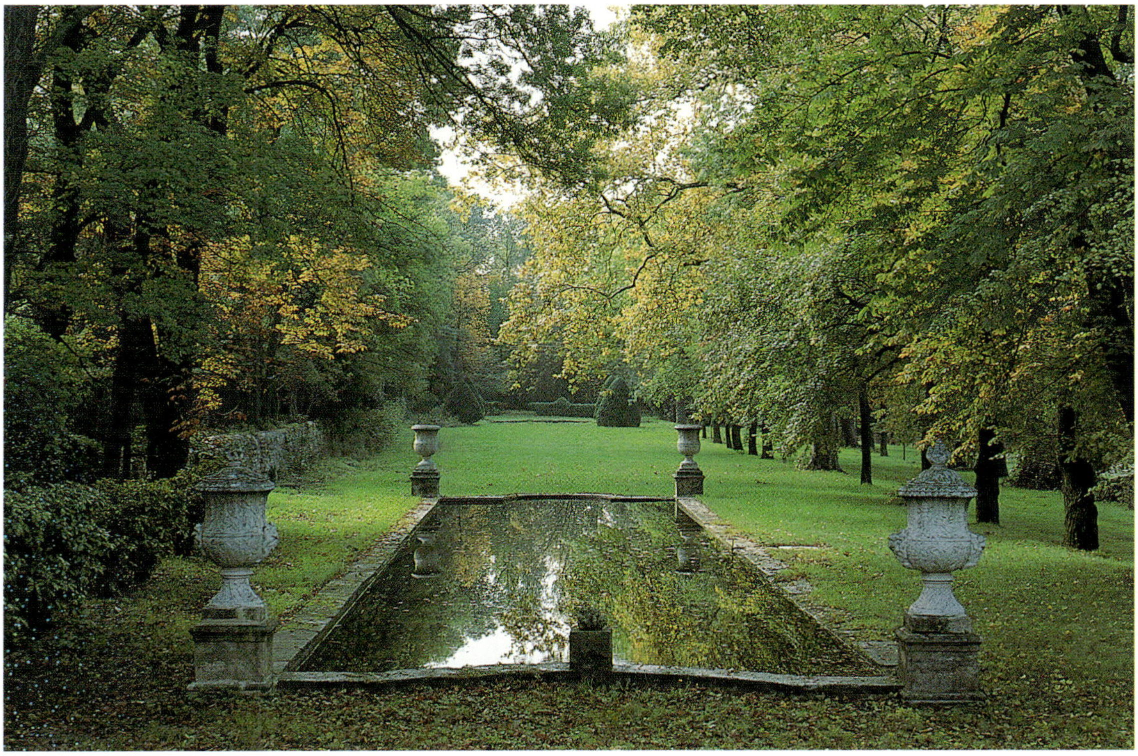

Les beaux jardins d'Albertas au sud d'Aix-en-Provence devaient accueillir un somptueux château dont la construction ne fut jamais entreprise.

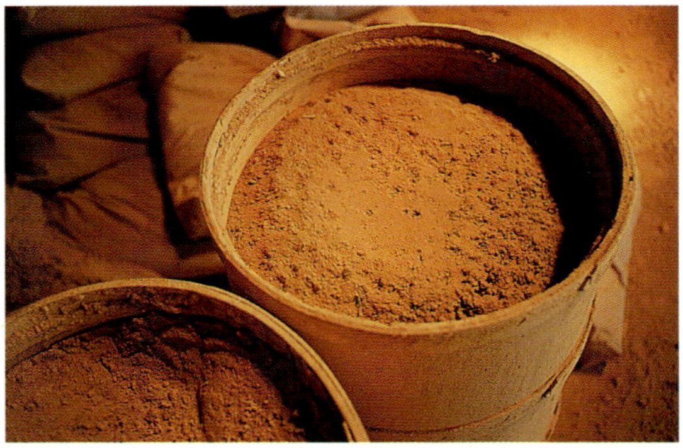

Les murs de la salle à manger du château de l'Ange à Lumières ont été badigeonnés de lait de chaux coloré d'ocre rouge (page ci-contre).

Je vais décrire les objets qui s'étaient accumulés de génération en génération dans la grande maison de famille où je passais mes vacances d'été, simples et magnifiques objets du quotidien, les terres vernissées aux délicats reflets irisés, les couvertures fleuries patiemment matelassées par les grand-mères, les paniers d'osier, les tentures de bourrette de soie jaune qui pendaient aux fenêtres, et jusqu'aux bijoux d'or et de corail que l'on ne portait plus mais que l'on sortait souvent du grand tiroir de la commode, juste pour le plaisir de les regarder. Les couleurs de Provence, ce sont bien sûr les couleurs de la nature, ainsi que celles que l'homme s'est approprié pour son usage, les peintures, les teintures et les enduits. Par la porte ouverte sur les autres mondes qu'était le port de Marseille, les Provençaux ont découvert et assimilé avant les autres toutes les couleurs de la Chine, de l'Inde, de la Perse, de l'Afrique et même du Nouveau Monde. Je vais vous conter l'histoire de ces voyages, des produits exotiques qu'étaient l'orange et l'indigo, la tomate et la garance, faire revivre les métiers de corailleur, de salinier, d'ocrier et de bugadière, décrire avec soin les techniques ancestrales de la fabrication du pastel pour teindre en bleu ou de la délicate broderie au boutis pour orner les jupons de mariage, exciter votre gourmandise avec la soupe de petit épeautre et le riz aux favouilles, vous émouvoir avec le récit du martyre de sainte Barbe ou celui des amours de dame Sermonde et de Guillaume de Cabestan.

Mais, au-delà du conte, je voudrais que ce livre vous aide à mieux comprendre et aimer la belle et paisible harmonie qui règne depuis toujours sur la terre de Provence.

Les terres d'ocre, pigments naturels des carrières de Roussillon, de Gargas et de Rustrel, colorent tout le pays d'Apt.

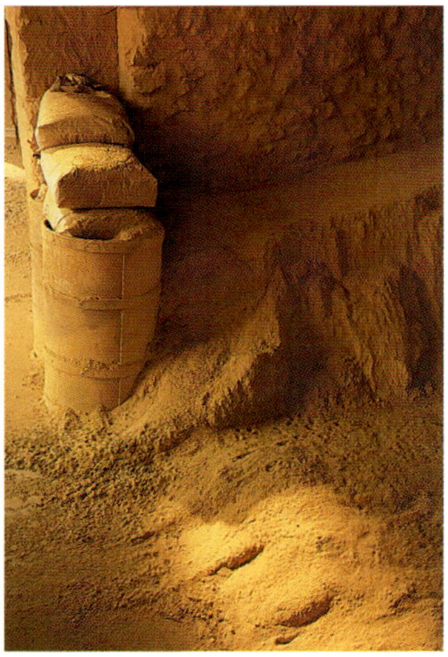

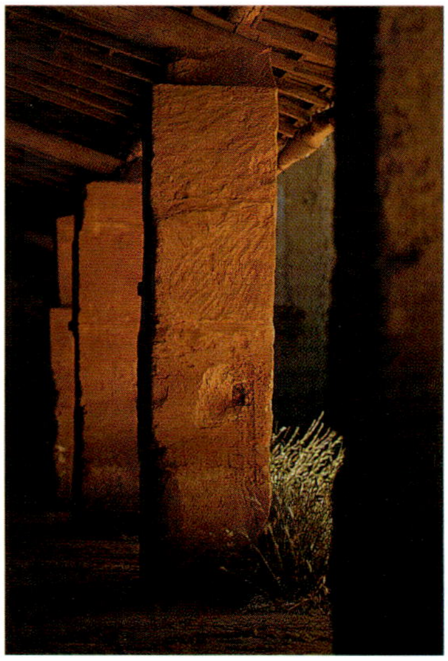

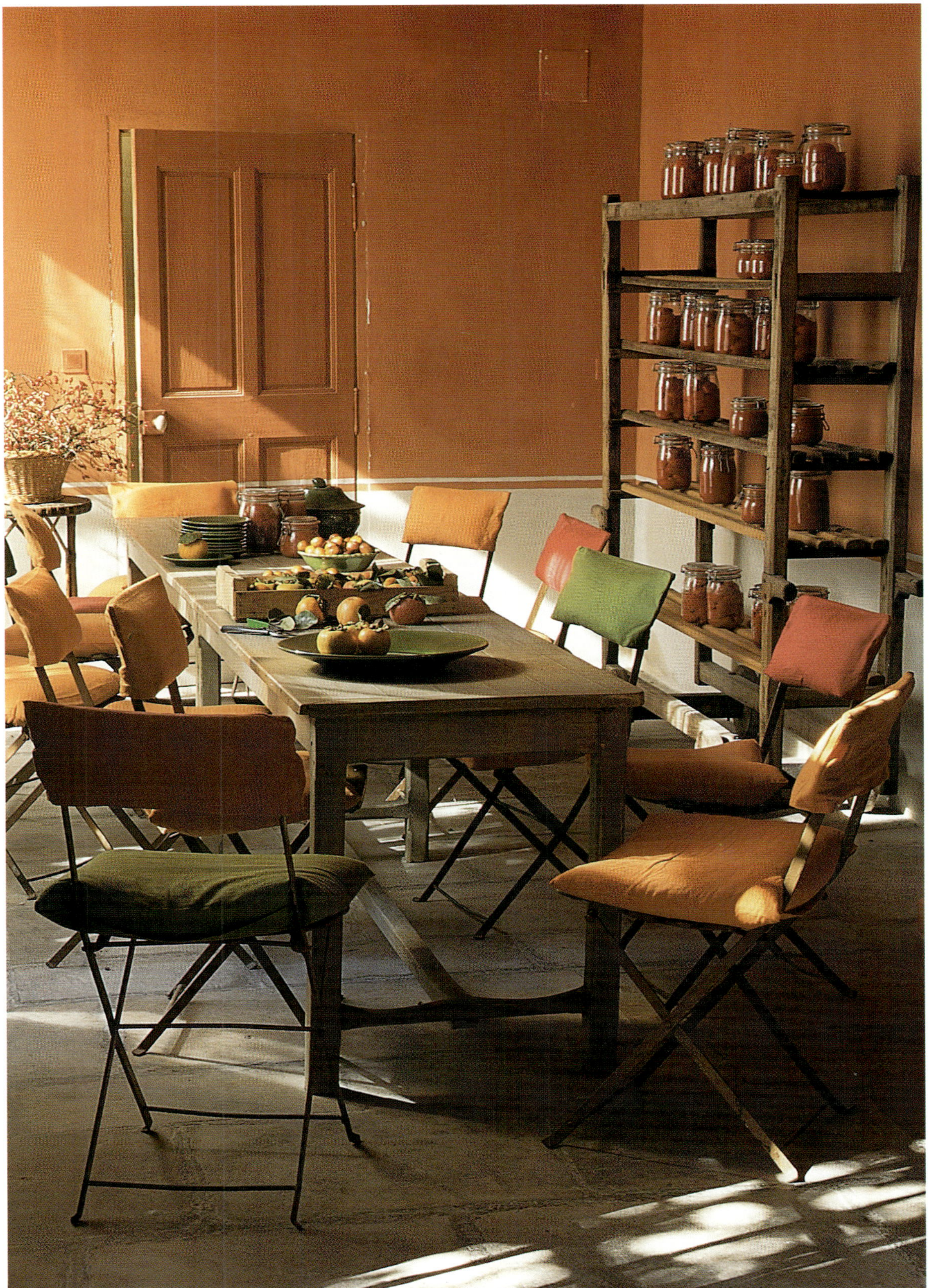

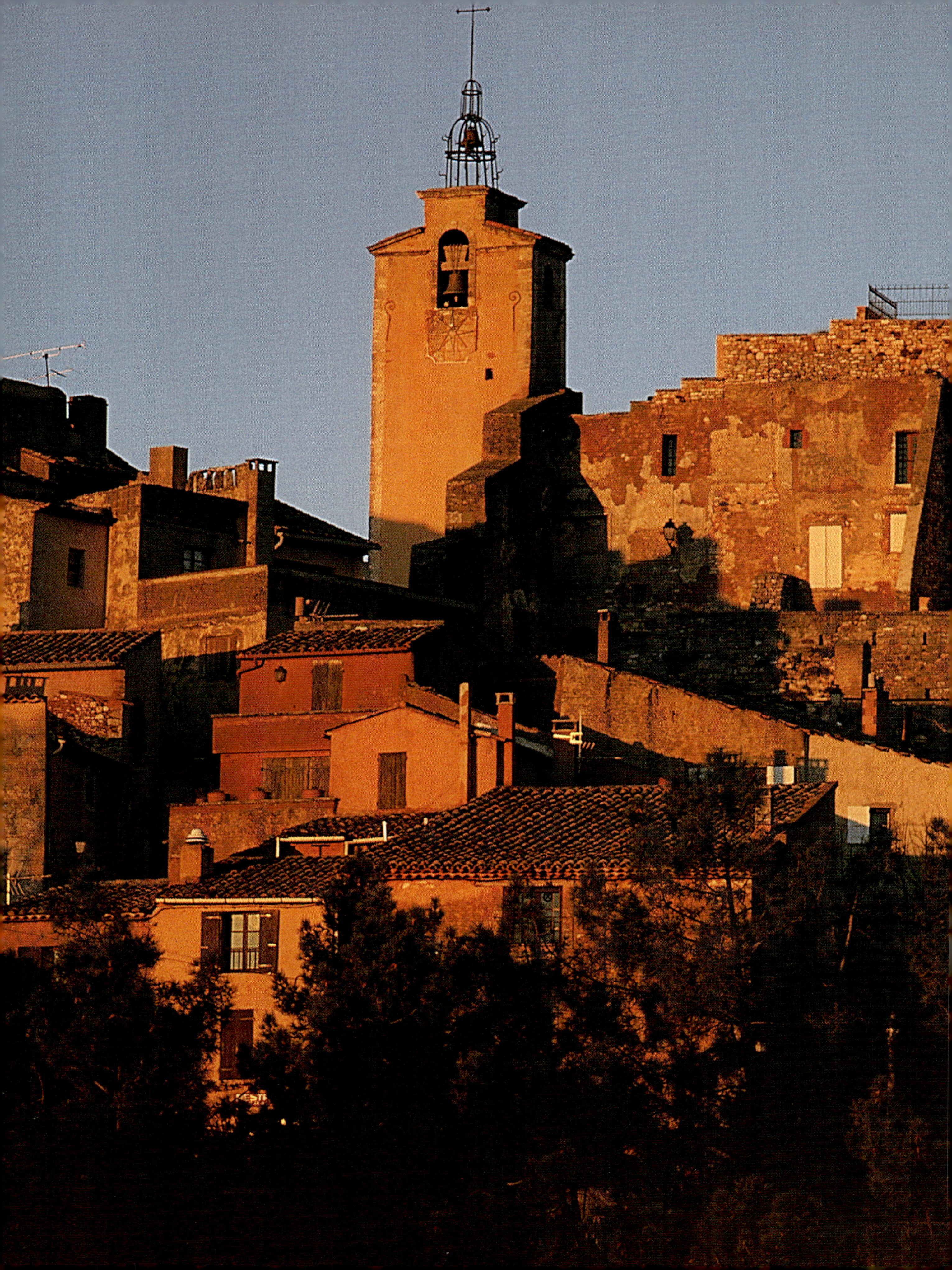

Rouge

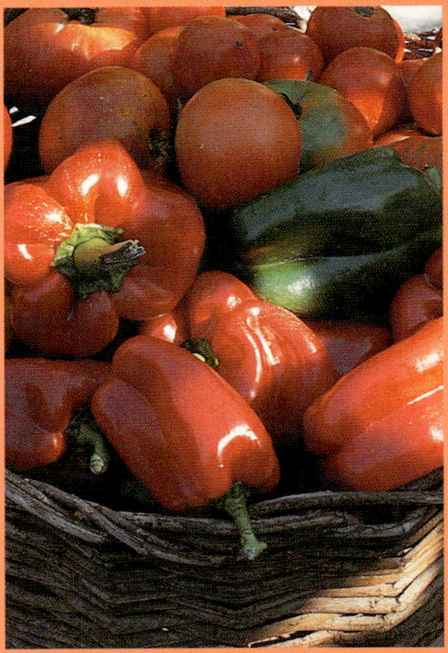

« La route suivait d'assez près le lit sec de la Durance en serpentant le long d'une rangée de collines. Elle entrait dans des vallons, elle en ressortait, traversait des vergers d'oliviers, des bosquets de saules, longeait des allées de peupliers d'Italie, passait des ruisseaux. Tout était immobile dans du plâtre bouillant. Le trot du cheval faisait tourner très lentement de chaque côté de la route, comme les rayons rigides d'une roue, des rangées d'arbres raides au feuillage de carton. Parfois, de petites fermes blêmes, les yeux clos, le nez dans la poussière, bavant un peu de paille, apparaissaient entre deux mûriers. Dans l'immobilité générale, Angelo aperçut sur le flanc des collines une tache rouge qui se déplaçait. C'était une paysanne en jupon qui descendait en courant... »

Jean Giono, Le Hussard sur le toit.

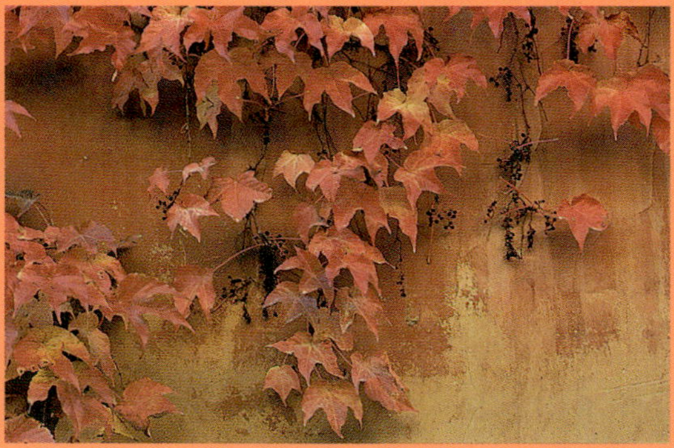

Le village de Roussillon au coucher du soleil (page 18). En octobre, les vignes vierges prennent les belles couleurs de l'automne (ci-contre).

Les Provençaux qui ont donné à la tomate le joli nom de « poumo d'amour », la pomme d'amour, ne se sont pas mépris sur le très fort symbole du rouge. C'est la couleur du feu et du sang qui coule, la couleur de l'amour sensuel et passionné. Le rouge est chaud, fluide, violent, indispensable à la vie. C'est la couleur première qui parle à l'enfance : la cerise du gâteau, l'irrésistible fraise. Et c'est aussi le rouge du fil dont les filles marquaient au point de croix les toiles blanches de leur trousseau.

Le rouge est éclatant, mâle, tonique, il incite à l'action. C'est le rouge du piment rouge d'Espagne qui donnera son feu à la rouille de la bouillabaisse des pêcheurs. C'est le rouge des drapeaux qui entraînent, et le drapeau de Provence est rayé de rouge et de jaune. C'est le bonnet rouge, bonnet phrygien des Marseillais, qui devint le symbole universel de la Révolution française. A la fin du XVIIIe siècle, les marins et les pêcheurs de Marseille portaient la *barreto*, grand bonnet de laine rouge tricoté aux aiguilles, pouvant aller du vermillon jusqu'au brun foncé et souvent bordé de noir. Ce bonnet fut importé à Paris par les sans-culottes marseillais et bien vite adopté par tous les révolutionnaires.

Au fait, comment obtenait-on ce rouge, sur le fil, la bannière et le jupon piqué ? Quels étaient les secrets des maîtres teinturiers de Marseille, d'Avignon ou de Nîmes ? C'est la belle histoire de la cochenille et du kermès du chêne, du rouge turc et de la garance.

D'une tout autre nature est le rouge qui surgit des profondeurs de la terre, l'argile qui se transforme en tuiles pour couvrir les toits ou en carreaux de terre cuite, l'ocre qui colore les falaises de Roussillon et la bauxite qui empourpre les contreforts de la Sainte-Victoire.

J'ai passé une grande partie de mon enfance à Aix-en-Provence. J'avais découvert, rangés sur les étagères des vitrines du Muséum d'histoire naturelle – entourés d'animaux empaillés, de papillons épinglés, de blocs de fluorine verte, de quartz rose et de rognons de marcassite, d'un petit singe un peu triste dans sa cage et d'un invraisemblable philodendron qui s'étiolait en étirant sa gigantesque liane pour faire plusieurs fois le tour de la pièce et dont les rares feuilles ne parvenaient pourtant pas à cacher les belles gypseries du plafond, tout cela dans une odeur de chiures d'oiseau et de savon de

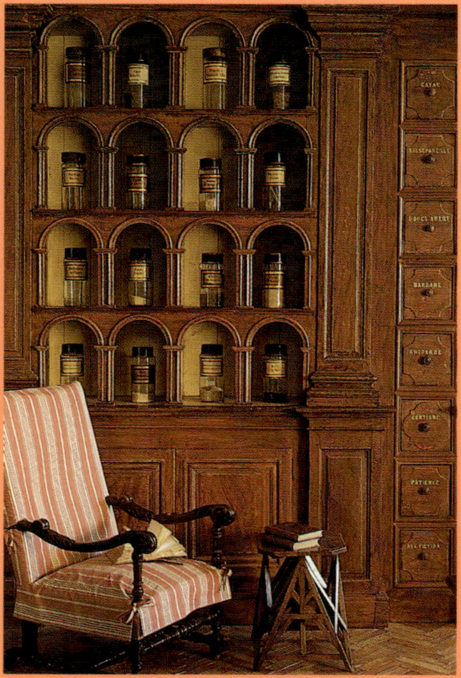

Marseille –, d'étranges objets, de couleur brique, de forme oblongue, un peu écrasés, recouverts d'une carapace brisée au grain régulier et délicat : des fossiles d'œufs de dinosaure. La petite étiquette manuscrite indiquait leur gisement au Tholonet, c'est-à-dire à quelques kilomètres d'Aix-en-Provence. Nous décidâmes donc, mon copain Nicolas et moi, de découvrir ce gisement d'œufs de dinosaure. Et nous passâmes d'innombrables jeudis après-midi à arpenter les ravines rouges teintées par la bauxite et couronnées de pins, entre

A quelques dizaines de kilomètres, par-delà la montagne du Luberon, se trouvent d'autres terres de couleur qui passent du rouge sombre à l'orange et du roux au jaune. C'est le village de Roussillon et les carrières d'ocre qui l'entourent. Là, les pierres, les enduits des façades, et jusqu'aux peintures des portes et des volets, tout est de la même couleur dans une infinité de nuances. Enfin, entre Aix-en-Provence et Marseille, se trouve la plaine d'Aubagne où depuis des siècles on extrait l'argile des tuiles, des tomettes, des pots et des santons.

Sur les falaises de Rustrel, le vert des pins fait chanter le rouge de l'ocre (ci-contre). De couleur sang-de-bœuf, ce meuble XVIIIe provenant d'une ancienne pharmacie d'Avignon orne maintenant les murs de la cuisine d'un mas dans les Alpilles (page ci-contre, en bas).

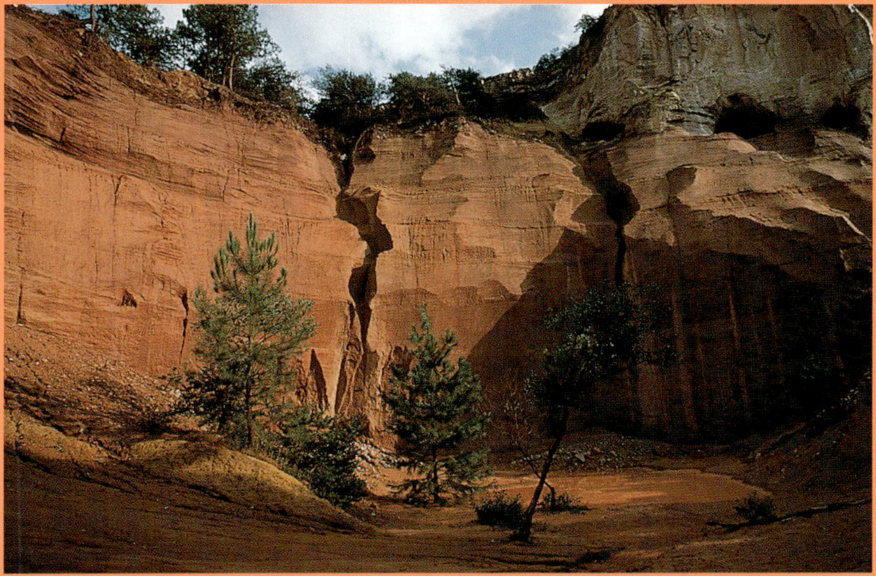

Beaurecueil et Châteauneuf-le-Rouge, pour chercher ce qui, dans notre imagination d'enfant, devait ressembler à quelque chose comme un gigantesque nid d'oiseaux ou un cimetière d'éléphants. Enfin, un jour que la pluie nous avait surpris, nous vîmes apparaître, étonnés et ravis, un de ces œufs, assez rapidement dégagé par l'eau rouge qui ravinait le flanc de la colline, aidée par l'eau du ciel, parfait, presque intact, spécimen exceptionnel, plus beau encore, nous semblait-il, que ceux exposés au Muséum. J'ai appris depuis la très grande importance de ce gisement unique au monde, qui est aujourd'hui rigoureusement protégé et dont l'étude passionne les paléontologues du monde entier.

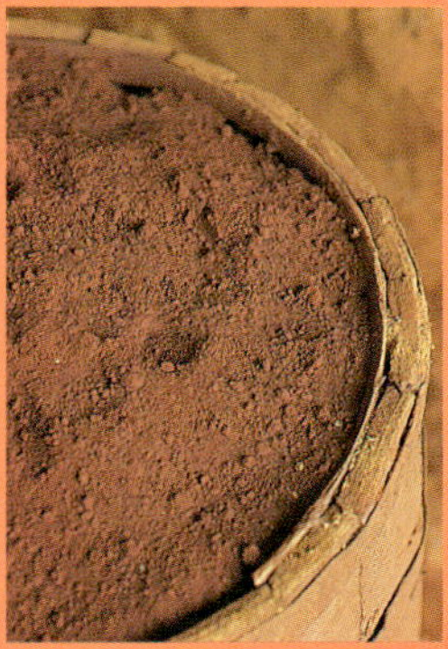

L'ocre rouge est en fait d'une infinité de teintes qui va de l'orange pâle au lie-de-vin le plus sombre (ci-contre).

la pomme d'amour

Les conquistadores espagnols et portugais revenaient du Nouveau Monde les cales chargées d'or et de pierreries, mais aussi de quantités d'épices, de fruits et de plantes jusque-là inconnus en Europe ; parmi toutes ces caisses de bois plantées de fragiles boutures qui survécurent aux rigueurs et aux dangers du voyage, quelques sacs de graines de tomate. La tomate s'est parfaitement acclimatée tout autour de la Méditerranée, mais il fallut attendre le XVIIIe siècle pour qu'elle fasse son apparition en Provence, et encore ne fut-elle considérée bien longtemps que comme une plante d'ornement.

Ce n'est qu'au XIXe siècle qu'elle fit vraiment partie de la cuisine provençale. Cependant la Provence est aujourd'hui l'un de ses principaux lieux de production. C'est un fruit d'été qui peut être cultivé toute l'année, sous serre. Mais les tomates de plein champ sont bien sûr plus savoureuses et l'époque de cette production se situe de mai à septembre. La plupart des tomates vendues couramment dans le commerce sont curieusement d'un rouge uniforme et parfaitement calibrées, comme si on les avait faites au moule, cela pour rassurer sans doute un consommateur peu averti. Heureusement, l'été, sur nos marchés paysans, on trouve toutes sortes de variétés de tomates, de toutes tailles, de toutes couleurs, chacune ayant ses qualités et se prêtant mieux que les autres à telle ou telle utilisation.

Les Provençaux font leur salade de tomates avec des fruits peu mûrs, très fermes, juste quand ils commencent à rougir, qu'ils sont encore rose pâle avec des traces de vert. Ils y ajoutent un filet d'huile d'olive, quelques feuilles de basilic et quelques grains de sel pour tout assaisonnement. Surtout pas de vinaigre ni de moutarde, l'acidité naturelle et le parfum délicat de la tomate suffisent largement. Le même assaisonnement conviendra parfaitement pour une salade de « tomates russes », choisies mûres, mais fermes. Ce sont de très grosses tomates de forme irrégulière, à tranches marquées comme celles d'une courge, parfois tachetées de jaune. Leur aspect déroute souvent quand on ne les connaît pas encore, mais elles sont véritablement exquises et leur chair sucrée, juteuse et très parfumée, en fait un fruit vraiment exceptionnel. Les olivettes, tomates petites, longues et fermes, sont parfaites pour les sauces et les coulis ; et les tomates rondes, vidées de leur jus et de leurs graines, acceptent avec bonheur d'être farcies d'un reste de daube hachée avec du riz, et gentiment confites à four doux.

Mais, puisque la tomate est un fruit, je vais vous expliquer maintenant comment confectionner une délicieuse confiture avec des tomates mûres. Il faut des tomates de plein été, très rouges et gorgées de soleil. Choisissez-les un peu grosses et bien fermes, car il va falloir leur ôter la peau. Pour cela, plongez-les une ou deux minutes – pas plus – dans une bassine d'eau en ébullition.

Les grosses « tomates russes », à la chair savoureuse, juteuse et parfumée (ci-contre). L'ail nouveau et le basilic sont les inséparables compagnons de la pomme d'amour (page ci-contre).

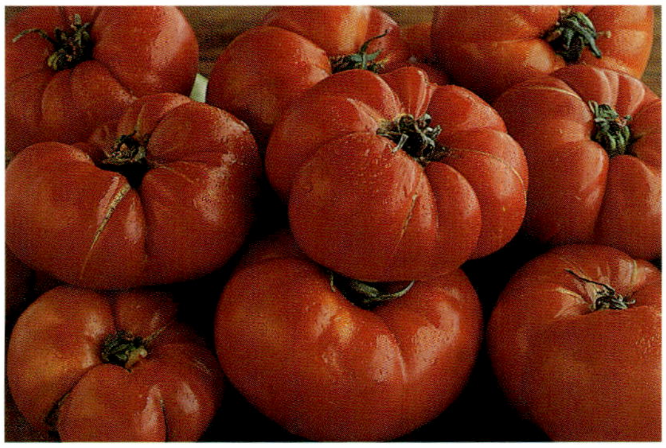

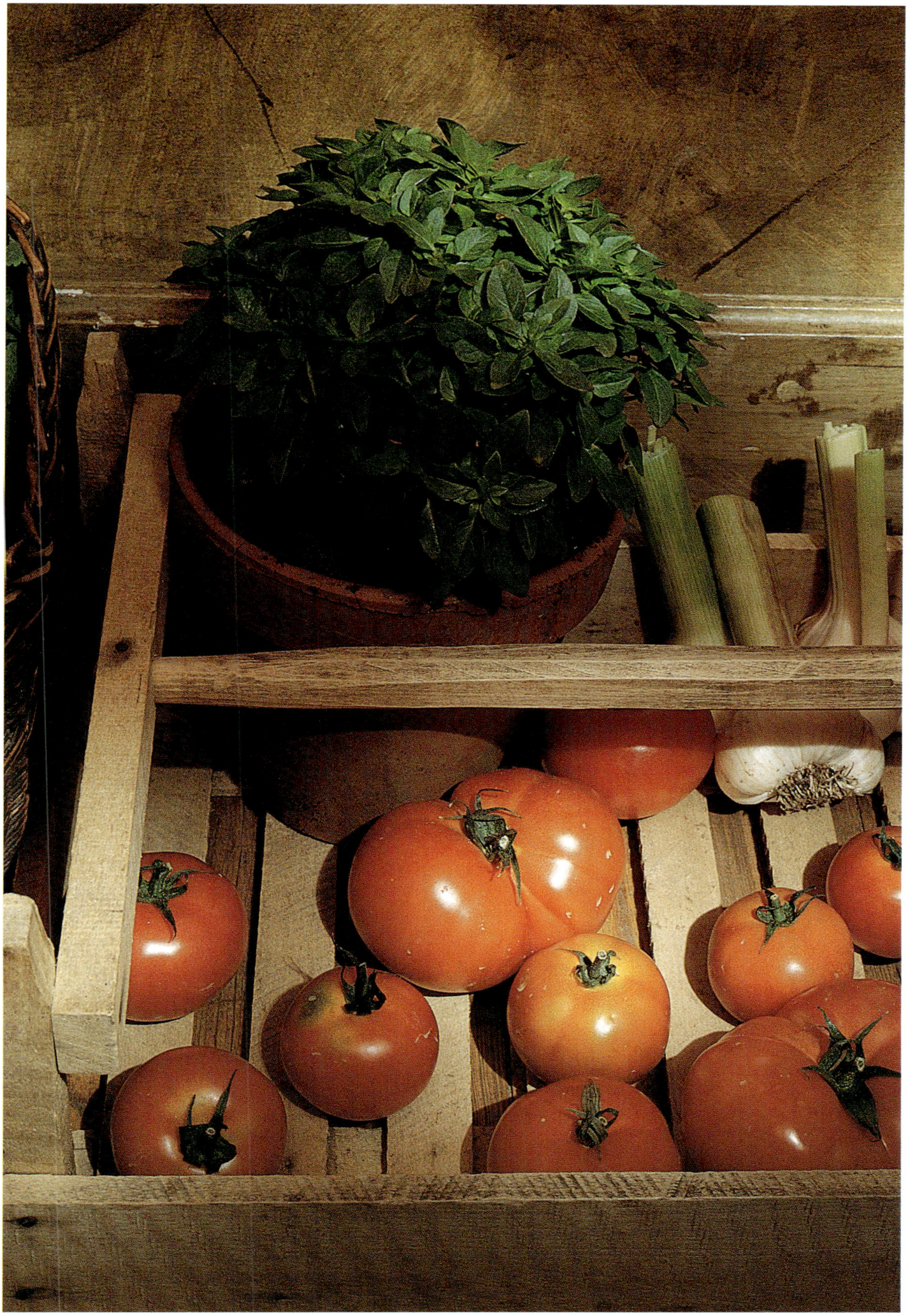

Sortez-les en vous aidant d'une écumoire. Dès qu'elles seront un peu refroidies, vous constaterez que la peau s'enlève très facilement. Outre que celle-ci est parfaitement indigeste, il se trouve qu'elle a la fâcheuse propriété de durcir en cuisant dans le sucre et qu'elle devient très désagréable sous la langue, une fois confite.

Donc, lorsque vos tomates sont pelées, ôtez également la partie dure près de la queue, puis coupez les chairs en morceaux et pesez-les. Ajoutez 750 grammes de sucre par kilogramme de fruits. Fendez trois bâtons de vanille. Grattez-en l'intérieur avec un petit couteau et mettez tout cela dans la bassine avec les fruits et le sucre. Couvrez d'un grand linge propre et laissez reposer toute la nuit. Le lendemain, portez à ébullition, à feu doux et en remuant de temps en temps.

Laissez cuire une dizaine de minutes, puis éteignez le feu et laissez refroidir. Ajoutez alors un verre de bon vieux rhum de la Martinique et recommencez la cuisson comme précédemment. La confiture est prête lorsqu'une goutte de jus se fige au contact d'une assiette. Vous pouvez mettre en pots immédiatement sans laisser refroidir.

Cette confiture est aussi bonne étalée sur une tartine de pain de campagne beurrée, pour le petit déjeuner ou le goûter, que servie en dessert, pour accompagner une faisselle de brebis ou une petite brousse de chèvre.

Le musée du Vieux Nîmes conserve de nombreux documents textiles, comme ces échantillons de draps de laine teints à la garance, d'époque XVIIIe (page ci-contre).

kermès, cochenille et garance

Les œufs d'un très petit insecte parasite, le kermès, et les racines broyées d'une plante marécageuse, la garance, furent les seules substances qui pendant des siècles permirent de teindre les étoffes en rouge, vermillon ou écarlate, cramoisi ou rouge turc.

Le vermillon et l'écarlate étaient obtenus en cueillant sur un chêne les œufs minuscules d'un insecte, le kermès. Les kermès femelles, accrochés aux rameaux du chêne, se recouvraient au moment de la ponte d'une sorte de carapace afin de protéger leurs œufs remplis de couleur rouge. La cueillette du kermès était comme le glanage, un droit des pauvres consacré par l'usage. Elle se faisait vers le mois de mai, par les femmes et les enfants, qui avaient eu soin de se laisser pousser les ongles pour mieux détacher les petites capsules de l'écorce. On étendait alors ces « graines » sur de larges toiles que l'on arrosait de vinaigre pour tuer les bêtes. Enfin on laissait sécher au soleil, puis on tamisait. La vente de la poudre rouge ainsi obtenue se faisait à Arles, au port de Crau.

Mais un jour parvint d'Amérique la cochenille du Brésil. Cet insecte, parent du kermès, parasite non d'un chêne mais d'un cactus, était beaucoup plus riche en principe colorant. Son succès réduisit considérablement l'importance de la cueillette du kermès en Provence, sans toutefois la condamner à disparaître tout à fait.

L'introduction de la culture de la garance en Provence pourrait être racontée comme un épisode d'un palpitant récit d'aventures, celui de la vie mouvementée de Johannis Althonian, Jean Althen. Cet Arménien fut très jeune capturé par une horde d'Arabes qui le vendirent comme esclave. Il fut conduit en Anatolie, où pendant

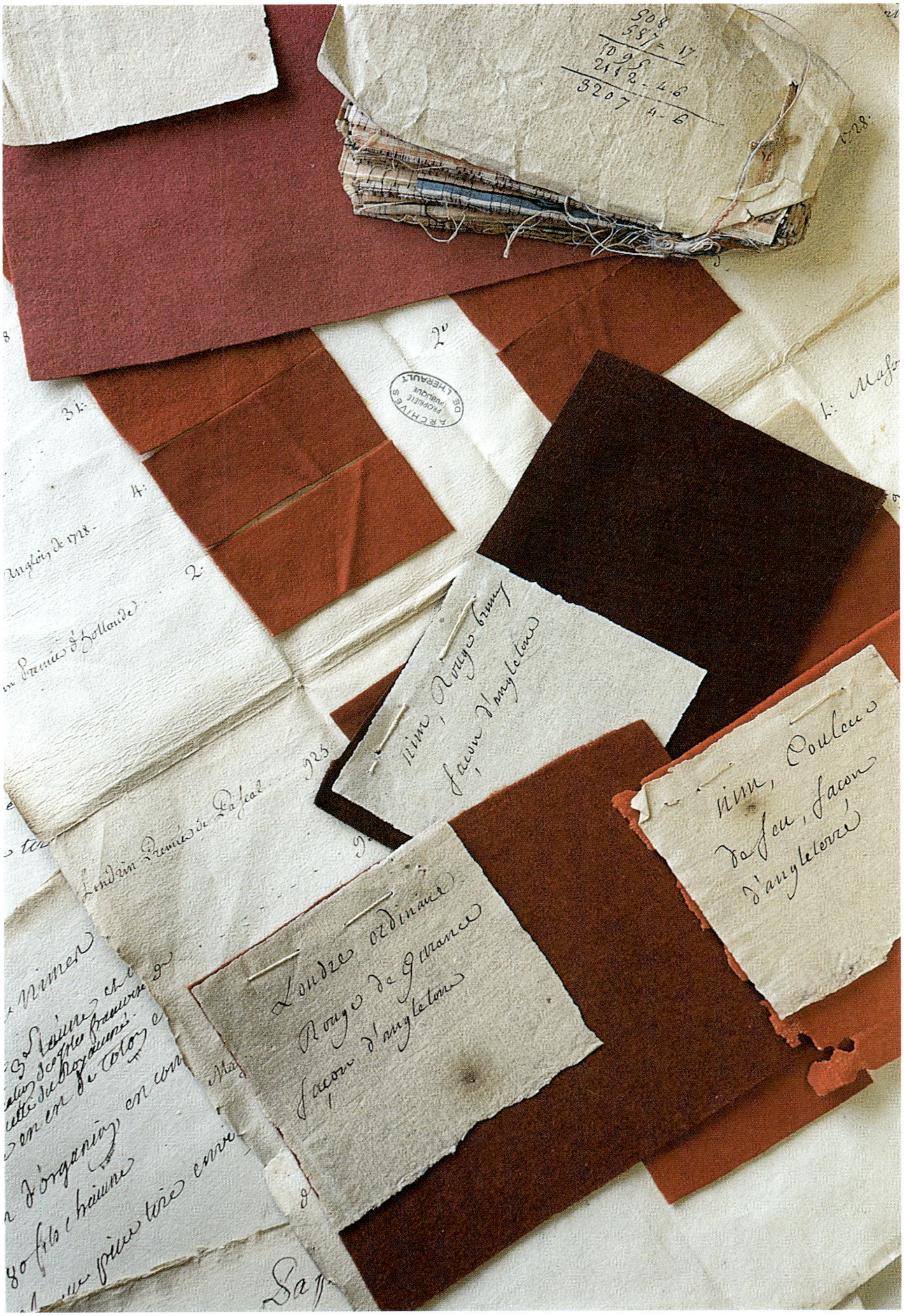

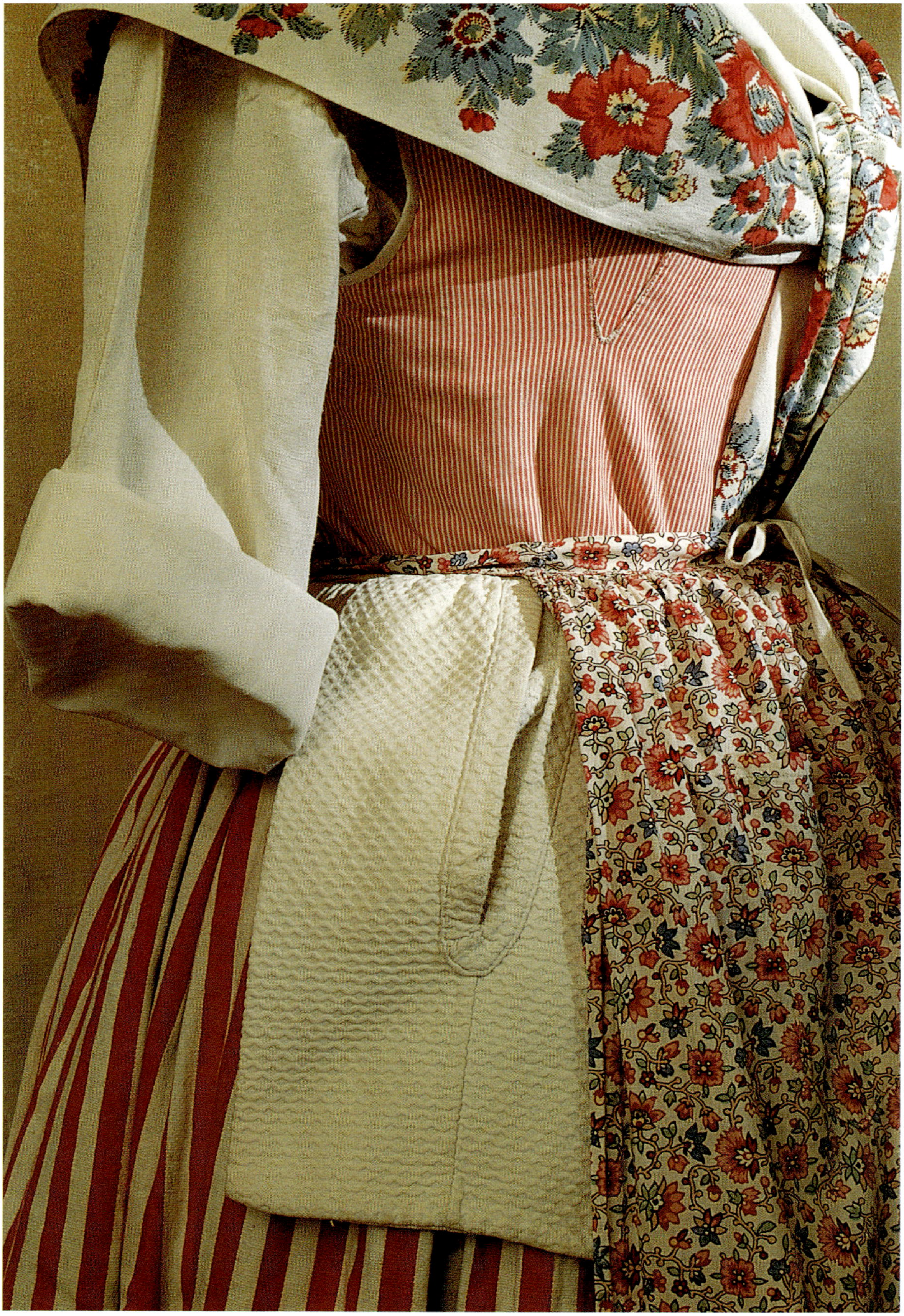

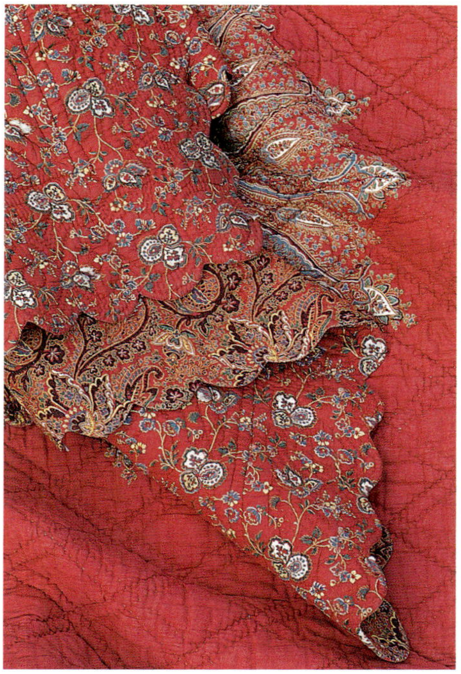

quatorze ans il fut employé à cultiver la garance. Mais il parvint à s'échapper et finit, après bien des vicissitudes, par gagner le port de Marseille en 1754. C'est alors qu'il tenta d'exploiter les connaissances acquises pendant sa captivité et d'introduire la garance dans le midi de la France. Ainsi naquirent les garancières qui permirent de rentabiliser bon nombre de terres incultes, trop lourdes et humides, où ne croissaient que des roseaux. Mais Jean Althen, après avoir établi une grande garancière à Caumont, y mourut en 1774, pauvre et ignoré. Et ce n'est que bien plus tard, alors que la culture de la garance connaissait en Provence un succès considérable, que pas moins de cinquante moulins à broyer la garance tournaient nuit et jour, et pendant huit mois de l'année, dans le seul département du Vaucluse, que Jean Althen obtint la reconnaissance publique. Aujourd'hui encore, un village du Vaucluse porte son nom, Althen-des-Paluds.

La garance était semée en mars. La récolte se faisait l'année d'après, à l'automne. Les racines étaient exposées au soleil pour être séchées, puis on les portait au moulin. La poudre ainsi obtenue était alors mise en sacs et vendue.

Avant de procéder au garançage, c'est-à-dire à la teinture ou à l'impression sur la toile de tous les tons du brun au rouge, il fallait d'abord préparer les toiles. On commençait par les blanchir pour les débarrasser de l'huile et de l'apprêt introduits lors du filage et du tissage. Puis on les faisait tremper dans une solution de bouse de vache, opération destinée à fixer les mordants sur le coton. Les mordants étaient différents sels métalliques qui, bien que dépourvus en eux-mêmes de pouvoir colorant, permettaient par leurs réactions avec les matières colorantes de fixer la couleur sur le tissu de manière permanente. Le mordant associé aux nuances de rouge et de rose était l'acétate d'alumine et l'ouvrier l'imprimait à l'aide d'une planche de bois, plus tard d'un rouleau de cuivre. Alors la toile était plongée dans un bain de racines de garance qui agissait comme un révélateur photographique et lui faisait prendre les couleurs désirées. Au sortir du bain de garance, toute la toile était rouge et il fallait la blanchir à nouveau : quatre jours étalée sur un pré, puis à nouveau plongée dans un bain de bouse de vache, puis encore quatre jours sur le pré. Elle était ensuite lavée. Seuls restaient alors visibles sur le fond blanc les motifs bruns, rouges et roses. Tout cela rend bien compte de la folie qu'était l'impression sur tissu à une époque, il est vrai, où le temps passé, le travail, la main-d'œuvre avaient un tout autre sens.

La garance permettait aussi de teindre en rouge uni les tissus de coton, et le plus beau des rouges était sans conteste le rouge d'Andrinople, appelé encore rouge turc, dont les Provençaux furent de grands consommateurs.

Costume de travail de la première moitié du XIXᵉ, où la garance colore aussi bien les rayures de la jupe de siamoise et du corset de basin que les fleurs imprimées du tablier et du fichu (page ci-contre). Courtepointe piquée imprimée sur un fond rouge turc vers 1850 (en haut).

la marquette

Il fut un temps où, dans toutes les maisons, toutes les femmes filaient la laine, le chanvre ou la ramie. Puis, avec ce fil, sur de sommaires métiers à bras, elles tissaient des toiles dans lesquelles elles taillaient et cousaient, à petits points, les chemises de jour et de nuit, les jupons, les draps, les serviettes et les torchons. Et il fut un temps où toutes les filles marquaient ces toiles de leurs initiales au point de croix et au fil rouge.

Les petites filles étaient initiées à la couture dès leur plus jeune âge. Elles apprenaient à coudre de leur mère, et ce savoir essentiellement féminin était transmis de mère en fille sans grande modification. Plus tard, quand elles allèrent à l'école, c'est l'institutrice qui se chargea de cette initiation. Elles apprenaient d'abord le point avant, le plus simple des points de couture, et, dès qu'elles savaient tirer l'aiguille, on leur confiait les travaux les plus faciles, comme le rapiéçage et les ourlets. A l'âge de huit ans, elles commençaient à apprendre le point de croix, pour un jour marquer le linge de leur trousseau. Bien souvent, comme preuve de ce nouveau savoir, juste avant de marquer leur trousseau, elles confectionnaient le chef-d'œuvre de cet apprentissage : la « marquette ».

La marquette était un carré de canevas sur lequel les petites filles échantillonnaient leur savoir. Elles y semaient souvent quelques reprises, boutonnières et jours, festons et surjets. D'autres fois, elles y brodaient en couleurs des guirlandes de fleurs, un joli chat et deux pigeons, une très petite maison, un vase de pierre dans lequel poussait un oranger, ou un panier de cerises. Tout cela entourait toujours un abécédaire, en majuscules rouges, au point de croix, qu'on appelait le « point de marque ». Parfois, plusieurs alphabets différents étaient représentés, et alors la broderie se faisait enluminure. Les lettres s'enflaient, se prolongeaient de rameaux et de branches entrelacés, ou se couvraient de volutes et de fleurs.

Ce point de marque était commun à toutes les filles, à tous les trousseaux. Il marquait aussi bien les torchons et les grossières chemises de jour des paysannes, faits de toile de chanvre que l'on appelait *rousseto*, à cause de la légère couleur de rouille sécrétée par la fibre, que la délicate batiste des chemises élégantes. Seul le coton rouge employé pour marquer était plus ou moins fin selon que l'étoffe était plus ou moins fine.

Sur les pièces de trousseaux riches, une broderie ornementale en blanc sur blanc n'excluait pas la petite marque rouge posée discrètement dans un coin. C'est que cette marque revêtait une forte valeur symbolique. Le moment où les petites filles avaient fini de réaliser leur marquette, et donc étaient prêtes à marquer leur trousseau, coïncidait avec le temps de leur première communion.

C'était aussi le temps de leurs premières règles. Si elles venaient après, on considérait qu'elles étaient en retard. Ainsi ce fil rouge était-il bien le symbole du sang féminin. Il signait, il écrivait et, bien plus qu'une marque de propriété, il apposait sur leur linge la marque du corps des femmes, transcrivant ainsi un message secret, profond, intime et identique pour toutes.

Toutes les pièces du trousseau étaient ainsi marquées d'une broderie au point de croix et au fil rouge, aux initiales de la brodeuse (page ci-contre).

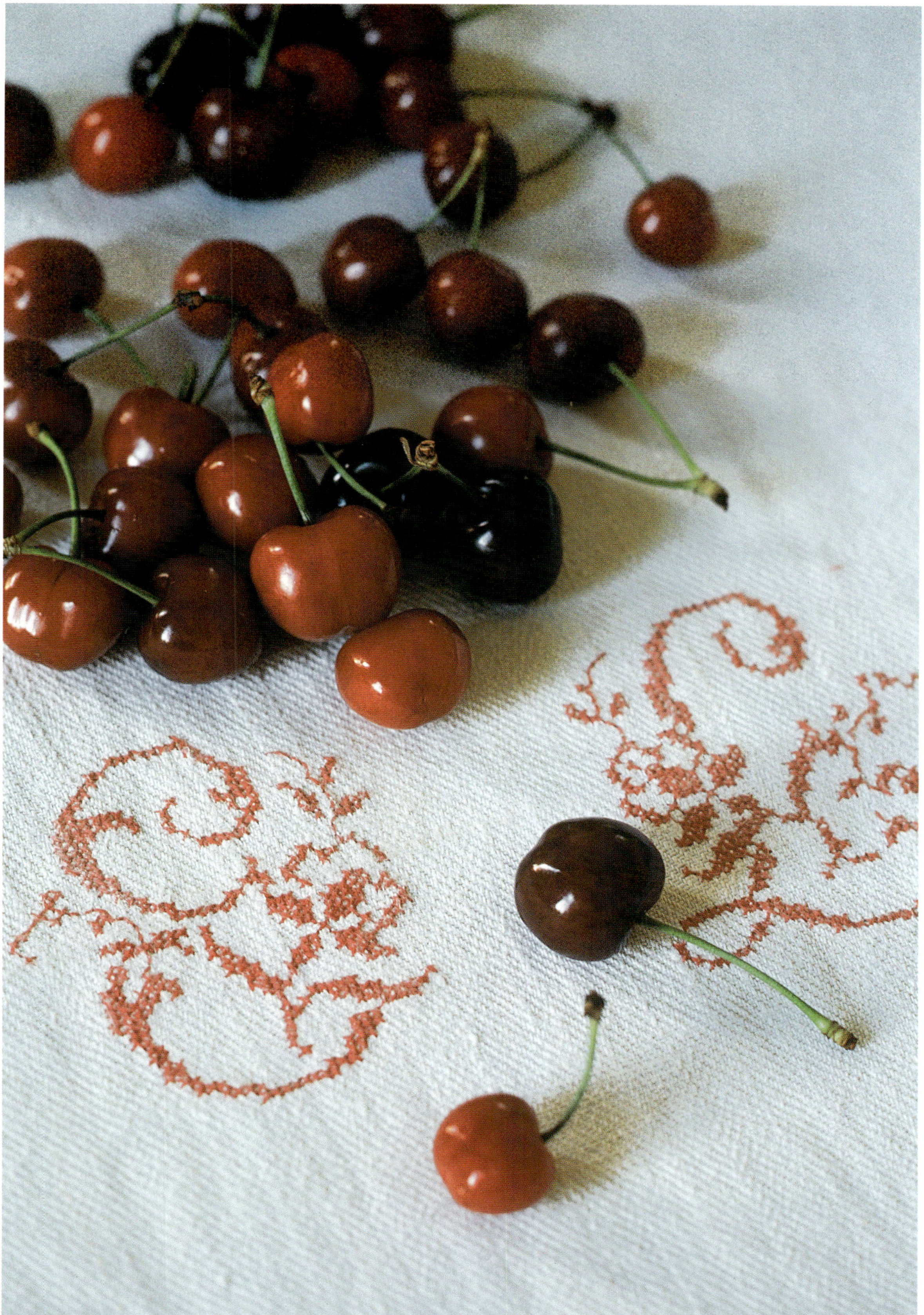

tuiles et tomettes

A l'exception des cabanes de gardians en Camargue, aux toits de roseaux, et des bories de pierres sèches empilées, toutes les constructions en Provence, dans les villes et dans les campagnes, sont couvertes de tuiles romaines. A vrai dire, les Romains utilisaient une tuile, ou plutôt deux tuiles un peu différentes de celles que nous connaissons aujourd'hui. Il y avait une tuile plate pour l'écoulement de l'eau, l'*imbrice*, et une tuile ronde, la *tegula*, qui couvrait à leur jonction deux tuiles plates. Autour du Xe siècle, on commença à donner à ces tuiles une forme trapézoïdale. Et c'est vraisemblablement au début du XIIe siècle que l'on simplifia considérablement le travail de fabrication des tuiles et leur pose, en ne fabriquant plus qu'un seul type de tuile servant à la fois pour couvrir et pour faire couler l'eau.

Les tuileries s'étaient le plus souvent installées sur les lieux mêmes de l'extraction de l'argile. Il fallait d'abord la pétrir avec de l'eau dans de vastes bassins, puis on la portait au malaxeur pour la travailler encore. Ensuite, on en faisait soit des tuiles, soit des carreaux de couvert, de forme rectangulaire, qui étaient posés sous les tuiles. Celles-ci étaient de simples feuilles d'argile, d'un centimètre et demi d'épaisseur environ, qui étaient découpées au gabarit, mises en forme sur des moules en bois, séchées, puis cuites. Au sortir du four, elles étaient abondamment mouillées pour éviter qu'elles ne s'effritent. Une bonne tuile ne devait pas présenter de points de chaux pour ne pas éclater à la première gelée. Elle devait pouvoir supporter le poids du maçon sans se casser.
Elle devait enfin rendre un son clair. Sa couleur était fonction à la fois de la couleur de la terre et de la chaleur de la cuisson. Les tuiles empruntaient une grande variété de tons clairs, tous les roses, les beiges rosés, les orangés pâles, et de tons plus foncés allant jusqu'à l'ocre-rouge. Chaque tuile étant différente d'une autre, leur assemblage sur les toitures était l'occasion d'une véritable mosaïque de couleurs puisque les maçons les posaient comme elles venaient. Seul le temps parvenait à les unifier parfois en les couvrant de mousse et de lichen. Et puis, jusqu'à la fin du XVIIIe siècle, on incorporait au mortier de

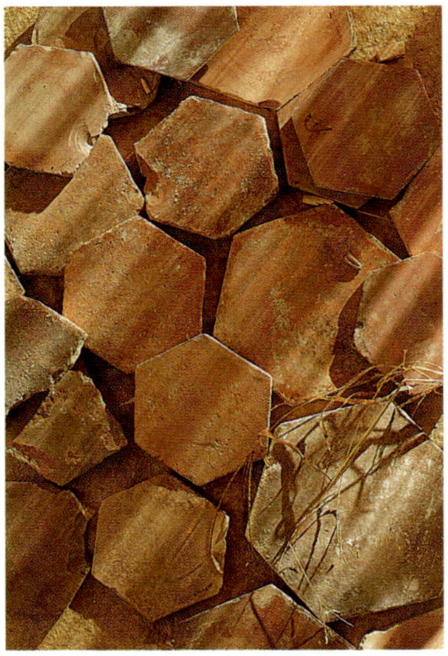

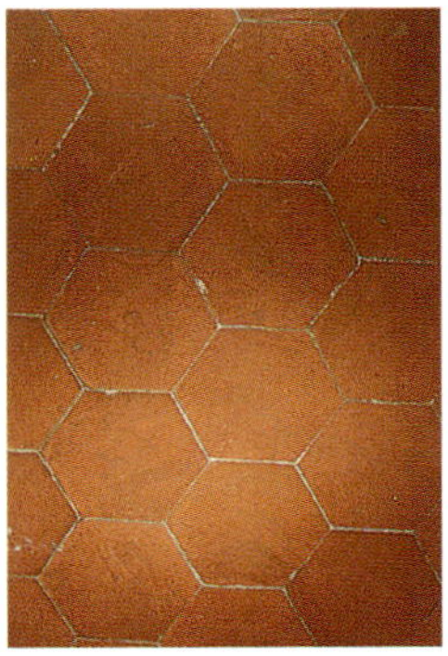

Pour unifier la couleur des tomettes, on les trempait avant de les cuire dans un bain d'ocre rouge.

construction des morceaux de tuiles pilées pour en faciliter l'adhérence. Alors, un peu du rose des tuiles passait dans la couleur des murs, et cela contribuait à donner de façon délicate son unité à la construction. L'argile abondait en Provence et, des siècles durant, on fabriqua des tuiles à Marseille, à Arles, à Aubagne, à Lambesc ou à Auriol. Mais les tuiles d'Aubagne étaient les plus réputées.

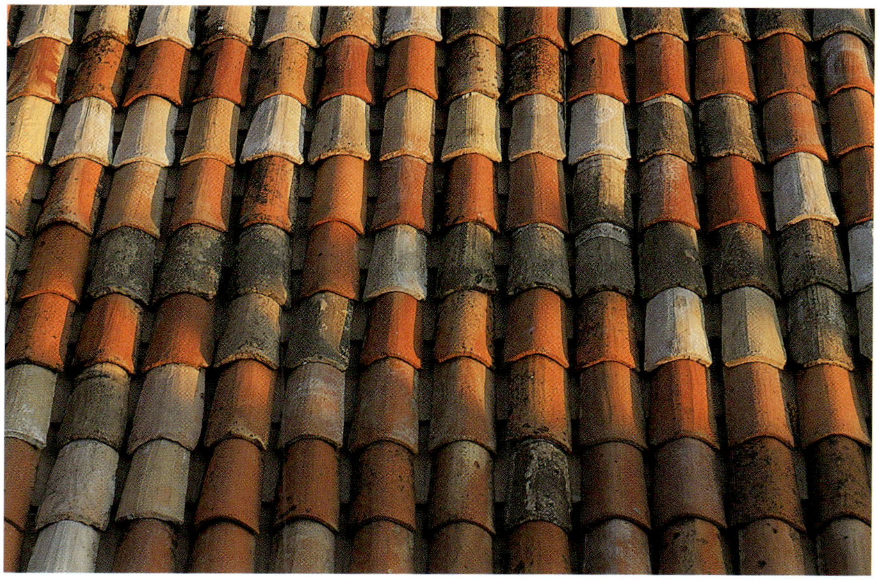

La couleur des tuiles dépendait de la couleur de la terre, mais aussi de la place quelles occupaient dans le four, c'est-à-dire de la chaleur de leur cuisson.

La fabrication des mallons, *maloun* en provençal, c'est-à-dire des carreaux de sol, était un peu différente de celle des tuiles. Il y fallait une terre plus fine, parfaitement débarrassée de toute impureté et pétrie avec soin. On étalait cette pâte, puis on découpait les carreaux. Il y avait des carreaux carrés, triangulaires, hexagonaux et octogonaux. Les carreaux hexagonaux, appelés tomettes, étaient les plus répandus après les carreaux carrés, et comme eux de dimension variable.

Mais la particularité de tous ces carreaux résidait dans leur couleur. En effet, après les avoir découpés, on les étalait au grand air jusqu'à ce qu'ils possèdent une texture convenable à l'opération suivante. On les trempait alors, un par un, dans un bain d'eau où était délayée de l'ocre rouge, afin d'unifier leur couleur. Les carreaux étaient ensuite mis à sécher, puis cuits dans des fours à bois. La cuisson pouvait durer une semaine, et les fours devaient être entretenus jour et nuit. De nos jours, la plupart des fabricants de carreaux de sol ne pratiquent plus l'ocrage. Cela donne donc des carreaux de couleurs différentes, comparables à celles des tuiles.

Les carreaux utilisés pour les revêtements muraux, comme l'intérieur des cuves, le placage des potagers ou l'encadrement des pigeonniers, étaient de forme carrée et recevaient une couverte d'émail cuite au four, de couleur ocre-jaune, ocre-rouge ou vert d'eau.

le village rouge

Il y a une vingtaine d'années, j'allai pour la première fois à Venise. Le premier choc se produisit aussitôt, en sortant de la gare, quand tout bascule et que le rêve devient réalité. Le deuxième arriva quelques jours plus tard, sur la lagune, en découvrant le village de Burano. Tout y était peint en bleu, en rouge, en mauve, en jaune et vert, en orange et gris. L'échelle des maisons, des ponts, des canaux de cette Venise miniature se prêtait parfaitement au jeu des couleurs. Tout, les barques, les portes, les volets, les murs, les balcons, les cheminées, tout était colorié, comme si les enfants de l'île avaient décidé de tout. Et c'était beau et juste, parfaitement harmonieux, un simple village de pêcheurs italiens, et l'expression naïve et gaie de ses habitants, dans l'écrin translucide de la lagune. En repensant au choc que me causa cette vision, je me demande parfois pourquoi on tente aujourd'hui de colorier artificiellement tous nos villages de Provence.

D'où viennent ces maisons rouges, jaunes, ces volets bleu lavande, ces crépis saumon, ces rambardes de pont couleur glycine, ces teintes plaquées, souvent sans aucune relation avec la nature environnante ? Je la trouvais belle, moi, la Provence de mon enfance, avec ses volets gris et ses enduits couleur de sable, et cela n'empêchait pas les blés d'être verts au printemps et dorés en juillet, les tournesols d'éclater de jaune et le ciel d'être bleu, si bleu lorsque le mistral le nettoyait de tout nuage.

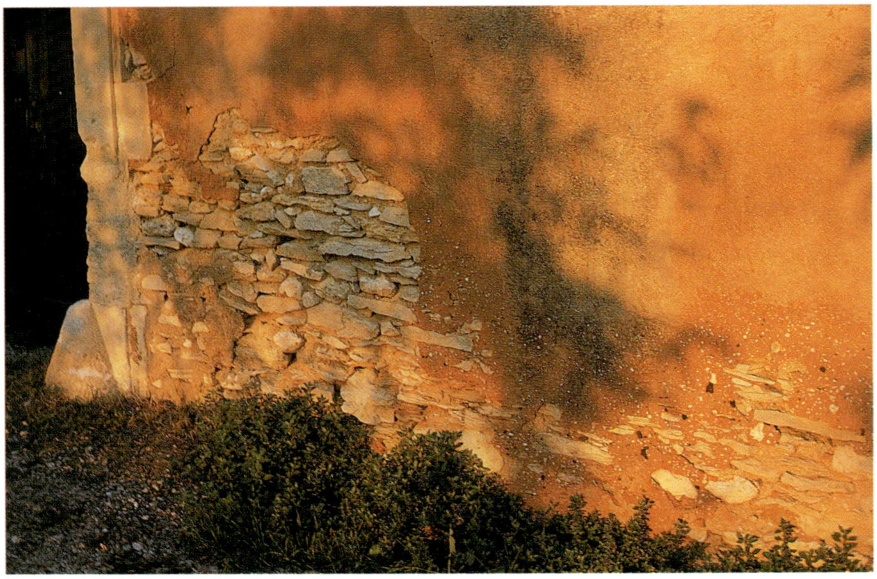

A Roussillon, on sent la présence de l'ocre dans les enduits, bien sûr, mais aussi jusque dans le cœur des pierres qui constituent les murs des maisons.

Les enduits des murs ont toujours été faits en Provence avec le sable même de l'endroit. Il n'est pas pensable qu'on ait pu faire venir par voiture à cheval des sables de couleurs différentes pour enduire les maisons d'un même village. Et puis, ce n'est pas dans la mentalité d'un paysan provençal que de vouloir se singulariser par une maison de couleur différente. Tout au plus lui donnait-il sa personnalité, son identité par la couleur des menuiseries extérieures. Elles pouvaient être rouge foncé ou vert sombre, elles pouvaient être bleues, souvent du même bleu qui peignait les charrettes, ou grises, dans tous les tons de gris. Ainsi les

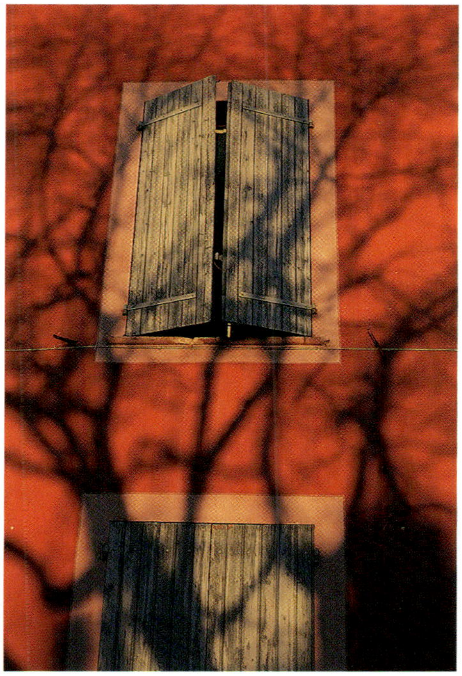

Il était une fois, à la fin du XIIe siècle, un seigneur de Roussillon nommé Raymond d'Avignon. Il avait épousé la belle dame Sermonde, et tous deux connurent pendant quelques années les douceurs d'un bonheur paisible. Mais le temps passa et Raymond, de plus en plus souvent, s'en allait de longs jours chasser dans les bois. Dame Sermonde avait un page, un jeune troubadour nommé Guillaume de Cabestan. Et tandis que le seigneur était à la chasse, les chansons et les rires résonnaient dans tout le château. Bientôt, Guillaume et Sermonde furent amants et, nul ne sait comment, Raymond eut très vite vent de son infortune. Se voyant trahi, il décida d'une terrible vengeance. Le lendemain, il invita Guillaume à l'accompagner à la chasse et, dès qu'ils furent seuls au milieu de la forêt, il le poignarda, lui trancha la tête et lui arracha le cœur. Alors, il serra la tête et le cœur de Guillaume dans un sac, abandonnant son corps aux sangliers et aux loups. De retour au château, il donna l'ordre à son cuisinier de préparer le cœur du joli troubadour pour le déjeuner. Dame Sermonde, abusée, s'en régala, et c'est alors que Raymond sortit du sac la tête coupée, en la tenant par les cheveux, et dit à sa femme qu'elle venait de manger le cœur de son amant.
Sermonde se leva sans un mot, sortit du château, courut jusqu'au promontoire et se jeta dans le vide. Dès ce jour et à jamais, le sang de dame Sermonde et de Guillaume de Cabestan empourpra tout le paysage.

villages se fondaient-ils parfaitement dans leur paysage. Alors bien sûr, à Roussillon où la terre est rouge, où les pierres sont rouges, où le sable est rouge, où dans les carrières on extrait de l'ocre, le village tout entier est rouge, et ce splendide camaïeu naturel d'ocre rouge s'intègre avec bonheur aux pinèdes qui l'entourent et se retrouve sur les falaises, les sentiers et les sillons creusés autour des pieds de vigne.

Les Romains déjà exploitaient l'ocre de Roussillon, qu'ils acheminaient à dos d'âne par le port Julien et la combe de Lourmarin jusqu'à Marseille. De là, l'ocre partait par mer aux quatre coins de l'Empire. Ils avaient appelé l'endroit *Vicus russulus*, le Village rouge.
Pourtant la légende raconte une tout autre histoire, tragique et belle, comme bien des légendes du Moyen Age...

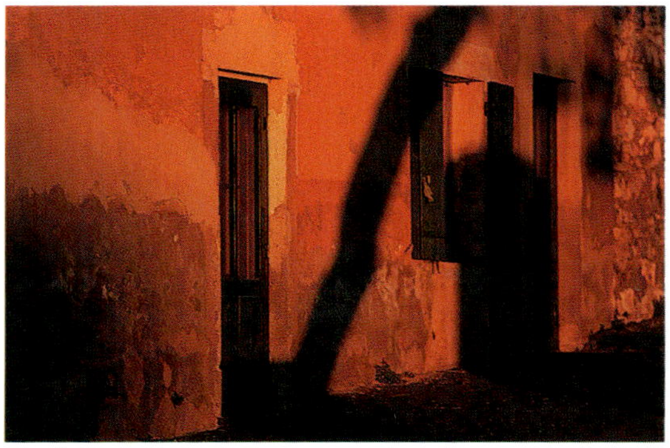

Une maison rouge à Roussillon, rouge comme toutes les maisons du village.

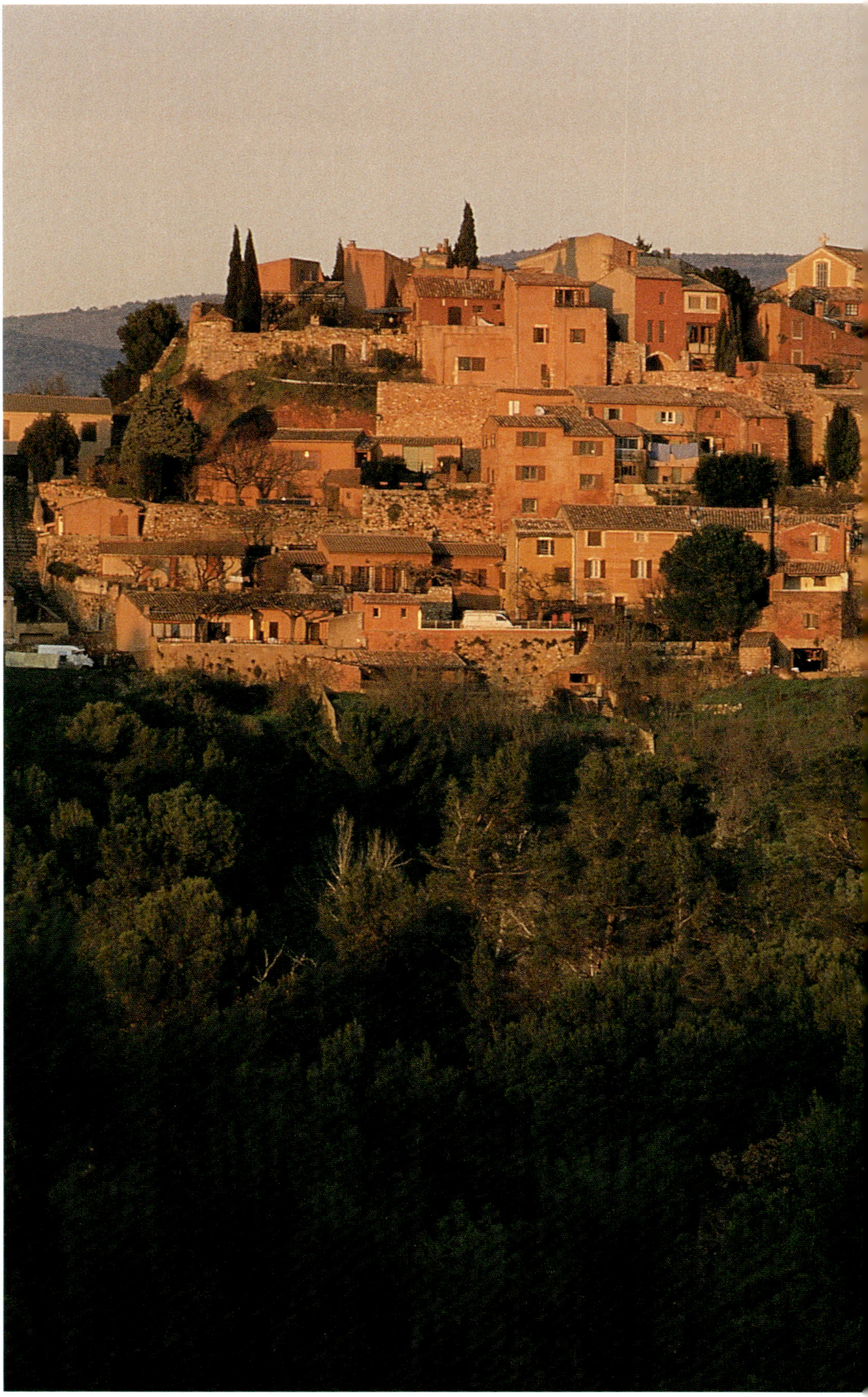

Les couleurs de l'ocre s'intensifient encore dans la lumière du soleil couchant.

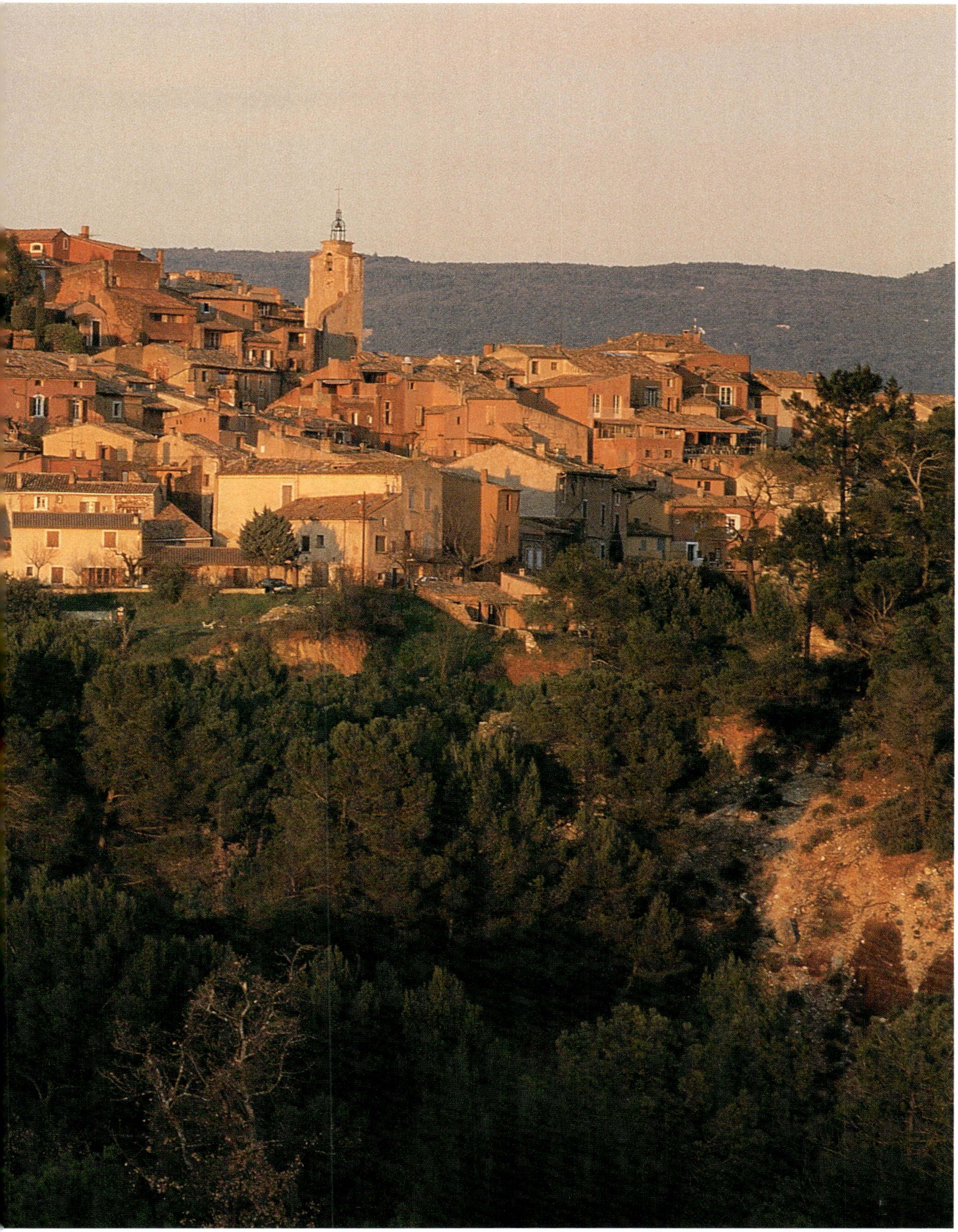

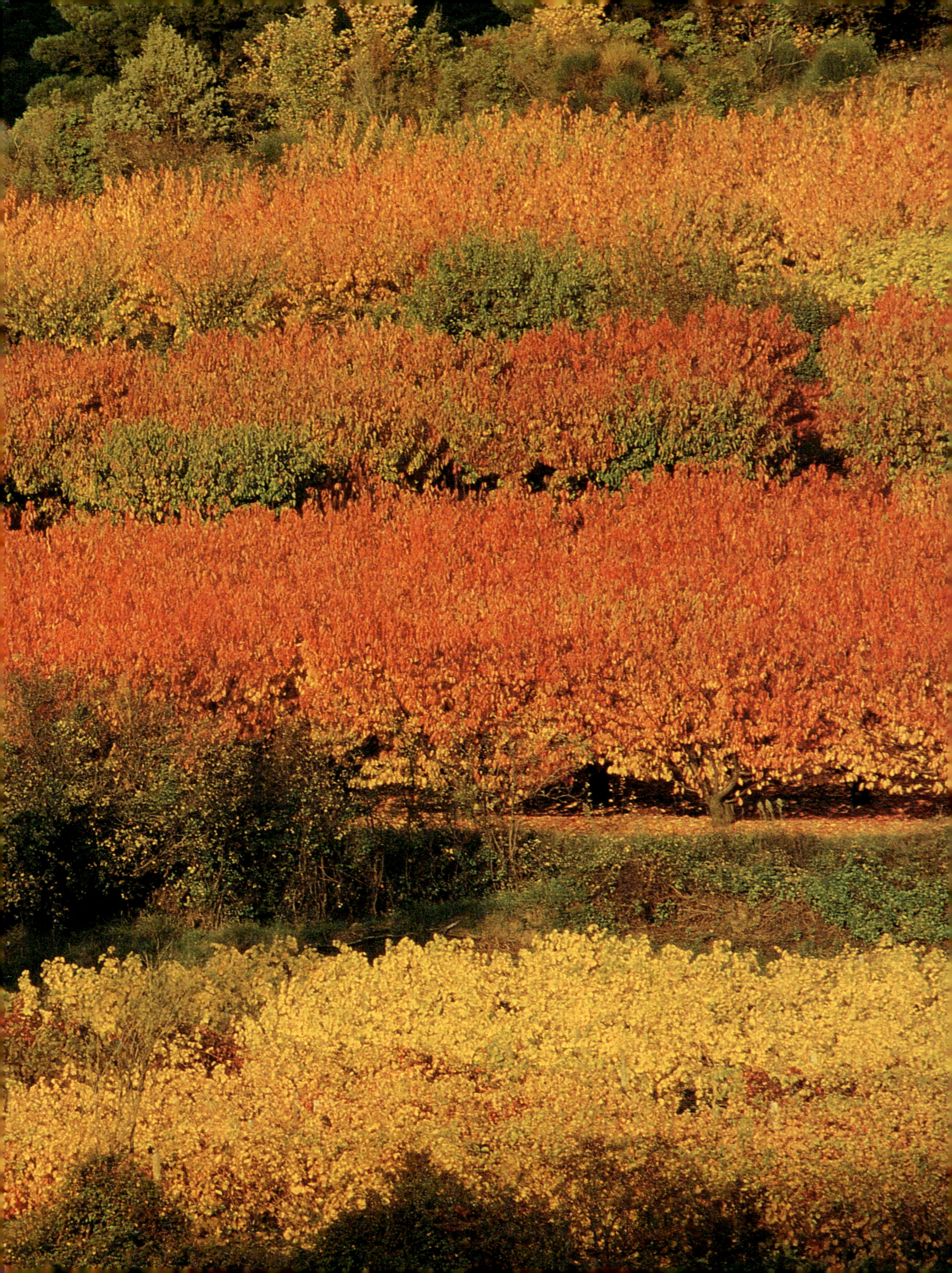

O r a n g e

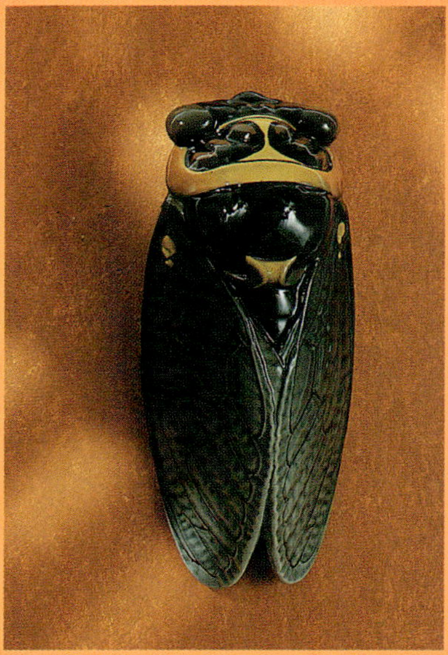

« Telles des femmes qui ont orné leurs jeunes corps
de belles robes de brocart d'or rouge,
un jour de fête, ô oranges,
vous êtes fleurs par l'odeur et fruits par la saveur.
Et globes de feu vous renfermez la fraîcheur de la neige !...
Et si je contemple votre peau si luisante,
puis-je ne point penser à mon amie,
la jouvencelle aux belles joues, dont le derrière d'or est granulé ? »
Poème arabe.

Mon oncle Victor m'avait offert mon premier couteau de poche. J'avais peut-être sept ans. Et il m'avait appris à en faire toutes sortes de choses, comme de ciseler l'écorce d'un bâton de marche qui, lorsqu'on en enlevait une partie, se parait de rustiques ornements en reliefs bruns sur fond blanc, ou encore de façonner de très efficaces sifflets pour effrayer mes cousines et mes tantes quand, caché derrière une porte, je soufflais de toutes mes forces dans le petit morceau de bois. Il m'avait aussi appris, quelques jours avant Noël, à transformer d'innocentes clémentines en charmantes lampes à huile. Il fallait tout d'abord inciser la peau du fruit horizontalement, aux deux tiers de sa hauteur, pour ôter le chapeau. Ensuite, délicatement, religieusement, il fallait passer la lame du couteau entre la peau et la chair, en essayant, et c'était bien difficile, de n'abîmer ni l'une ni l'autre. Cela afin d'extraire les quartiers de clémentine que l'on mangeait très vite, tout en gardant l'écorce intacte. Lorsque c'était fait, il fallait encore ôter les filaments de fine pellicule blanche qui collaient à la peau, sauf cette sorte de tige qui se trouvait au centre. Alors, dans le fond de l'écorce, on mettait un peu d'huile, puis on allumait la tige qui servait de mèche. Et voilà une petite lampe pour illuminer la crèche le soir de Noël. Ensuite, on pratiquait au sommet du chapeau une ouverture en forme d'étoile et l'on reposait le chapeau sur la lampe. Mon Dieu, que cela sentait bon lorsque la flamme léchait et caramélisait légèrement les bords de l'étoile ! Et, mon Dieu, que ces petits lampions orange et translucides étaient magiques dans leur clarté vacillante ! Ce fut, je crois, ma première émotion de la vibration orange.

L'orange est la couleur de l'automne et les feuilles des chênes dans la colline, tout comme celles des cerisiers et des pêchers sur les restanques et dans la plaine, s'embrasent un instant avant que le mistral ne les emporte (page 36). Cigale de faïence de Louis Sicard, vers 1900. Elle portait bonheur à toute la maison (page 37).

Les petites lampes à huile traditionnelles de la veillée de Noël sont fabriquées par les enfants dans l'écorce de la clémentine (page ci-contre).

La couleur orange tient son nom du fruit, du persan *narandj*. Lorsque, au retour des Croisades, la culture de l'oranger se répandit sur les côtes varoises, et plus loin jusqu'à Grasse et à Menton, l'extrême séduction de cette couleur nouvelle allait pour longtemps marquer la tradition provençale. La couleur orange se situe entre le rouge et le jaune, au point crucial du rayonnement le plus intense du spectre. Elle exhale une énergie chaude et fastueuse. Elle excite l'appétit, tous les appétits.

C'est la couleur du soleil à son lever, quand souffle le vent d'est, bientôt chargé de lourds nuages de pluie, et à son coucher, quand souffle le mistral et que bientôt le ciel sera couvert d'étoiles, le lendemain clair et limpide.

C'est la couleur du corail pêché au large des côtes de Corse et de Sardaigne, qui ornait au siècle dernier la peau dorée de nos marchandes de fleurs, de fruits et de poissons.

C'est la couleur du délicieux riz aux favouilles, lorsque le rouge intense des carapaces de crabes se mêle dans la marmite au jaune des pistils de safran.

C'est aussi la couleur des courges, si populaires ici qu'elles font partie des présents que le petit peuple de la crèche offre à l'enfant nouveau-né. L'« homme à la courge », vêtu d'une grande *blaudo* (blouse) de toile sombre, un large *moucadou* (mouchoir) à carreaux rouges noué autour de son cou, porte sur la tête une énorme coucourde orange.

C'est enfin la couleur générale des falaises d'ocre, entre Roussillon, Gargas et Rustrel, avant que le moulin du jaune et le moulin du rouge n'aient fait leur choix...

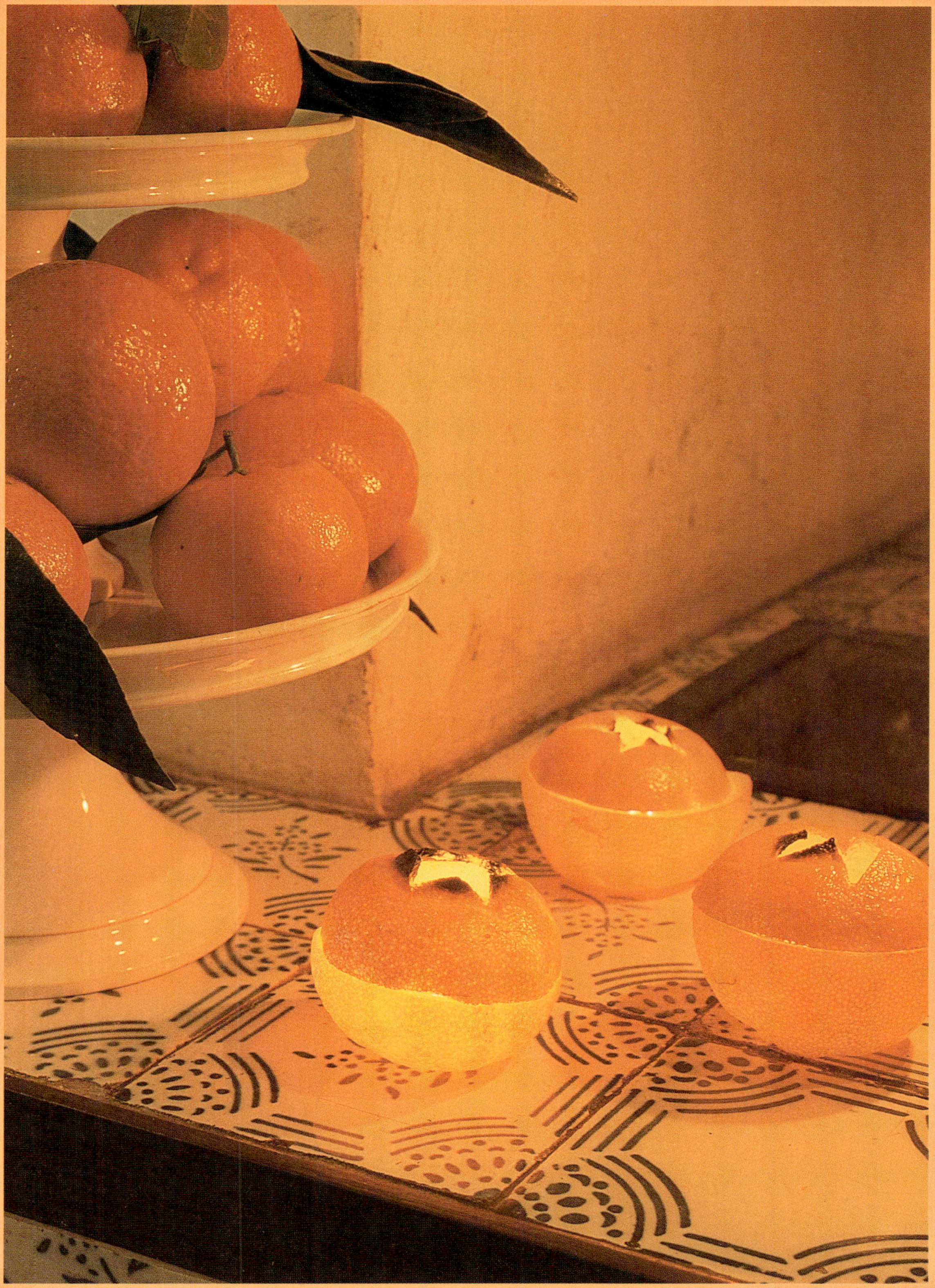

oranges et orangeries

L'oranger est un arbre mythique. C'est l'arbre aux pommes d'or du jardin des Hespérides, béni des dieux, chanté par les poètes et chéri par les rois. Comme tant d'autres merveilles, c'est en Chine qu'il naquit. De là, il fut importé en Inde, puis en Perse. Et c'est à partir du VIIIe siècle, lors de la conquête arabe, que sa culture se répandit dans tous les pays méditerranéens soumis à la loi musulmane. Aussi, lorsqu'au XIIe siècle les croisés débarquèrent en Palestine, ils furent émerveillés par la beauté et l'abondance des orangers. A leur retour, ils en rapportèrent quelques plants que l'on tenta d'acclimater à Hyères, port d'attache des navires croisés. Cela devait bientôt faire la fortune de la région, qui exporta les fleurs pour les parfums et les fruits pour la table, à tel point que les îles d'Hyères prirent le nom d' « îles d'Or ».

Mais, si le doux climat des côtes varoises, puis de la région de Grasse et de Menton, convenait parfaitement à la culture de l'oranger, partout ailleurs il fallut lui construire des temples dignes de sa gloire pour l'abriter l'hiver : c'est ainsi que les agronomes de la Renaissance inventèrent l'orangerie. Car ce petit arbre au feuillage d'un vert intense et ciré, aux fleurs blanches exhalant un parfum exquis, aux fruits splendides et délicieux, ce petit arbre est fragile. Il souffre du froid et le gel l'assassine. Si les premières orangeries furent construites par les rois de France à leur retour des guerres d'Italie, il ne fallut pas longtemps aux seigneurs provençaux pour s'approprier ce goût. Et bientôt la plupart des belles demeures et bastides de Provence s'ornèrent d'une de ces serres élégantes exposées au midi, où l'on pouvait abriter l'hiver les vases d'orangers.

On planta d'abord les orangers dans des demi-tonneaux de bois, mais cela était bien laid. Alors on utilisa de grands vases de terre vernissée, à la mode italienne. C'était plus élégant, mais aussi plus fragile, puisqu'il fallait deux fois l'an transporter ces pots de la serre au jardin et du jardin à la serre. On inventa donc les caisses à orangers, qui connurent dès lors un franc succès partout, sauf en Provence où l'on préféra continuer d'utiliser les grands vases de terre. Et les potiers d'Anduze, qui savaient déjà fabriquer des jarres de grande taille pour contenir l'huile et les olives, se firent, dès le XVIIe siècle, une spécialité de ces immenses pots s'évasant sur un pied et ornés sur la panse de décors en relief. Anduze est une petite ville des Cévennes, abritée contre le rocher de Saint-Julien, sur les bords du Gardon, où plusieurs générations de potiers rendirent leurs noms célèbres pour la fabrication de ces vases, comme les Boisset et les Gautier. Les grands pots étaient montés « à la corde », technique longue qui consistait à enrouler une corde autour d'un faisceau de bois en plusieurs parties, posé sur le tour. Le potier appliquait alors la terre à la main et la façonnait au fur et à mesure. Il suffisait ensuite d'ôter le bois, puis la corde, de lisser les parois du vase et de modeler frises et médaillons. Venait alors l'étape délicate du séchage qui devait être lent et régulier pour ne pas risquer de fendre la pièce. Une fois sec, le vase était trempé dans de l'engobe, afin de neutraliser la couleur rouge de l'argile d'Anduze. Puis il était aspergé d'oxydes de plomb, de cuivre et de manganèse, qui le couvraient de jaspures jaunes, vertes et marron. Ces grands vases d'Anduze, une fois plantés d'orangers, étaient extrêmement lourds. Aussi fallut-il fabriquer un chariot de bois parfaitement adapté à la forme des vases pour les transporter plus aisément.

Le zeste d'orange doit être séché avant d'entrer dans la composition de nombreuses recettes provençales comme la daube, les pieds et paquets, le bouilli, la bourride et la bouillabaisse (page ci-contre).

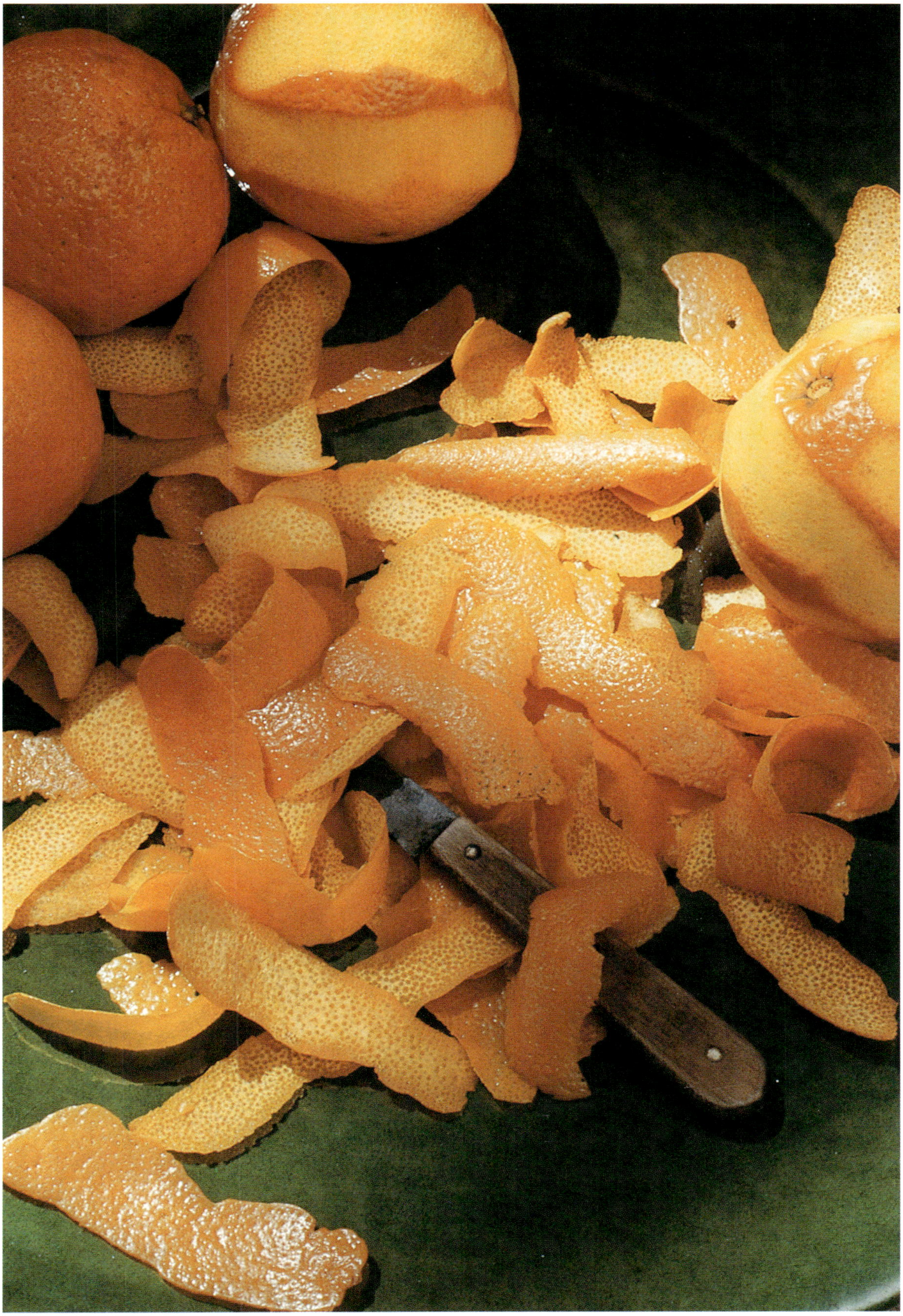

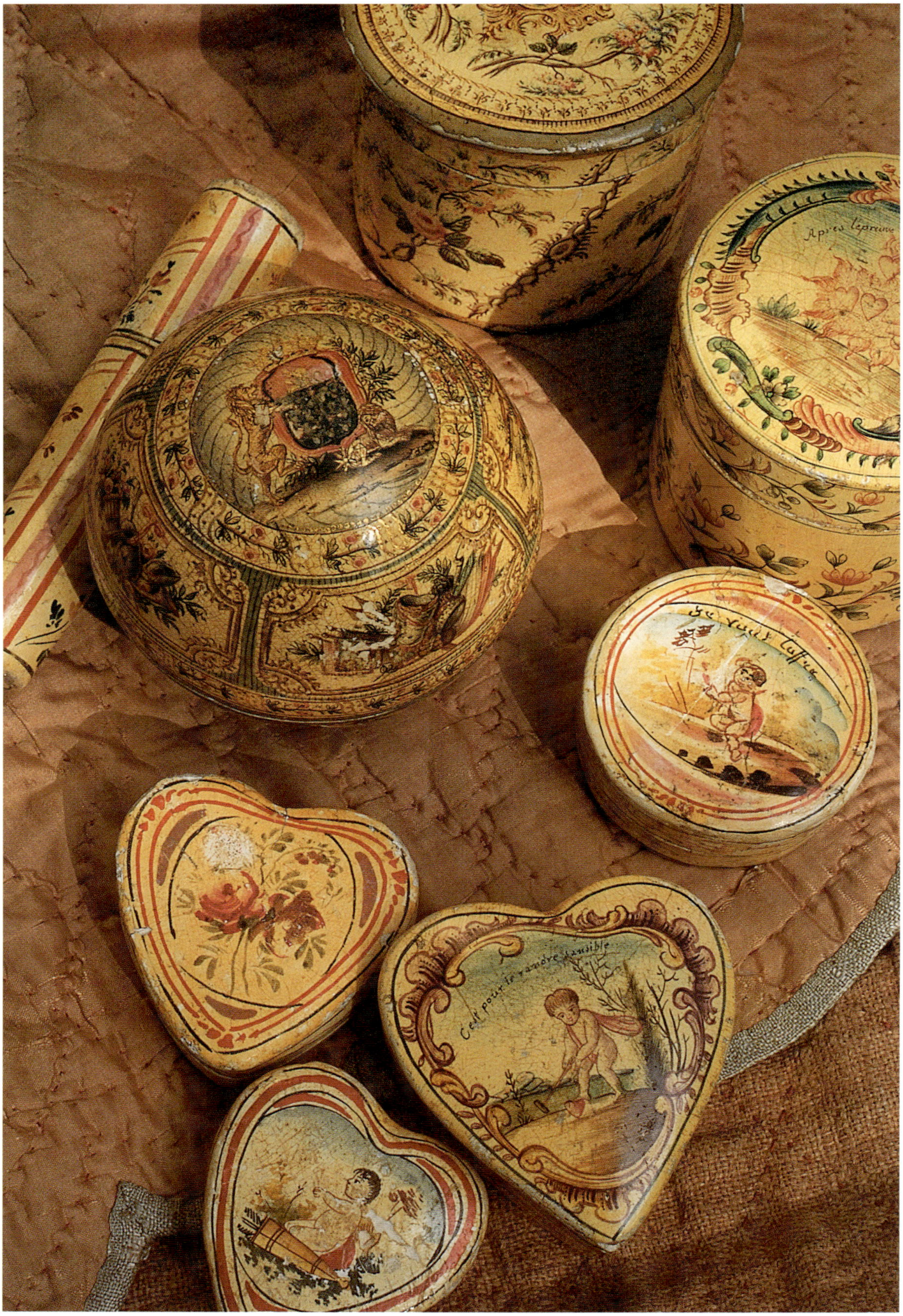

L'oranger n'était pas seulement une plante d'ornement que l'on sortait l'été en alignements réguliers sur les terrasses des bastides. Son fruit à la couleur magnifique apportait de sa chaleur à l'hiver et devint le cadeau que tous les petits enfants de Provence recevaient ou rêvaient de recevoir à Noël. Mais surtout, il se fit un ingrédient privilégié dans les préparations des confiseurs d'Apt, des cuisiniers marseillais et des parfumeurs de Grasse.

Il y a l'orange douce, la plus commune, et l'orange amère ou bigarade. Les fleurs du bigaradier servent à fabriquer, par distillation, l'eau de fleur d'oranger qui parfume la plupart des pâtisseries provençales. Ses fruits, les bigarades, sont essentiellement utilisés pour faire des confitures ou des marmelades. Autrefois, les confiseurs d'Apt confectionnaient avec de toutes petites oranges bigarades que l'on appelait alors « chinois », plus rondes que les kumquats, plus petites que les clémentines, une certaine confiture dont le marquis de Sade était très friand. Il y avait les chinois verts, les jaunes et les roses, suivant le degré de maturité des fruits utilisés. Sade les aimait tant qu'il en faisait venir régulièrement de Provence. Ces pots de chinois confits lui parvenaient en même temps que quantité de livres et provisions de bouche, afin d'adoucir les rigueurs de sa captivité à la Bastille : « un petit pot de moelle de bœuf, un de framboise et un d'abricot, douze biscuits glacés, un rouleau de lavande et un d'eau de Cologne, de la meilleure et de la plus forte ; une demi-bouteille de liqueur à la fleur d'orange » ; et une autre fois : « un saucisson, un bâton de pommade ; un pot de chinois ; six biscuits ordinaires, six glacés ». Mais tout cela coûtait fort cher, et Sade négligeait de régler ses dépenses. Il laissait donc des ardoises considérables, tant chez le sieur Léger que chez le sieur Pin, tous deux confiseurs à Apt.

Les bergamotes de Grasse étaient garnies à l'intérieur d'une écorce d'orange moulée sur une forme. Ces ravissantes boîtes servaient au XVIIIe siècle de cadeaux galants (page ci-contre).

Quand, enfin libéré, il revint dans son château de La Coste, il devait tant d'argent à ses confiseurs que ceux-ci lui firent un procès pour dettes. Mais cela ne le guérit pourtant pas de sa gourmandise. En effet, alors que quelque temps plus tard il s'installait à Paris avec la belle Constance Quesnet et qu'il faisait venir de La Coste tout un mobilier pour aménager sa maison de la rue Neuve-des-Mathurins, quantité de pots de cerises et de chinois confits, commandés à Apt et voyageant avec les meubles, se répandirent dans le déménagement, poissant les livres et le linge, tachant les tentures et gâtant les fauteuils. Sade fut consterné de cette catastrophe...

L'écorce de l'orange devint aussi un condiment indispensable de la cuisine provençale. Elle se marie aussi bien avec les viandes qu' avec les poissons. Elle parfume la daube, les pieds et paquets, le bouilli, la bourride et la bouillabaisse. Elle se consomme séchée. Il faut choisir une belle orange non traitée, à la peau fine et régulière, et, à l'aide d'un couteau bien aiguisé, en détacher des lambeaux de zeste en prenant soin de ne pas entamer la partie blanche de l'écorce, qui est amère. Il suffit alors de laisser sécher ces zestes quelques jours, étalés sur une grille de pâtissier ou sur un panier, avant de les enfermer au sec dans un bocal ou une boîte de fer. Ainsi séchée, l'écorce d'orange se garde plusieurs mois.

Cependant c'est à Grasse, au XVIIIe siècle, que l'on sut trouver la plus jolie manière d'utiliser cette peau dorée et parfumée. On en fit les bergamotes, qu'on appelait aussi les orangettes. C'étaient de ravissantes boîtes à poudre et à fards, à pastilles, à bonbons ou à tabac, confectionnées avec une écorce d'orange moulée sur une forme recouverte à l'extérieur de carton et de papier mâché ; elles étaient ornées de charmants décors peints et laquées au vernis Martin, ce qui leur donnait une très délicate tonalité jaune pâle. Les bergamotes servaient de cadeaux galants, comme en témoignent la plupart des inscriptions qu'elles portent, telle cette dédicace : *A vous seul ce cœur est dédié.*

les cigales de Louis Sicard

Le chant des cigales, dès la mi-juin, envahit la Provence entière : tout vibre et résonne, les pinèdes et les champs d'oliviers, les collines arides et les plaines fertiles. On les entend partout, et jusqu'au cœur des villes elles célèbrent l'arrivée de la chaleur. En fait, seuls les mâles sont musiciens, et dans l'unique but de séduire les femelles.
Ils possèdent dans l'abdomen un étonnant instrument de musique naturel, composé de deux cymbales qui résonnent sous l'action répétée de deux muscles puissants. Avant d'apparaître à l'air libre pour une vie très brève de deux à trois semaines, cette vie de chant et d'insouciance qui leur a donné leur réputation légère, les cigales connaissent d'abord une longue vie larvaire souterraine, longue d'au moins deux ans.
Les œufs avaient été déposés dans l'écorce des arbres, dans les replis des tiges et, lorsqu'ils avaient éclos, chaque larve, sans prendre le temps de découvrir le monde, avait effectué sa première mue, trouvé l'usage de ses pattes, puis s'était laissée tomber sur le sol pour s'y enfouir assez profondément. A l'abri de la terre, elle connaît alors un lent développement et subit quatre nouvelles mues, chacune lui conférant une forme de plus en plus aboutie.

A l'approche de son ultime métamorphose, elle creuse une galerie verticale et se place à quelques millimètres de la surface de la terre pour attendre le moment favorable, juste le temps de se faire une dernière beauté. Et ce n'est que lorsqu'elle est enfin prête, parée de nouvelles couleurs, les yeux noirs et les ptérothèques vertes, qu'elle décide d'apparaître au grand jour. Elle grimpe alors sur le premier support venu, la tige d'une fleur ou d'un arbrisseau, afin d'effectuer la mue ultime qui la révélera cigale. Cette dernière mue prendra trois longues heures pendant lesquelles l'insecte est une proie sans défense contre les fourmis et les guêpes ; de fait, beaucoup périront pendant ce temps crucial. La métamorphose achevée, notre nouvelle cigale s'envole, puis se pose sur une branche, prend son premier repas de sève et se met à chanter.

Ce curieux insecte a de tout temps frappé l'imagination de l'homme. Les Grecs en avaient fait le symbole d'Apollon, de la musique et de la poésie, les Chinois l'avaient associé à leurs rites funéraires. Frédéric Mistral, poète et ardent défenseur de la langue et des traditions provençales, fit de la cigale le symbole de la Provence et la dota d'une devise : *Lou soulèu mi fai canta*, « Le soleil me fait chanter ».

En 1895, alors que Mistral et le félibrige rayonnent dans tout le Midi, la Société générale des Tuileries de Marseille commanda à un faïencier d'Aubagne, Louis Sicard (1871-1946), la création d'un cadeau d'entreprise évoquant la Provence. Et c'est ainsi que Louis Sicard modela la première cigale de faïence : elle avait les yeux bleus et les ailes grises, et elle était posée sur une branche d'olivier. Les Tuileries de Marseille expédièrent ce presse-papiers à tous leurs clients, dans le monde entier. L'objet plut, ce qui décida très vite Louis Sicard à reproduire sa cigale sur tout ce qu'il réalisait, les vases, les tasses, les assiettes, les bonbonnières, les porte-parapluies et les pots à olives. Ces articles furent d'abord polychromes, dans des colorations acidulées aux tons pastel, proches de celles des barbotines de Jérôme et Delphin Massier, céramistes à Vallauris. Louis Sicard les marquait d'une petite signature en noir, comme écrite à la plume.

Vases, bonbonnières et cigales de faïence des fabriques de Louis Sicard à Aubagne, de Massier à Vallauris et de Saint-Jean-du-Désert à Marseille (page ci-contre).

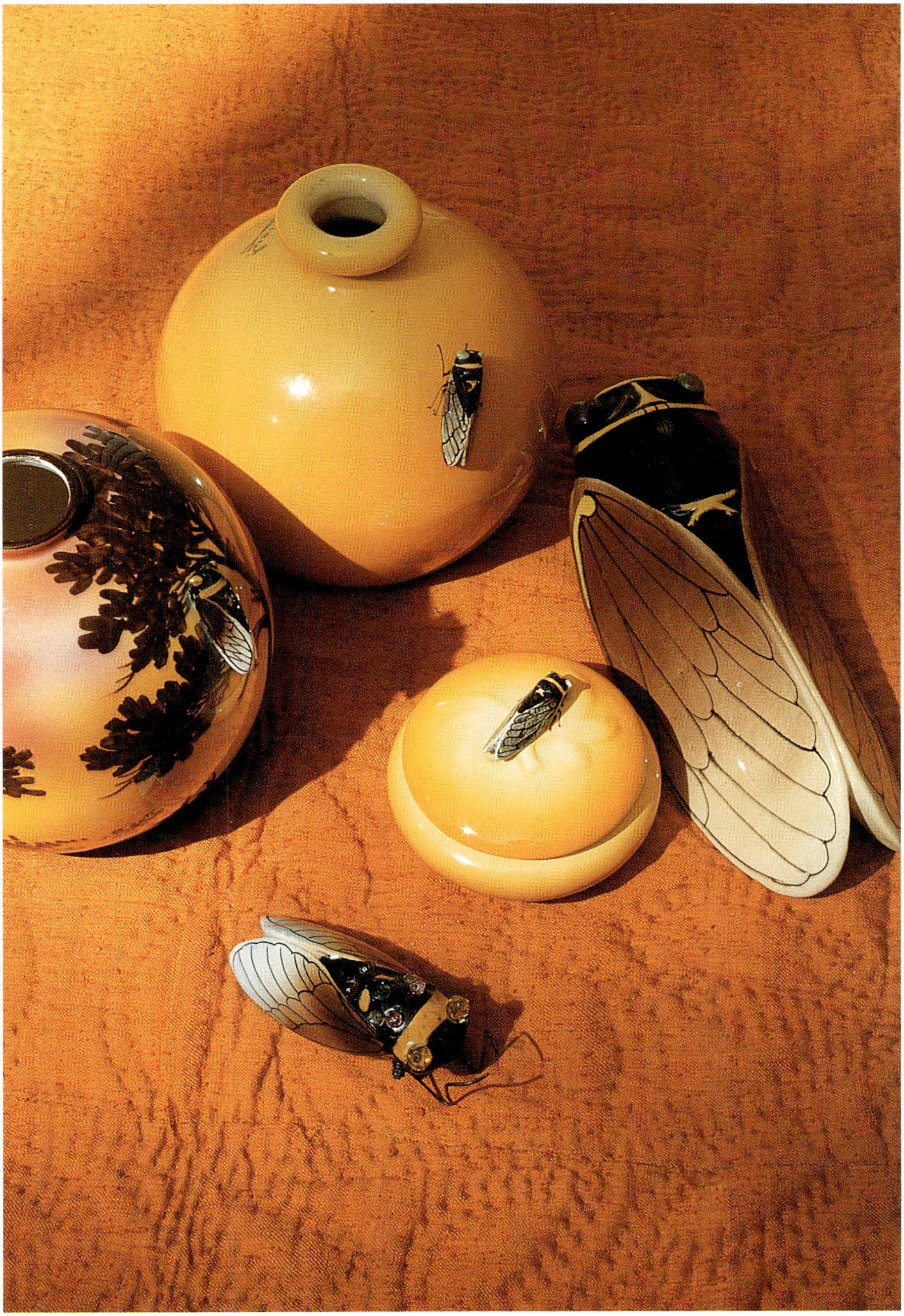

Mais bientôt un certain jaune orangé, intense et gai comme un coucher de soleil, allait éclipser toutes les autres couleurs et servir d'écrin aux petites cigales grises posées ici ou là et traitées au naturel. Ces objets furent signés par Louis Sicard au pinceau et en rouge. Plus tard, alors que l'atelier Sicard continuait de reproduire les mêmes objets dans un jaune plus clair et plus cru, les pièces furent signées avec un tampon bleu.

Le succès des cigales de Louis Sicard dut être grand car il fut dès lors copié par tous les faïenciers provençaux. Massier à Vallauris et Pichon à Uzès produisirent eux aussi des objets ornés de cigales, parfois des pièces uniques, souvent des objets de série, faïences de qualité destinées à une clientèle locale. Ce n'est qu'après les années 50, avec l'essor du tourisme en Provence, que ces objets deviendront typiques des boutiques de souvenirs.

La Faïencerie marseillaise de Saint-Jean-du-Désert, qui avait connu à la fin du XVIIe et au début du XVIIIe siècle une autre gloire, sous l'inspiration et le talent de faïenciers comme Joseph Clérissy et ses fils, cette faïencerie, dans une ultime décadence, n'échappa pas à la mode et fabriqua à son tour quantité d'objets à cigale. Mais, au lieu du jaune orangé de Louis Sicard, d'ailleurs copié par Jérôme Massier, elle alla jusqu'au bout de la métaphore et coloria ses vases d'un camaïeu allant du jaune au mauve en passant par l'orange et le rose, idéal coucher de soleil sur lequel se détachaient en ombres chinoises Vincent et Mireille en costumes d'Arles, des farandoles et des tambourinaires dans un paysage de cyprès et de grands pins parasols.

le corail de Méditerranée

Un grand panier de sardines sous un bras, l'autre poing sur la hanche, la balance romaine accrochée à la ceinture, la poissonnière du quartier Saint-Jean est l'un des personnages les plus caractéristiques du peuple marseillais et l'un des premiers à avoir été immortalisé par les santonniers. Un tablier de grosse toile de chanvre protège son beau cotillon piqué d'indienne « pise », son grand châle est croisé par-devant, les deux pointes passées dans la ceinture, les barbes de sa coiffe toujours dénouées flottent au vent et ses oreilles, sa gorge et ses mains s'ornent de bijoux d'or filigrané, enchâssant de ravissants camées de corail. Elle est napolitaine, ou sa mère l'était, ou sa grand-mère avant elle. Et son frère, son père ou son grand-père était pêcheur ou corailleur.

Depuis des siècles, le corail fascine, par sa couleur couvrant toutes les nuances de l'orange, du rose pâle au rouge sang, par sa forme en arbre miniature, par sa provenance puisqu'il faut aller le chercher dans les secrètes profondeurs de la mer. Tout à la fois animal, végétal et minéral, le corail a acquis dans la tradition un très grand pouvoir magique. Il protège de la foudre, éloigne la haine et la jalousie de la maison, défait les sortilèges et anéantit les peurs et les cauchemars.

Tous les peuples ceinturant la Méditerranée ont de tout temps mêlé le corail à leurs trésors et à leurs parures. Mais les corailleurs napolitains et siciliens furent certainement les plus célèbres. Et le corail fit la fortune et la prospérité de petites villes comme Trapani en Sicile où, à partir du XVIe siècle, s'était établie une brillante tradition de travail du corail. Trapani produisait de splendides objets d'art pour les plus nobles familles et les plus prestigieuses cours de l'Europe entière. Le XVIIe siècle connut l'apogée de l'art du corail en Europe, tant ce matériau précieux, aux formes naturelles

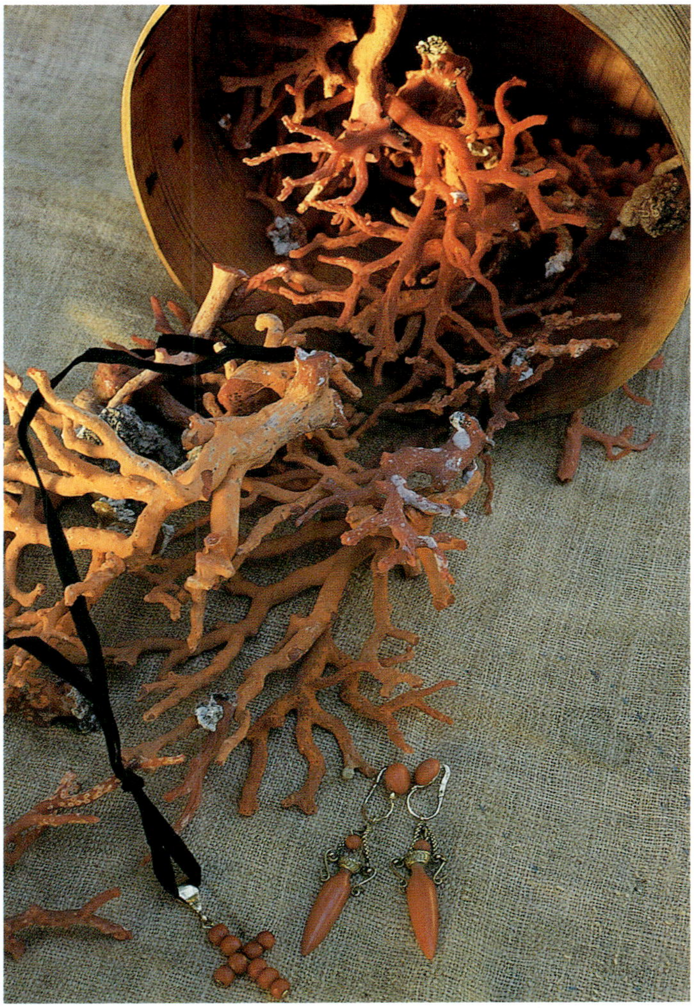

Branches et bijoux de corail de Méditerranée. Les pendants d'oreilles en forme d'amphore sont marseillais, d'époque Directoire, et délicatement ornés d'or filigrané.

étranges, se prêtait à l'expression splendide et fantasque de l'âge baroque. Le XVIIIe siècle lui préféra l'éclat des perles et des diamants, et l'art du corail déclina peu à peu. Au XIXe siècle, les élégantes et jolies demoiselles des villes boudaient le corail, de peur de passer pour des « filles ou femmes d'artisans de province ». C'étaient bien les artisanes, les revendeuses de légumes, les bouquetières et les riches poissonnières du quartier Saint-Jean qui continuaient de se parer fièrement de ces bijoux rouges.

Les corailleurs marseillais se recrutaient sur ce même quai Saint-Jean, principalement parmi la population d'émigrés napolitains. Les plus importants gisements de corail en Méditerranée se situaient autour de la Sardaigne et de la Corse. Comme Naples et Barcelone, Marseille avait développé le commerce du corail brut. Il s'y développa aussi le travail du corail. Dans une quantité d'échoppes éparpillées autour du port, on sculptait les petits arbres orange pour les transformer en perles à enfiler, en croix, en camées ou en amphores. Puis d'autres artisans les montaient dans de légers filigranes d'or, et ces bijoux simples et charmants étaient vendus dans toute la Provence.

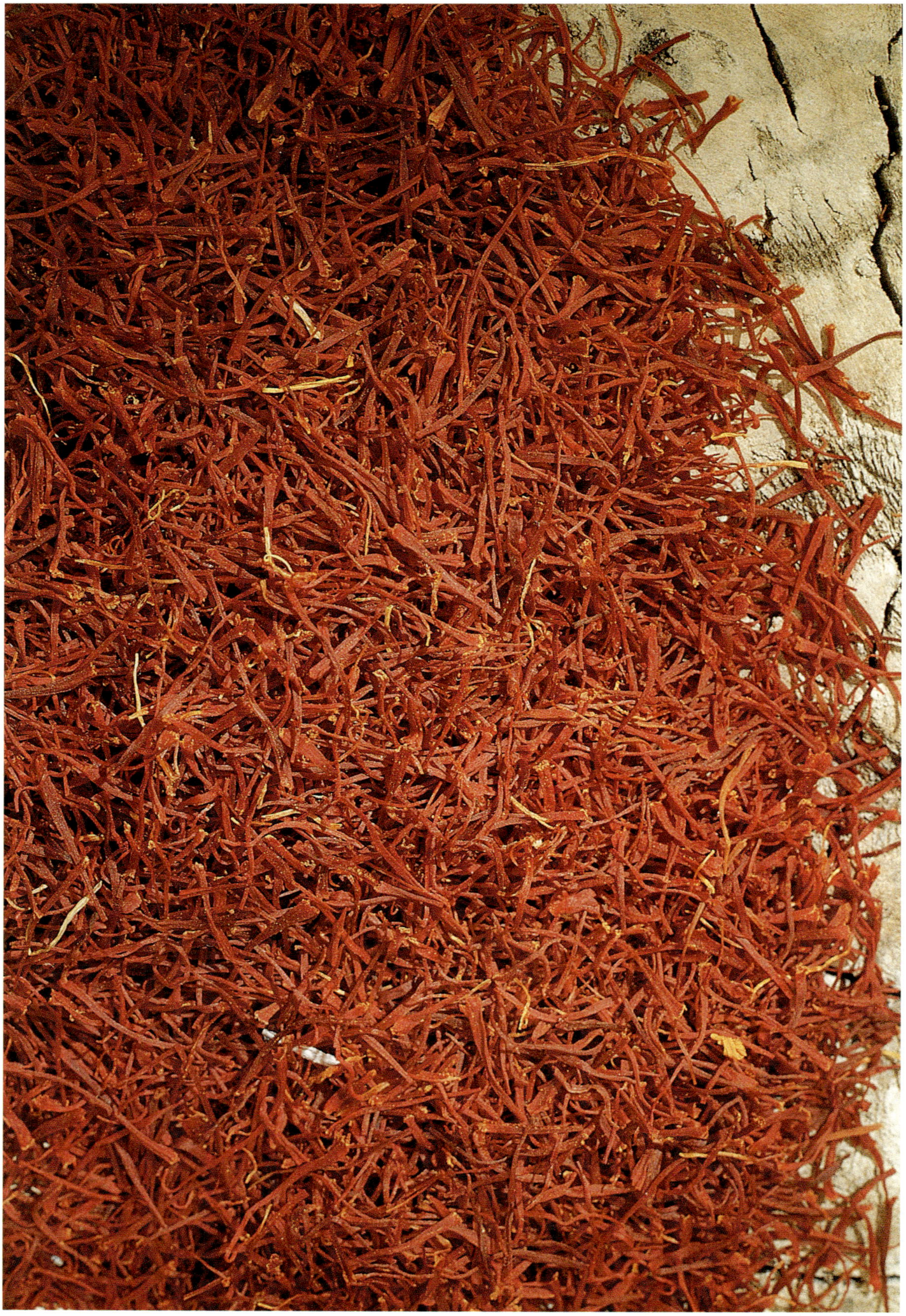

le safran

Le safran est un grand crocus à fleurs pourpre violacé ou gris-de-lin et à stigmates très développés, jaune orangé et très parfumés. Ce sont ces stigmates qui forment la matière colorante appelée safran. Cette plante a sans doute été importée en Provence par les Grecs. Autrefois, les safranières étaient nombreuses dans tout le Sud, dont les Bouches-du-Rhône et le Comtat Venaissin. De nos jours, c'est en Espagne, entre Castille et Manche, que se cultive encore cet « or rouge », car le safran a de tout temps suscité d'incroyables enchères et atteint des prix exorbitants. Il est vrai que la récolte des étamines de safran est une opération délicate. Elle se pratique chaque automne au lever du jour, avant que la fleur ne s'ouvre à la première caresse du soleil : il faut arracher, l'un après l'autre, les trois stigmates, sans toutefois abîmer la fleur car celle-ci produira de nouvelles étamines, et ce plusieurs fois dans la saison. On les fait ensuite parfaitement sécher à l'ombre avant de pouvoir les conserver à l'abri dans des boîtes.

Si les pistils du safran sont orange sur la plante, puis rouges une fois qu'ils sont secs, il est vrai qu'ils colorent en jaune. D'ailleurs, bien avant d'être un condiment, cette épice permettait aux teinturiers provençaux d'obtenir une très belle couleur jaune. Les apothicaires de jadis, eux aussi, en faisaient grand usage, et le safran entrait dans la composition de nombreuses médecines. Il permettait également de fabriquer le « rouge d'Espagne », fard éclatant pour les joues et les lèvres des femmes.

Le safran est aujourd'hui essentiellement une épice utilisée en cuisine. Il existe un mélange de piment doux, de curcuma, de trois pour cent de safran et de « colorants autorisés », fabriqué dans la région marseillaise, qui colore le riz, à vrai dire fort joliment et à bon marché, plus qu'il ne le parfume, c'est le spigol. Mais le safran, le vrai safran, possède un parfum si singulier, à la fois franc et délicat, qui se marie si bien à la chair du poisson qu'il devint un ingrédient incontournable de la plupart des recettes de bouillabaisse. Seul son prix très élevé empêchait les plus pauvres de l'utiliser. Mais c'est bien la noblesse du safran, alliée au charme du fenouil et à la douceur du zeste d'orange, qui conféra à bon nombre de soupes de pommes de terre, aux œufs, aux épinards, aux petits pois, le titre glorieux de bouillabaisse.

Ce n'est pourtant pas une recette de bouillabaisse que je vais vous donner maintenant, mais celle d'un délicieux plat de riz, à mi-chemin entre le risotto des Italiens et l'espagnole paella. Cette recette de riz au safran et aux favouilles est bien la plus orangée des recettes de la cuisine provençale. Les favouilles, ce sont les petits crabes qui courent partout sur les rochers de Méditerranée et qui, lorsqu'on les cuit, prennent une magnifique couleur rouge orangé qui se marie parfaitement avec le parfum, le goût et la couleur du riz au safran.

Dans une casserole d'eau bouillante salée, jetez un joli bouquet garni composé de thym, de persil, d'une feuille de laurier, d'un peu de vert de poireau et d'un zeste d'orange séchée, puis une dizaine de favouilles : celles-là sont pour le bouillon. Dans

Les pistils du safran sont orange sur la plante, puis rouges une fois qu'ils sont secs, mais ils colorent en jaune (page ci-contre).

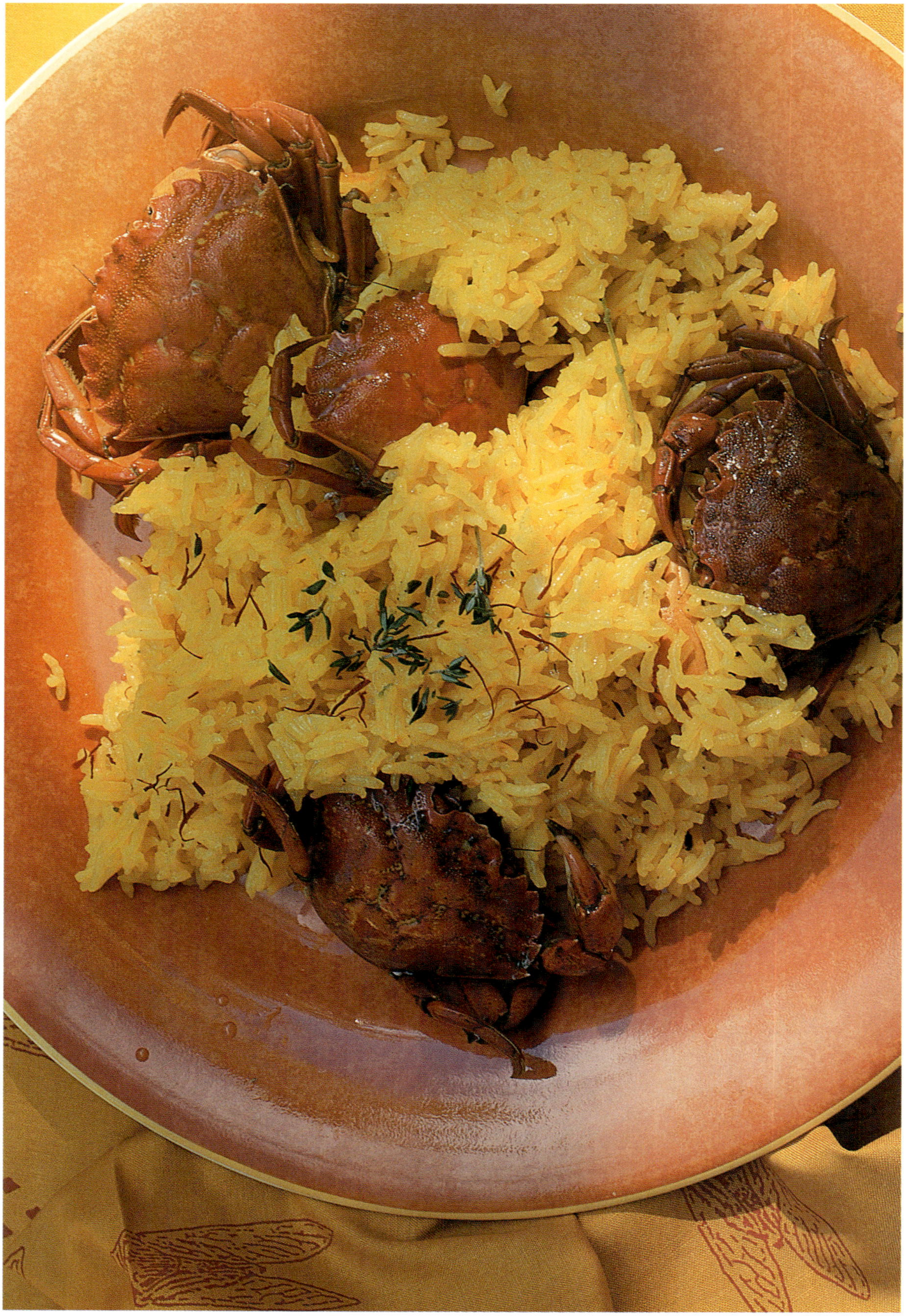

une deuxième casserole, large et plutôt basse, et dans un fond de bonne huile d'olive, faites roussir le reste des favouilles, en comptant six petits crabes par personne. Préférez les femelles, si vous savez les reconnaître des mâles ou si vous osez braver les plaisanteries de votre poissonnier. Jetez-les vivants dans l'huile chaude en couvrant bien vite la sauteuse pour ne pas qu'ils s'échappent. Pardon pour cette cruauté, mais vous verrez à l'extraordinaire parfum qui se dégage aussitôt de la casserole que peut-être elle en valait la peine. Retirez les crabes quand ils sont bien rouges, réservez-les. Remplacez-les par un oignon haché fin. Laissez l'oignon fondre à petit feu, puis ajoutez une poignée de riz rond de Camargue par personne et faites « rôtir » ce riz en remuant sans cesse jusqu'à ce qu'il devienne transparent. Mouillez alors avec un verre de vin blanc de Cassis et laissez-le s'évaporer complètement. Salez légèrement (le bouillon de crabes est déjà salé), poivrez bien et peut-être émiettez un petit piment d'Espagne : ce plat demande à être assez relevé. Ajoutez quelques morceaux de tomates bien mûres, puis mouillez avec votre bouillon de crabes en pleine ébullition. La cuisson doit se faire à feu vif, en remettant du bouillon, louche après louche, au fur et à mesure qu'il est absorbé par le riz et en remuant constamment, car le riz doit cuire de façon homogène. Peu avant la fin de la cuisson (comptez environ quinze minutes, mais le mieux est de goûter), ajoutez quelques pincées de pistils de safran. Remettez les crabes que vous avez réservés. Baissez le feu et ajoutez un filet d'huile d'olive. Encore cinq minutes de cuisson et vous pouvez servir bien chaud avec du gruyère râpé.

Le riz au safran et aux favouilles. Les favouilles sont des petits crabes qui, lorsqu'on les cuit, prennent une magnifique couleur rouge orangé, mariage parfait avec le parfum, le goût et la couleur du riz au safran (page ci-contre).

coucourdes et coucourdettes

Les coucourdes, ou cougourdes, ce sont les courges. En fait, on appelait ainsi en Provence toutes sortes de cucurbitacées. Il y avait les *coucourdo arange*, les potirons, et les *coucourdo muscado*, les courges muscades. Les potirons sont bien sûr d'un orange vif à l'intérieur comme à l'extérieur, alors que les courges muscades, si elles ont aussi une chair d'un superbe orange, montrent une écorce couleur de caramel au lait. Il y avait aussi les *coucourdo de Sant-Jan*, les courges de la Saint-Jean, sortes de pâtissons, et les *coucourdo barbaresco*, qui étaient de grosses citrouilles allongées. Bref, les coucourdes, c'étaient toutes les courges que l'on cuisinait en tian, en soupe ou en tarte. Mais, quand une courge poussait trop longtemps, qu'elle devenait énorme, filandreuse et tout à fait incomestible, on l'appelait « coucourdasse ».

Les « coucourdettes », c'étaient les courgettes. Mais c'était aussi le nom de petites courges, sortes de coloquintes, que l'on laissait sécher pour en faire les gourdes des bergers et les poires à poudre des chasseurs. Certains villages s'étaient fait une spécialité de la production de ces gourdes et de ces poires à poudre ou à plombs. Les coucourdettes, une fois sèches, étaient percées d'un côté.
Par cet orifice, on enlevait les graines et on nettoyait soigneusement l'intérieur. Puis on le fermait, soit par un simple bouchon de liège, soit par un bouchon vissé de buis tourné, parfois très finement ouvragé. Les gourdes étaient munies de deux petites anses ligaturées, auxquelles on attachait un lien de corde pour pouvoir les pendre sur l'épaule. Avec le temps, ces coucourdettes prenaient une superbe patine rousse et cirée, et

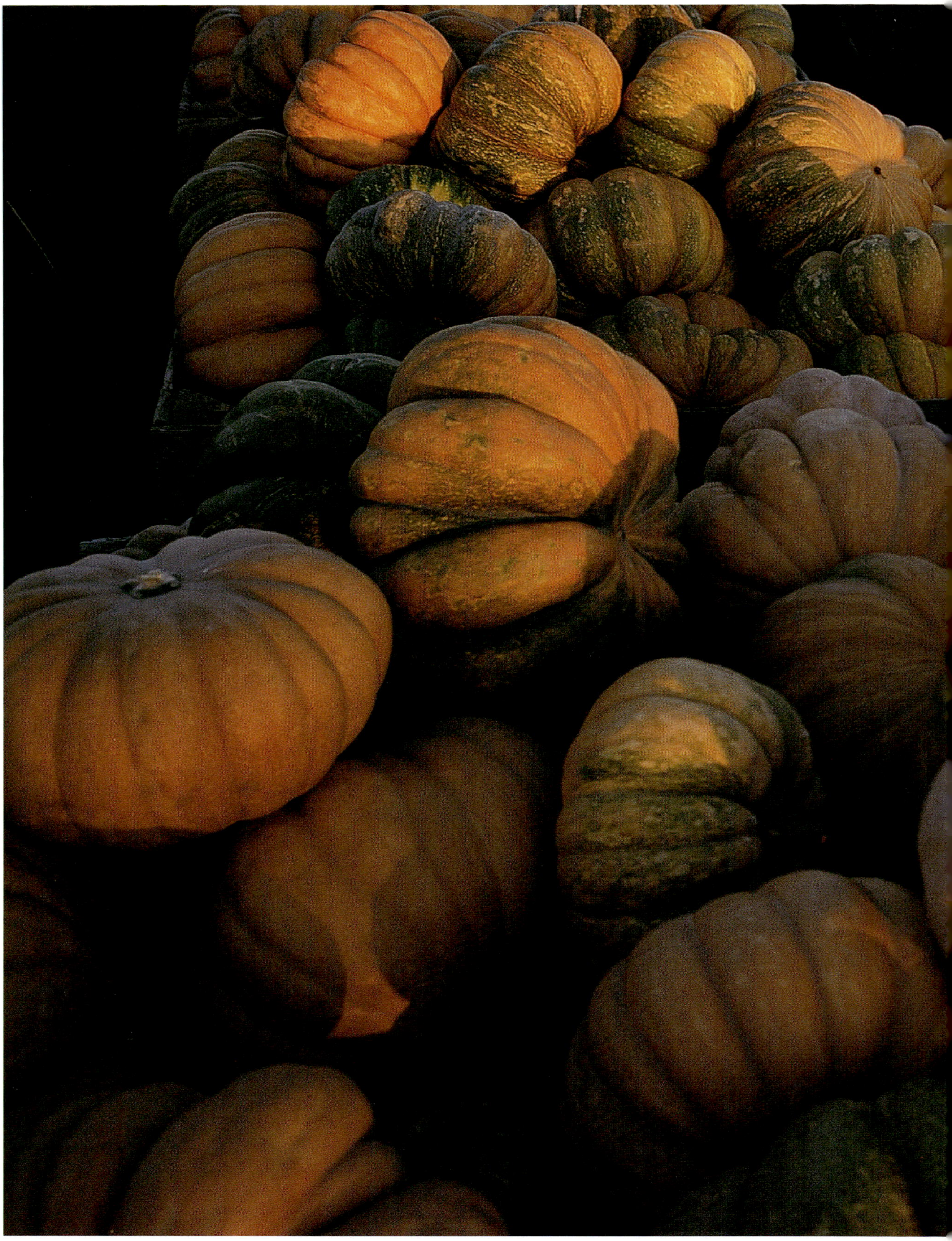

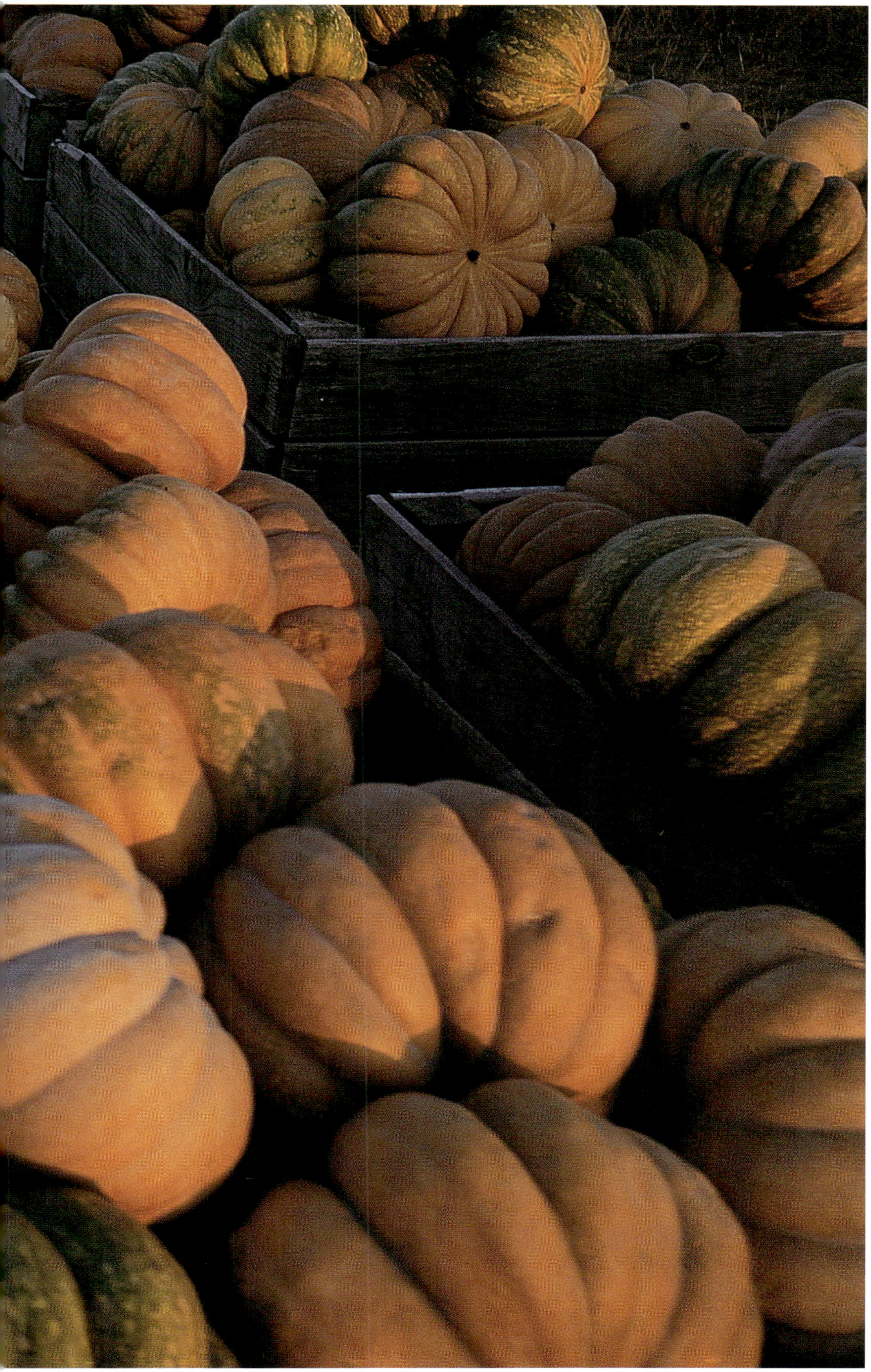

Ramassées à l'automne, les grosses courges muscades sont rangées dans des caisses de bois pour être stockées tout au long de l'hiver et être vendues peu à peu sur les marchés.

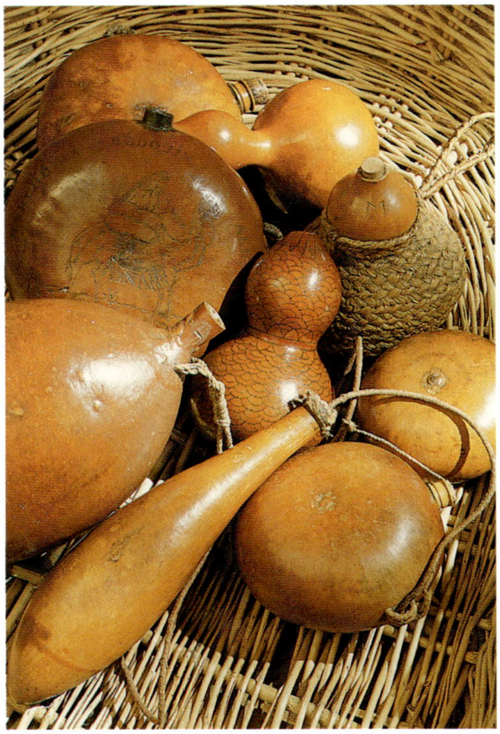

parfois les bergers, inspirés, y gravaient au couteau leurs rêves et leurs espoirs. Les compagnons eux aussi utilisèrent et sculptèrent de semblables gourdes. En Arles, le musée Arlaten montre ainsi quelques superbes exemples de ces coucourdettes décorées.

Les courges, pour autant qu'on les choisisse bien fermes, lourdes, pleines et sans coup ni blessure, peuvent se conserver tout l'hiver. Et, comme elles sont de culture facile, plantées en février-mars et, sans autre travail, récoltées à partir de septembre, elles sont un légume de base de l'alimentation provençale, si commun, si banal que l'on dit d'un pays pauvre et sans ressources que c'est un « pays de coucourdes ». Quelle injustice ! Car la courge est un légume délicieux.

Gourdes de berger et de compagnon, poires à poudre et à plombs faites dans de petites courges évidées et séchées (en haut). L'alliance de l'huile d'olive, de l'ail et de la chair de courge est une merveille de la cuisine provençale en hiver (page ci-contre).

Les cuisinières provençales ont inventé mille recettes de soupes et de gratins de courge, avec ou sans riz, avec ou sans poireaux, avec ou sans ail, avec ou sans crème fraîche, et toutes sont exquises. Mais dans la Drôme provençale, au nord du Comtat, on faisait la veille de Noël un dessert merveilleux, la *fougasso de coucourdo*, la fougasse de courge. Commencez donc par choisir une superbe courge à la peau lisse et ferme, une qui « fait la perle », c'est-à-dire quand une goutte de sève translucide apparaît à la queue. Tirez-en une belle tranche et ôtez-lui la peau et les graines. Coupez-la en petits morceaux et mettez-la à fondre doucement à feu doux et à couvert avec un morceau de beurre, deux cuillerées à soupe d'eau et deux cuillerées à soupe de sucre en poudre. Pendant ce temps, pétrissez la valeur d'une baguette de pâte à pain avec 75 grammes de beurre mou, jusqu'à ce que le beurre soit complètement absorbé par la pâte. Séparez cette pâte en deux boules égales. Ecrasez la compote de courge au presse-purée. Si vous la trouvez trop liquide, faites évaporer quelques minutes l'excès d'eau à feu vif en tournant constamment.
Puis sortez du feu et laissez refroidir. Etalez la première boule de pâte en une abaisse ovale d'un centimètre d'épaisseur et déposez-la sur une plaque beurrée et farinée. Lorsque la purée de courge est bien refroidie, étalez-la sur cette pâte, en prenant bien garde de vous arrêter à deux centimètres du bord. Etalez alors la deuxième boule de pâte comme la première. Pratiquez quelques fentes au couteau, comme vous le feriez pour une simple fougasse, et posez cette pâte sur l'autre en soudant bien les bords. Laissez lever deux heures dans un endroit tiède. Puis mettez à four moyen pour une vingtaine de minutes. Lorsque la fougasse de courge est bien dorée et gonflée, sortez-la du four, aspergez-la de quelques gouttes d'eau de fleur d'oranger et saupoudrez un peu de sucre. C'est l'un des plus originaux et des plus délicieux parmi les très nombreux « treize desserts » de Noël.

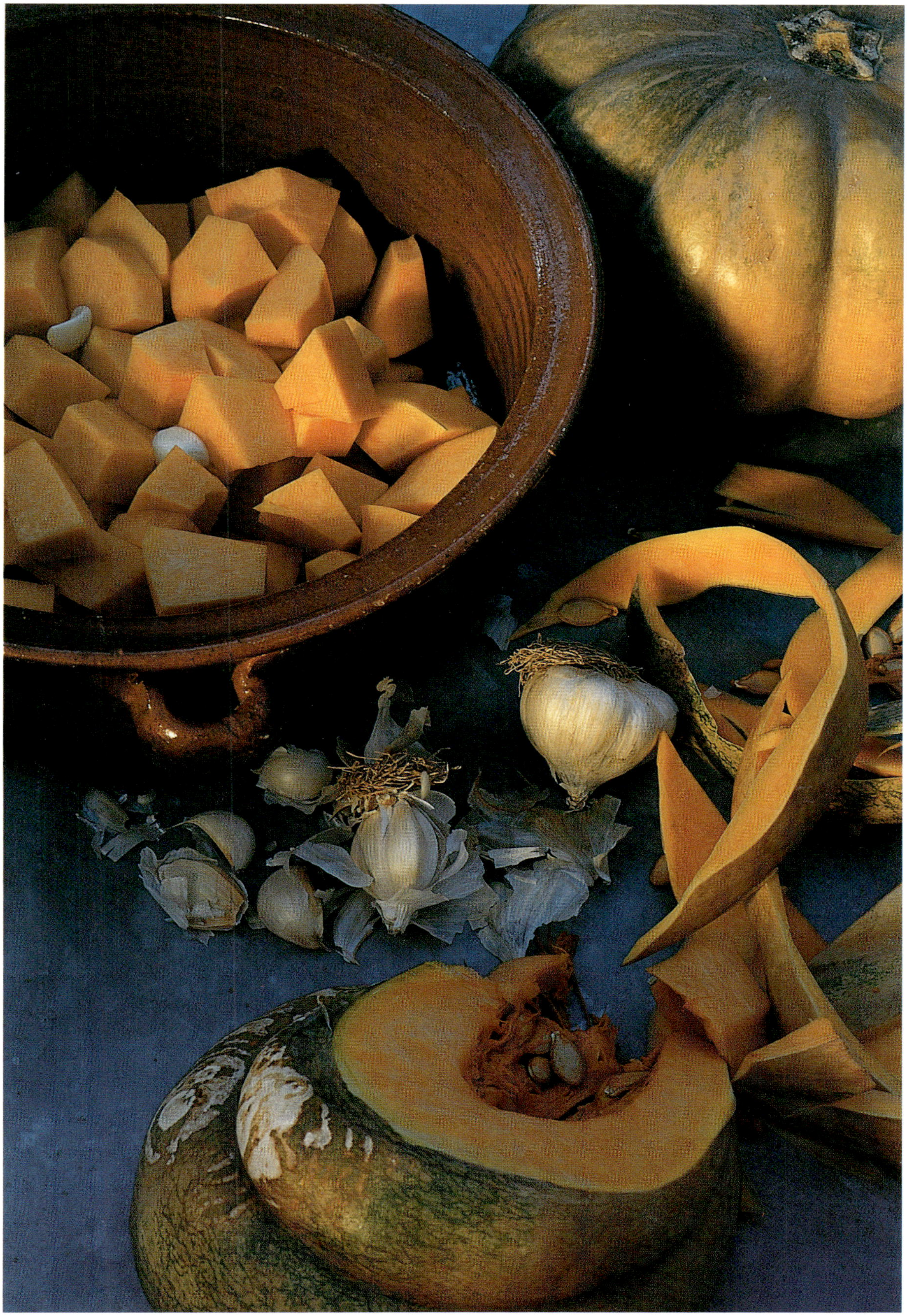

le moulin des ocres

Il y avait les moulins à garance, qui broyaient les racines rouges. Pour la blanche farine, il y avait, sur toutes les collines, les moulins à vent aux ailes déployées et, à L'Isle-sur-la-Sorgue, tous les moulins à eau avec leurs grandes roues moussues et ruisselantes. Il y avait les moulins du pastel, lorsqu'un cheval ou une solide mule tournait en rond pour bouger la pierre qui broyait la pâte du bleu. Il y avait les moulins à huile d'où coulait l'huile verte et amère. Et puis, à Rustrel, à Apt, à Gargas et à Roussillon, il y avait les moulins du jaune et les moulins du rouge. Ceux-là écrasaient les ocres et fabriquaient la couleur.

Les Romains avaient déjà, il y a bien longtemps, exploité ce gisement d'ocre. Mais vint la chute de l'Empire. Et les pages du livre d'histoire se tournèrent, les unes après les autres, brutales, laissant les hommes se débattre dans la barbarie et les guerres. Tout cela plongea cette industrie dans l'oubli. Alors, pendant des siècles, les ocres dormirent paisiblement dans les collines du pays d'Apt, jusqu'à ce que, vers 1780, un habitant de Roussillon, nommé Jean-Etienne Astier, redécrouvre que l'on pouvait fabriquer avec ces terres jaunes et rouges une peinture solide et de fort belle couleur. Il était boisselier, il se fit ocrier. Il fut bien vite imité par d'autres habitants de Roussillon. Les ocres allaient faire pendant plus d'un siècle la fortune de toute la région.

Ces premiers ocriers étaient cultivateurs. Les carrières étaient sur leurs terres. Et bien souvent ils partageaient leur temps entre les ocres et les amandiers, les oliviers, les truffes ou la garance. Ainsi pouvait-on lire sur le papier à en-tête d'une lettre envoyée de Rustrel le 13 avril 1913 :

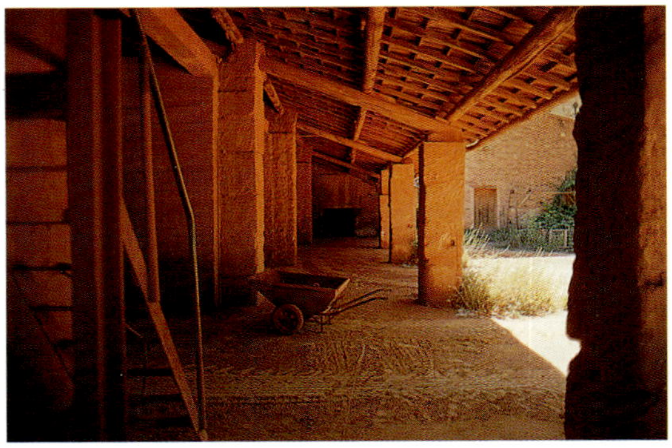

Louis Bonnefoy, ocres et huile de pays, propriétaire trufficulteur.

Le travail des ocres était un travail de la terre comme les autres, soumis aux caprices des éléments et empruntant techniques et savoir-faire à l'agriculture traditionnelle. C'est le moulin à huile de Roussillon qui fut le premier utilisé par Jean-Etienne Astier pour broyer les ocres. L'extraction des sables ocreux se faisait à la fois dans des carrières à ciel ouvert et dans des galeries souterraines. Aujourd'hui, les galeries souterraines ont été complètement abandonnées, certaines sont devenues des champignonnières. Les deux exploitations encore en activité à Gargas et à Rustrel sont à ciel ouvert. Mais, aujourd'hui comme hier, le processus de la fabrication de l'ocre est identique, même si la mécanisation, puis

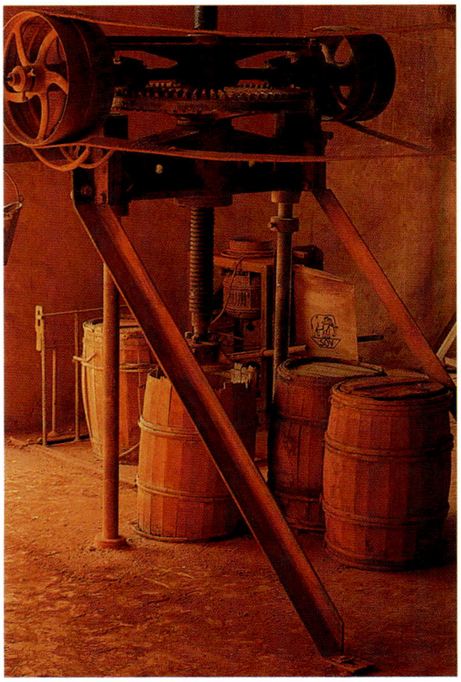

A Roussillon, l'usine Mathieu, ancienne usine d'ocre abandonnée dans les années 60, reprend vie aujourd'hui, devient le Conservatoire des ocres et pigments appliqués, et accueille chaque année de très nombreux visiteurs.

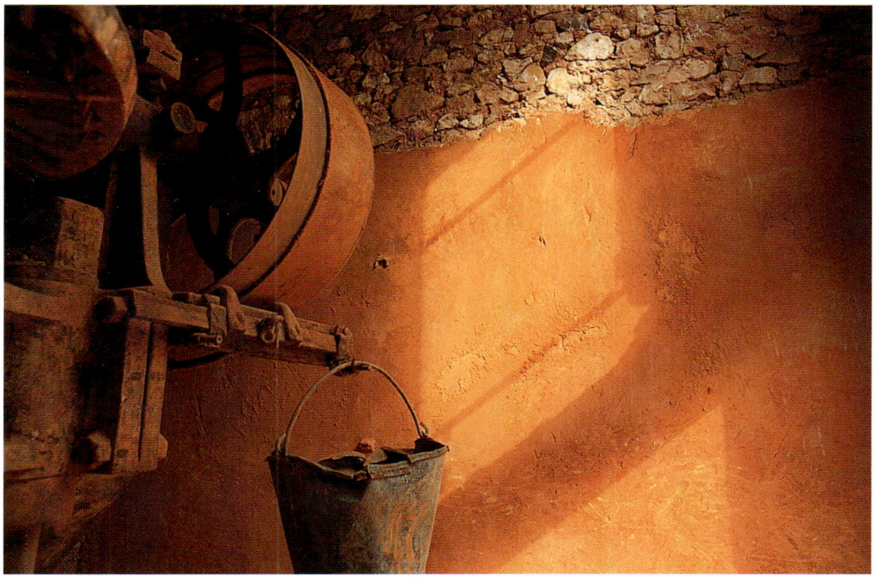

L'ancien moulin du rouge de l'usine Mathieu, où l'ocre était réduite en poudre.

l'électrification ont permis de considérablement soulager la peine des hommes.

Il avait d'abord fallu déboiser, enlever la terre végétale, puis une couche de « *stérile* », composée de grès et d'oxyde de fer. Alors seulement on avait pu extraire le sable pour le laver. Parfois l'eau était à proximité, mais parfois aussi il fallait aller la chercher très loin et la transporter dans des chariots. Un été trop sec entraînait un arrêt de la production de l'ocre. Il fallait ensuite malaxer à bras cette eau chargée de minerai, puis la canaliser vers des bassins de décantation creusés à même le sol. Ces canalisations en V, faites de pierres d'Oppède, suivaient la pente naturelle du terrain. Le sable le plus grossier s'y déposait, tandis que l'ocre, plus légère, continuait sa route vers des reposoirs, sortes de chicanes de pierre qui permettaient d'éliminer les dernières particules de sable. L'eau chargée d'ocre pure était enfin dirigée vers les bassins. Mais l'ocre est insoluble dans l'eau. La nuit, une couche de trois à quatre centimètres d'ocre se déposait dans le fond du bassin. Le matin, il fallait vider l'eau de surface et recommencer l'opération jusqu'à ce que la couche d'ocre atteigne une épaisseur convenable. Puis le vent et le soleil aidaient au séchage, et cela durait plusieurs mois, jusqu'à la fin d'août. On découpait alors l'ocre séchée à la bêche, sous forme de briques qui s'entassaient autour des bassins comme les murs d'une étrange cité oubliée. Les briques étaient ensuite transportées au moulin, broyées, puis blutées comme la farine afin d'obtenir une poudre fine. Il y avait les moulins du jaune et les moulins du rouge. L'ocre de Gargas donnait un jaune exceptionnel. Mais l'ocre rouge, dans son état naturel, est rarement d'une teinte parfaite, parfois trop violette, parfois trop brune. Il fallait donc faire cuire de l'ocre jaune sur des feux de bois pour obtenir de l'ocre rouge. En variant la température et la durée de la cuisson, on variait aussi les nuances de rouge. Enfin, le mélange des ocres de base permettait d'obtenir une grande variété de teintes.

Une promenade dans les anciennes carrières de Roussillon ou de Rustrel est une fête pour les yeux, tant la palette naturelle des sables ocreux du pays d'Apt est infinie. Si les géologues analysent parfaitement la composition de ces sables et expliquent très bien les lents et complexes changements qui modifièrent la croûte terrestre depuis des millénaires, nul ne sait encore aujourd'hui expliquer par quel mystère, à cet endroit-là, la nature a coloré la terre dans une telle variété de nuances.

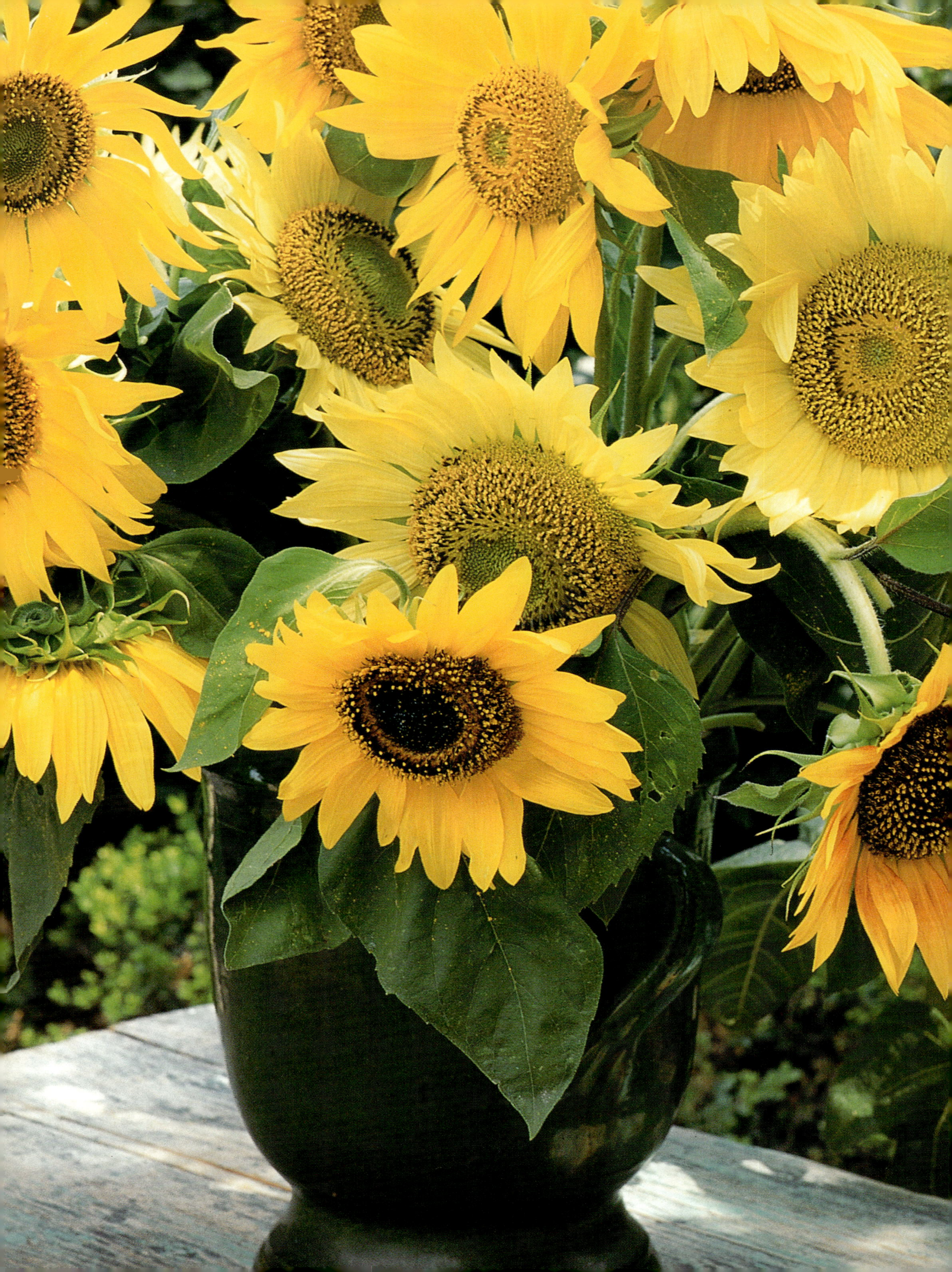

J a u n e

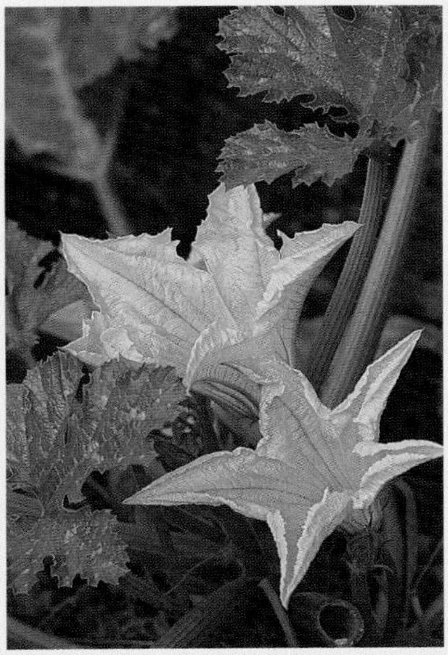

« Dans la pièce où tu dormiras, ou bien Gauguin quand il viendra, je veux orner les murs blancs de grands tournesols jaunes, et tu verras alors ces grandes peintures avec des bouquets de douze ou quatorze tournesols qui, avec un joli lit, remplissent cette minuscule chambre... »

Vincent Van Gogh, Lettres à Théo.

En février 1888, Vincent Van Gogh, fuyant Paris où il étouffe, découvre Arles et sa lumière. Très vite, sans doute plus que toute autre couleur, le jaune, tous les jaunes vont embraser ses toiles. Soleil couchant, meules de foin, champs de blé ébouriffés comme les cheveux des jeunes filles, tournesols et chapeaux de paille, l'intérieur des cafés, les meubles de sa chambre et jusqu'à sa maison tout entière rayonnent de jaune.

Le jaune, c'est la couleur du soleil et de l'été en Provence, lorsque les blés sont mûrs et que les tournesols donnent une réponse déférente et gaie à l'astre souverain. Il y a peu de temps encore, avant que l' « arrosage automatique » et l'herbe verte des pelouses n'aient envahi les collines des Alpilles et du Luberon, chaque année, dès la fin du mois de juin, l'herbe blondissait et se parait du plus beau jaune jusqu'à la fin de l'été. La nature tout entière était dorée, rythmée seulement par les ombres verticales des cyprès et les nuages gris des oliviers.

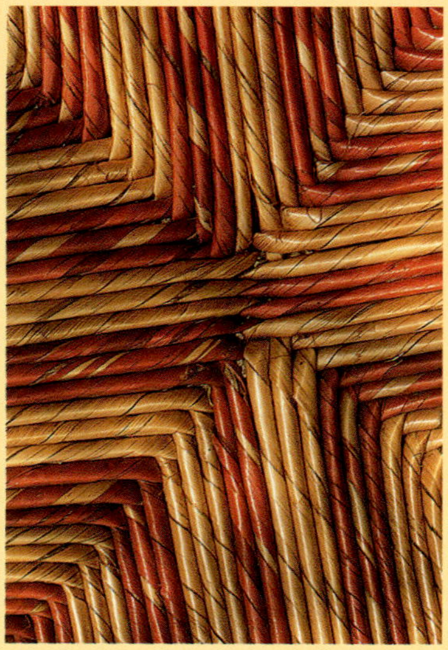

L'or martelé ou délicatement filigrané, les blés moissonnés, le pain longuement pétri, levé et cuit au four, le miel produit conjointement par les fleurs et les abeilles, l'osier tressé sous les doigts de Vincent le vannier, comme la paille torsadée des chaises et des radassières, tous les paniers de Vallabrègues font du jaune le symbole des richesses conquises par le travail de l'homme.

Et pourtant le jaune était bien difficile à conserver sur le jupon des filles. Car, jusqu'au triomphe de la chimie moderne, la plupart des teintures jaunes, à une exception près, étaient fragiles et s'évanouissaient sous les actions conjuguées de l'eau, du savon et de la lumière. Mais cela n'a jamais empêché les femmes de Provence d'aimer cette couleur et de l'utiliser pour leurs toilettes ou pour les courtepointes et les courtines de leurs lits. On l'aimait tant qu'on l'appelait *coulour di baiso ma mio*, « couleur d'un baiser à ma bien-aimée »...

Fleurs de courgettes, délicieuses farcies ou en beignets (page 59). Assise de siège paillée. La paille qui garnissait les chaises et les radassiers était soit de l' « aufo », graminée qui pousse sur les bords du Rhône, soit de la « sagno », qui est une paille de seigle (ci-contre). Le blé, avec la vigne et l'olivier, est la base de l'agriculture provençale (page ci-contre).

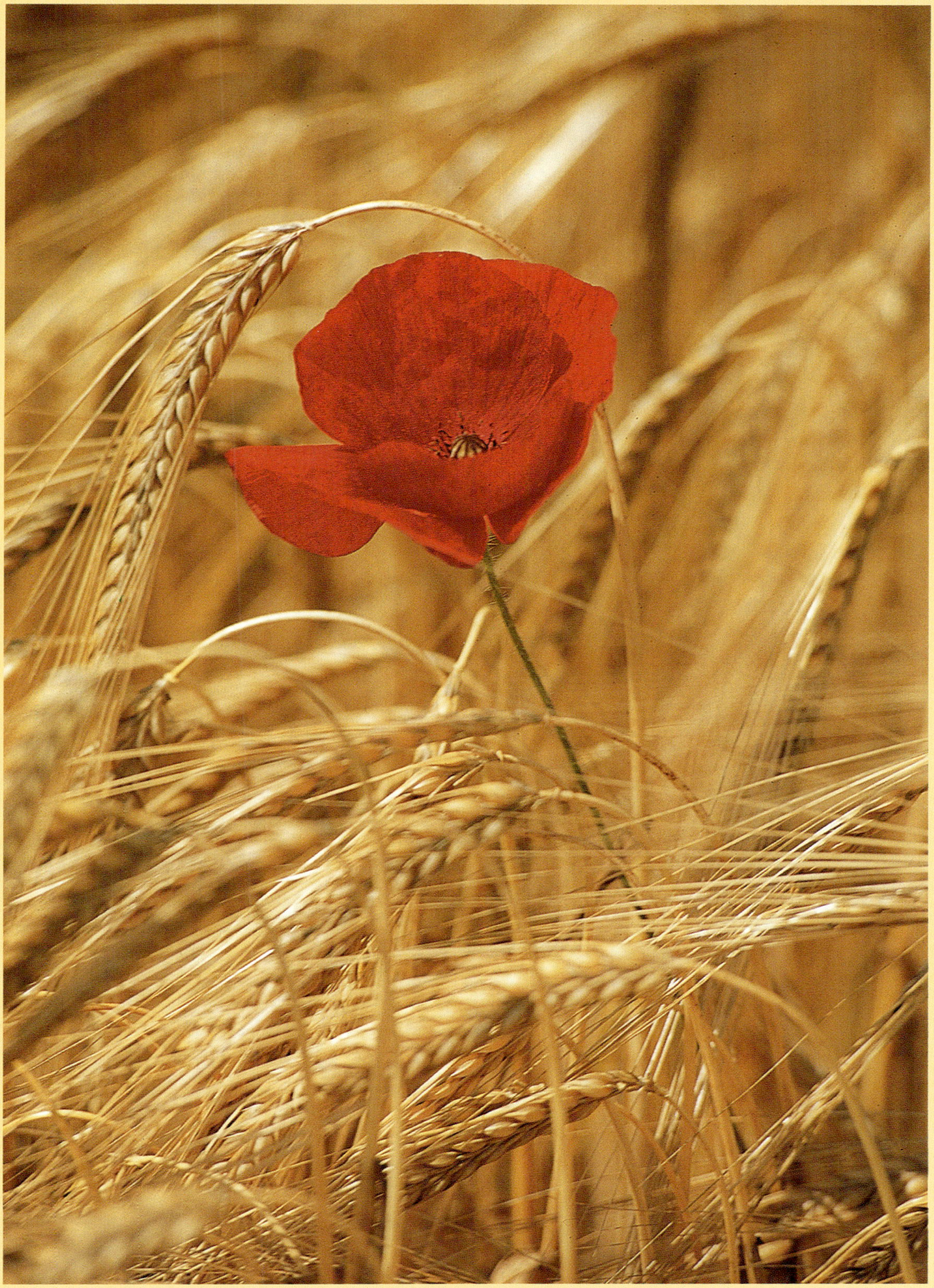

Magie d'un champ de tournesols surgissant derrière la découpe séculaire de l'olivier, dans la plaine de Saint-Rémy-de-Provence.

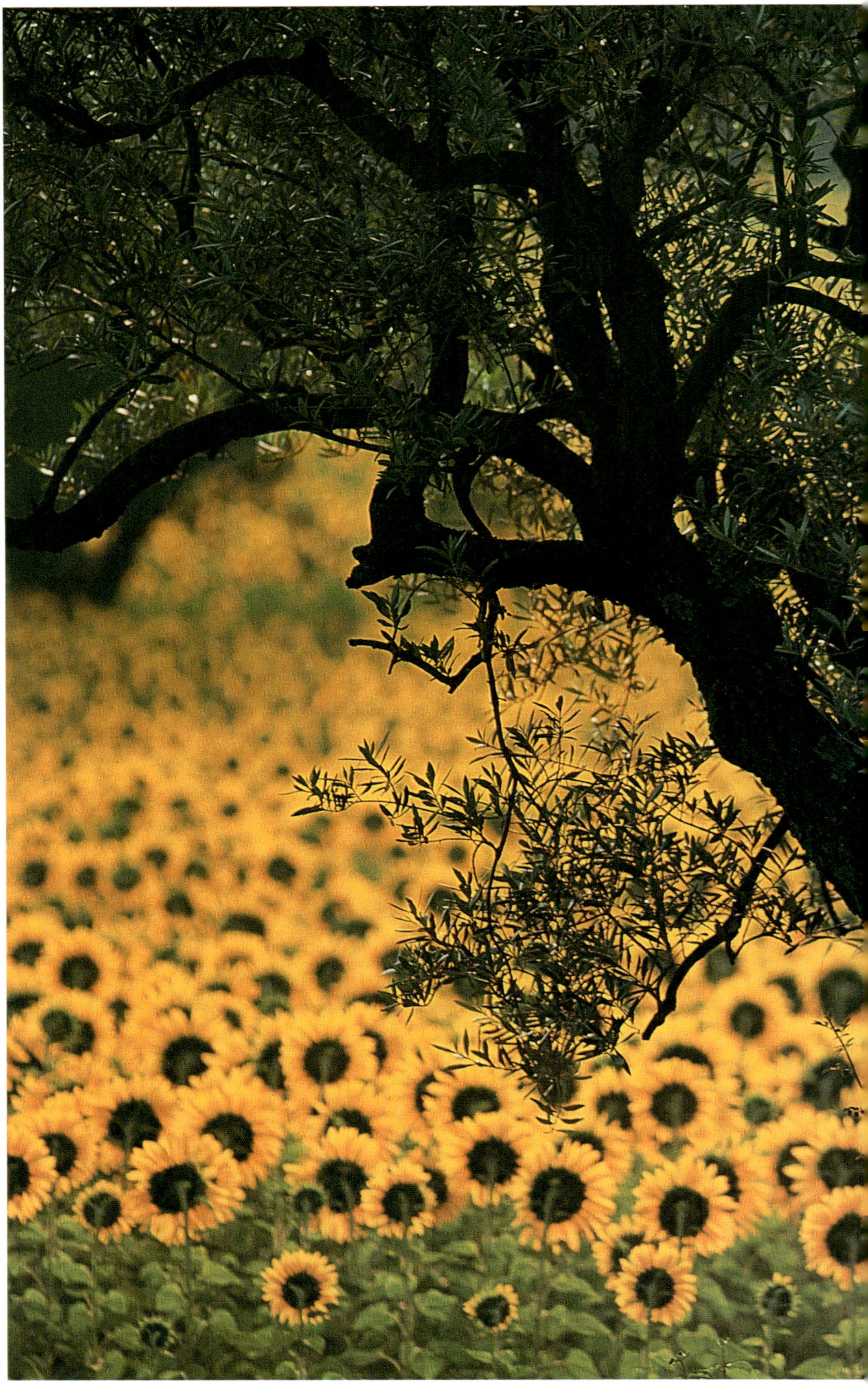

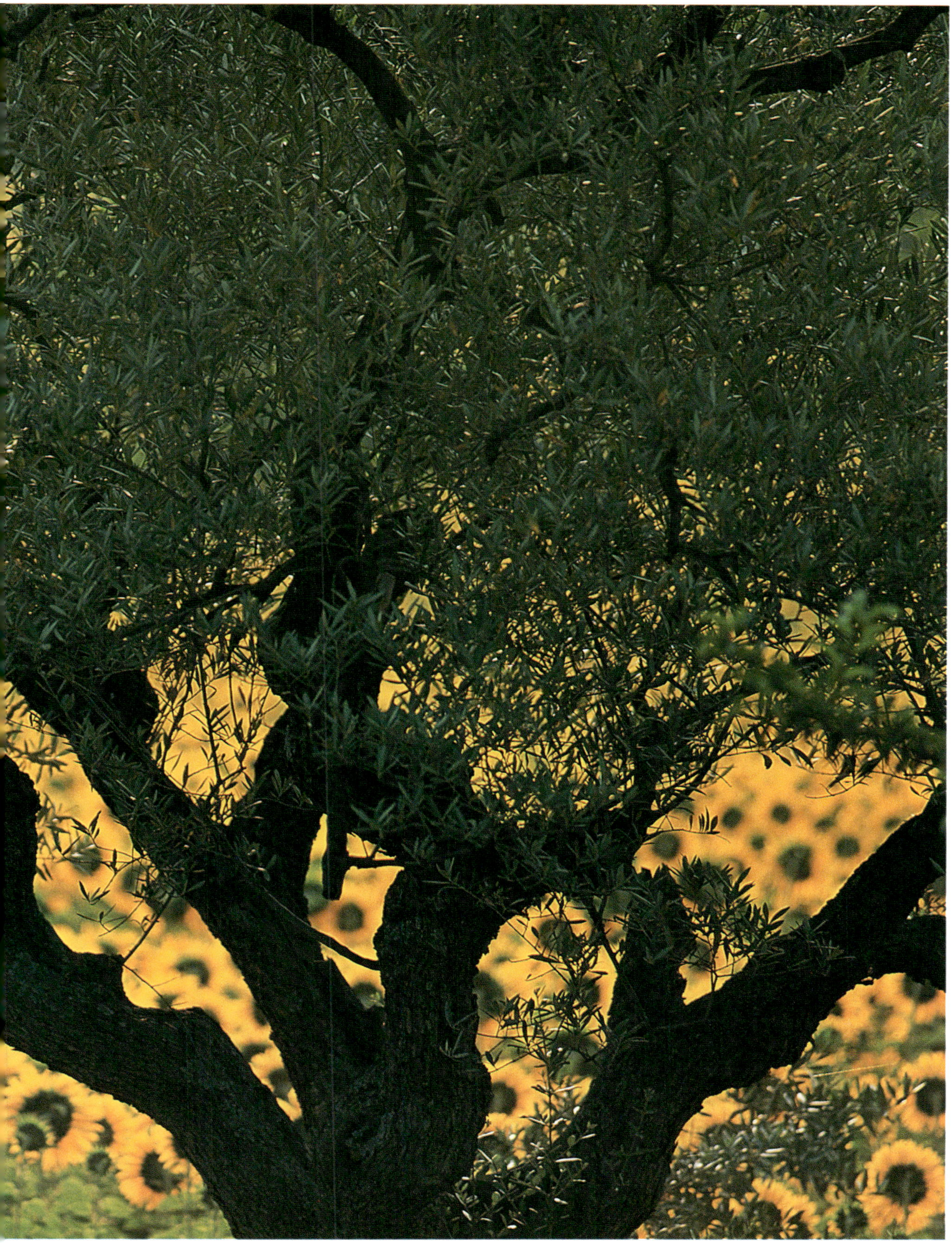

la Saint-Jean d'été

La Saint-Jean, le 24 juin, c'est la fête du solstice d'été. Le soleil est au zénith, l'herbe est brûlée et la terre semble morte. C'est le moment de cueillir les herbes, les plantes, celles pour teindre et celles pour guérir, tout comme celles qui parfumeront la cuisine. Cette cueillette obéissait à des règles ancestrales quant au jour choisi, en fonction de la lune, de la maturité des plantes, du temps qu'il faisait, et même de l'heure de la journée.
C'est aussi le moment de couper le blé et l'épeautre, et la fête de la Saint-Jean célèbre la fin du travail des moissonneurs. Elle exorcise cette « mort de la terre » et en favorise la renaissance. C'est la fête du soleil et du feu, c'est aussi la fête de l'eau et des pluies qui vont refertiliser la terre.
De très nombreux rituels célébraient la Saint-Jean d'été dans toute la Provence. Ainsi était-elle la fête du jaune, couleur des herbes brûlées par le soleil, couleur de la paille et couleur des grains de blé et d'épeautre.

L'*espeute* ou « petit épeautre » est un des premiers blés que l'homme ait cultivés. Il fait partie des blés dits « vêtus », car on doit en décortiquer les grains avant de pouvoir les consommer. Pendant des siècles, cette opération était bien sûr artisanale, et sa difficulté a bien failli en faire disparaître la culture, pourtant bien adaptée aux terres pauvres et sèches de haute Provence. Heureusement, de nouvelles techniques ont permis la remise en culture de cette céréale dans le pays de Sault. On peut bien sûr utiliser la farine d'épeautre à la place de la farine de blé pour faire le pain, les pâtisseries et même les crêpes. Mais on peut aussi le cuisiner à la place du riz. Il demande trente minutes de cuisson dans une eau bouillante salée et poivrée.

Une des plus anciennes recettes est celle de la soupe de « petit épeautre ». Il y faut une grande marmite où vous mettrez à bouillir de l'eau salée et poivrée. Quand l'eau bout, jetez-y 500 grammes d'épeautre bien lavé, un jarret de porc, deux saucisses de couenne et un bouquet garni. Faites cuire tout cela à petit feu pendant une heure. Ajoutez alors huit pommes de terre moyennes et épluchées, huit carottes, deux poireaux, une branche de céleri et 200 grammes de haricots cocos blancs. Faites cuire encore une heure, toujours à feu très doux. Il y a en fait deux manières de procéder. Soit on coupe les légumes en petits morceaux, comme on le ferait pour une soupe au pistou, et l'on sert en une seule fois cette soupe généreuse et délicieuse ; ou bien on fait cuire les légumes entiers et l'on mange d'abord la soupe d'épeautre, puis les légumes et la viande, comme on le fait pour la baïane de pois chiches ou la bouillabaisse.

Je ne résiste pas au plaisir de vous donner une deuxième recette d'épeautre, qui fait fureur l'été sur les buffets des fêtes du Luberon. Il s'agit du taboulé d'épeautre. Lavez soigneusement 500 grammes de cette céréale, puis faites-les cuire une demi-heure dans une grande quantité d'eau salée, avec beaucoup de poivre. Eteignez le feu et laissez gonfler l'épeautre une dizaine de minutes avant de l'égoutter et de le laisser refroidir. Versez-le alors dans un grand saladier où vous ajouterez cinq tomates, un concombre, un poivron rouge et un poivron vert coupés en petits dés, le jus de cinq citrons, un généreux filet d'huile d'olive, un peu de sel et de poivre. Couvrez le saladier et placez-le quelques heures dans le bas de votre réfrigérateur, car ce taboulé doit être servi très frais. Au dernier moment, ajoutez une poignée de feuilles de menthe fraîche finement ciselée. Mélangez une dernière fois.

La soupe de « petit épeautre »
fait tout un repas, bonheur archaïque,
savoureux et généreux
(page ci-contre).

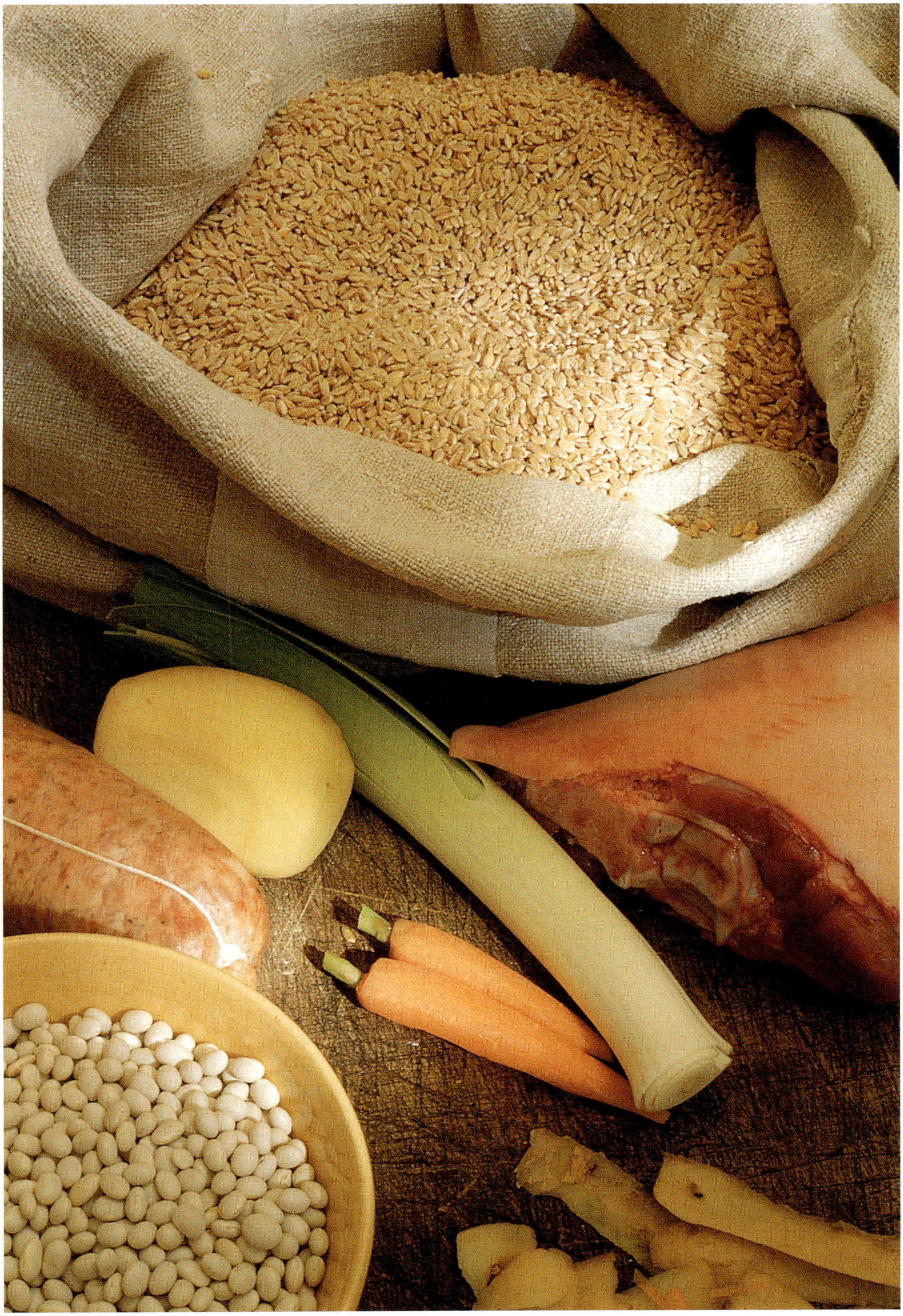

paniers d'osier, chaises paillées et chapeaux de paille

En 1859, Frédéric Mistral publie son premier chef-d'œuvre, *Mireille*. La belle musique de Charles Gounod contribuera à la gloire populaire des amours de Vincent et Mireille, et le chœur des magnanarelles et la chanson de Magali seront fredonnés dans la rue par plusieurs générations. Mais, au-delà de l'émouvante idylle, *Mireille* est surtout le poème de la Provence rurale, l'évocation magnifique de ses paysages, de ses hommes et de ses légendes.

Mistral fait naître l'un des deux héros de l'histoire à Vallabrègues, car Vincent, le beau Vincent, était *banastounie*, vannier, et Vallabrègues était la capitale de son art. Au siècle dernier, dans cette seule commune, il n'y avait pas moins de quatre cent cinquante vanniers et presque autant de pailleurs de chaises. Vallabrègues est un joli petit village niché dans une courbe du Rhône, au nord de Beaucaire et de Tarascon. Sur ces terres humides et profondes poussaient le jonc, le roseau et l'osier. Néanmoins, c'est dans les îles du Rhône que les Vallabrégans, de la Toussaint jusqu'au mois de mai, allaient faire l'essentiel de leur récolte. De nombreuses familles, hommes, femmes et enfants, s'installaient ainsi pour six mois dans une grande hutte de roseaux et tout le jour coupaient les osiers.

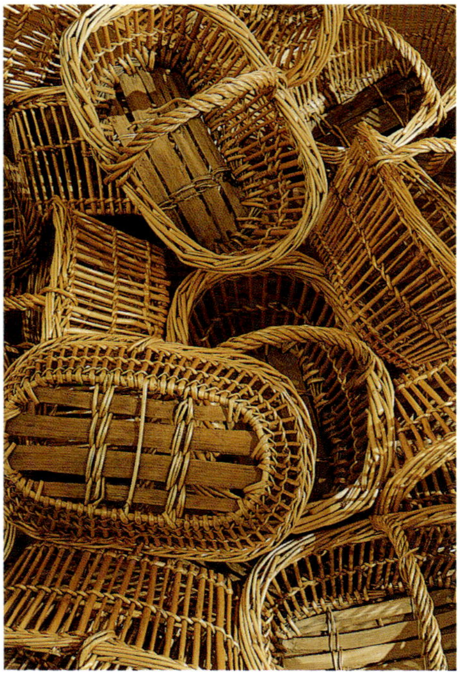

Autrefois, lorsqu'on achetait des fraises de Carpentras, on les emportait dans un de ces jolis paniers à fraises en osier tressé.

L'osier, c'est le rameau jeune et flexible du saule. Il y a l'osier vert, ou « osier des îles », qui pousse dans les terrains les plus marécageux ; l'osier jaune, très apprécié pour la vannerie fine ; l'osier rouge, dont les rameaux se fendent très facilement ; enfin l'osier noir ou osier bleu, à rameaux lisses et minces. Il s'agit là bien sûr des couleurs de l'écorce. Et l'on tresse l'osier avec son écorce pour la fabrication d'une vannerie rustique. Mais la « belle » vannerie se fait avec l'osier blond : dépouillé de son écorce, très pâle, presque blanc au début, il se dore avec le temps pour prendre une douce couleur jaune, plus chaude que celle de la paille.

A côté de l'osier, on utilisait aussi le roseau, que l'on appelait *massetto*, et la *sagno*, plante palustre dont la feuille tranchante peut blesser et que les botanistes appellent *Typha latifolia*. Les vanniers confectionnaient ainsi toutes sortes de banastes, de corbeilles et de couffins, de nasses pour la pêche. Ils fabriquaient aussi des matelas, des paillasses et des coussins, et même de grandes nattes qui servaient à couvrir les toits.

Aujourd'hui, les vanniers ont disparu de Vallabrègues, mais au début du mois d'août, lors de la foire aux paniers, tous les habitants du village sortent corbeilles et vanneries pour les accrocher aux volets des maisons, tandis que des vanniers venus de l'Europe entière y présentent leurs productions.

Heureusement, il existe encore à Vallabrègues deux célèbres fabricants de chaises paillées. La paille qui garnissait, et qui garnit toujours, les chaises et les radassiers était de l'*aufo*. C'est une graminée qui pousse en grande quantité sur les bords du Rhône. Sa couleur inégale, allant du vert tendre au jaune, permettait des effets décoratifs dans le tressage de la paille. La *sagno*, paille de seigle, était aussi utilisée. Solide et brillante, elle s'enroulait pour recouvrir d'autres filaments d'un prix moindre, comme le jonc des chaisiers, le carex et même les feuilles du maïs.

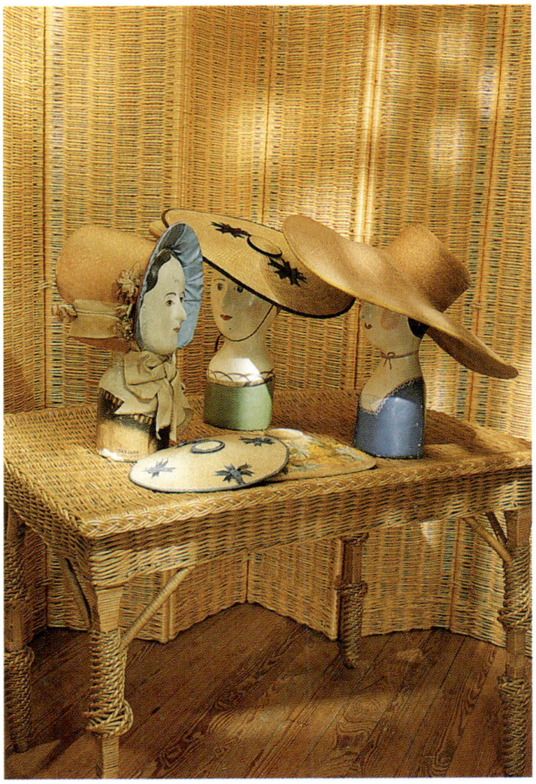

La chapellerie, elle, employait surtout les pailles tressées de riz, de seigle et de blé pour confectionner les grandes et superbes bérigoules des paysannes de Provence. A vrai dire, *berigoulo* signifie en provençal « champignon. » Et l'on a tout naturellement baptisé ainsi ce chapeau à petite calotte et large bord, qui était l'hiver de feutre noir orné de résille d'or et l'été de paille tressée. Il se portait sur la coiffe de lingerie et fit partie jusqu'à la fin du XIXe siècle du costume traditionnel des Provençales. Dans le pays niçois, les chapeaux de paille affichaient une allure bien différente. La calotte était minuscule, ce qui donnait au chapeau la forme d'un cône assez plat, et les brins de paille étaient maintenus à l'aide de fils de chanvre ; l'ensemble était bordé et orné de rubans de velours noir ou de couleur. A la fin du XIXe siècle, des broderies de laines de couleur, à motifs de fleurs et de fruits, surtout de mimosas, remplacèrent les rubans de velours.

Quant aux panamas que portent César et Monsieur Brun dans les films de Marcel Pagnol, ils étaient tressés non à Panama, comme on pourrait le penser, mais en Equateur. Sans doute quelques Marseillais étaient-ils au nombre des ouvriers venus d'Europe pour creuser le célèbre canal. Lorsqu'ils revinrent coiffés de chapeaux de paille, ils les appelèrent tout naturellement des panamas, nom légendaire que ce chapeau garde encore aujourd'hui.

Tous les chapeaux de paille de Provence au XIXe : capote en paille de seigle ornée de rubans de soie et de fruits en papier, chapeau niçois bordé de velours et large bérigoule du pays d'Arles.

la teinture du jaune

Il était une fois, dans des temps très anciens et dans la fort lointaine Chine, une princesse du nom de Si Ling-chi. Elle se prit d'intérêt pour une petite chenille qui vivait sur un mûrier, l'observa avec attention, apprit à l'élever et à dévider de la mystérieuse maison où se cache le ver pour l'une de ses méthamorphoses le fil magnifique et brillant qui fit plus tard la conquête du monde. Mais, pendant des siècles, les secrets de l'élevage du ver et de la fabrication de la soie furent jalousement gardés par les Chinois. De la Chine des Han, ils parvinrent cependant jusqu'à Rome, ouvrant les fameuses et légendaires « routes de la soie ». Dès le XIIe siècle, les soyeux vénitiens et florentins firent la fortune de leurs villes.

Lorsque, à la fin du XIIIe siècle, la papauté quitta l'Italie et s'installa en Avignon, elle y amena une cour brillante et un luxe qui, pour se satisfaire, modifia profondément les habitudes régionales. Ainsi la culture du mûrier et l'élevage du ver à soie firent-ils leur apparition dans le Comtat Venaissin. Il restera de cette époque, et malgré l'émigration d'une partie des ouvriers tisserands vers Lyon, coïncidant avec le départ des papes pour Rome, une forte tradition de l'industrie de la soie en Provence.

La Provence était donc couverte de champs de mûriers et, du Var jusqu'aux Cévennes, de nombreuses magnaneries produisaient les précieux cocons. Les soyeux lyonnais achetaient les plus beaux pour tisser des soieries somptueuses. Les cocons de deuxième choix, c'est-à-dire percés ou abîmés, étaient dévidés, teints et tissés en Provence, dans les petites fabriques de Marseille, d'Avignon et de Nîmes. Partout, dans les maisons comme sur les costumes, la soie provençale ajouta ses reflets brillants à la simplicité colorée des cotonnades imprimées. Ces bourres et bourrettes de soie, ces toiles et ces taffetas, ces « florences d'Avignon », ces « satins de Marseille » empruntaient toutes les nuances que pouvaient leur donner la garance, le pastel, l'indigo ou la noix de galle. Mais il semble qu'une couleur entre toutes eût la préférence des teinturiers provençaux pour teindre la soie : c'est le jaune.

De nombreuses plantes permettaient de teindre les étoffes en jaune, et d'abord toutes celles qui poussaient à l'état sauvage et que l'on cueillait sur les pentes du mont Ventoux et les collines du Comtat. Les tiges du sumac, broyées et séchées, donnaient une couleur fauve. Des feuilles du fustet on tirait une couleur rouge, mais de son bois, dépouillé de l'écorce et brisé en petits morceaux, on obtenait ce jaune tant aimé des femmes de Provence, un jaune un peu orangé appelé *coulour di baiso ma mio*, « couleur d'un baiser à ma bien-aimée ». Cette couleur de petit teint servait surtout à la teinture des laines, des peaux et des cuirs, mais le jaune du fustet n'aimait ni l'alcaline, ni le savon et virait très facilement. Il y avait aussi la « graine d'Avignon », que l'on cueillait avant sa parfaite maturité et qui contenait une poudre jaune citron donnant au coton une autre couleur de petit teint. Au mont Ventoux, on cueillait également la genestrelle ou « petit genêt ». De ses racines on extrayait une teinture jaune, qui ne pouvait être comparée pour la beauté et l'intensité à celle de la gaude, mais qui, relativement solide, fut pour cette raison très largement utilisée en Provence.

Courtepointes piquées, caracos et jupons de coton imprimé à la planche en Provence à la fin du XVIIIe siècle et au début du XIXe, montrant toute la palette des jaunes (page ci-contre).

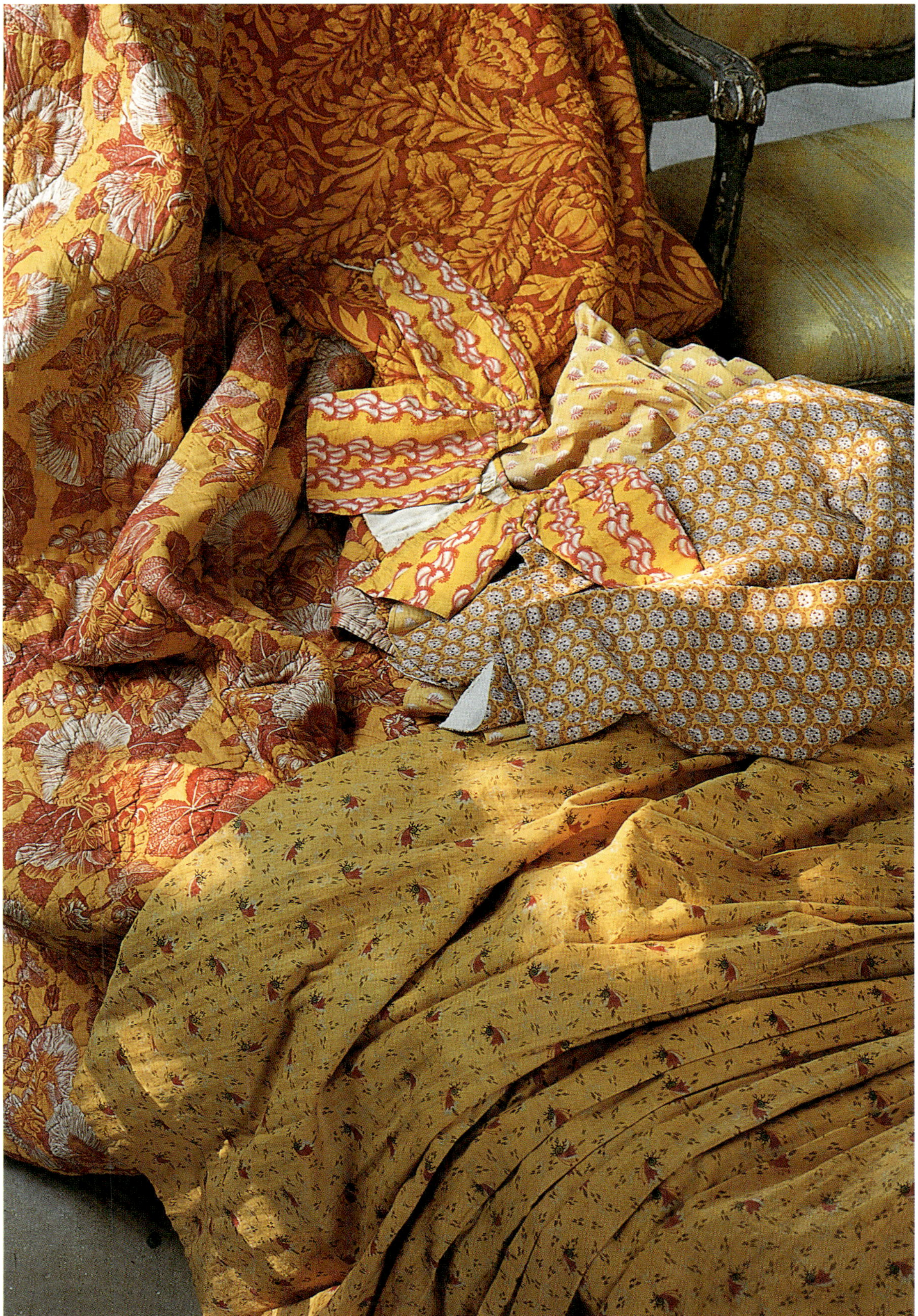

Jupon de taffetas de soie brodé au boutis, porté vers 1780 par les élégantes bastidanes de Provence. On appelait cette technique le « piqué de Marseille ».

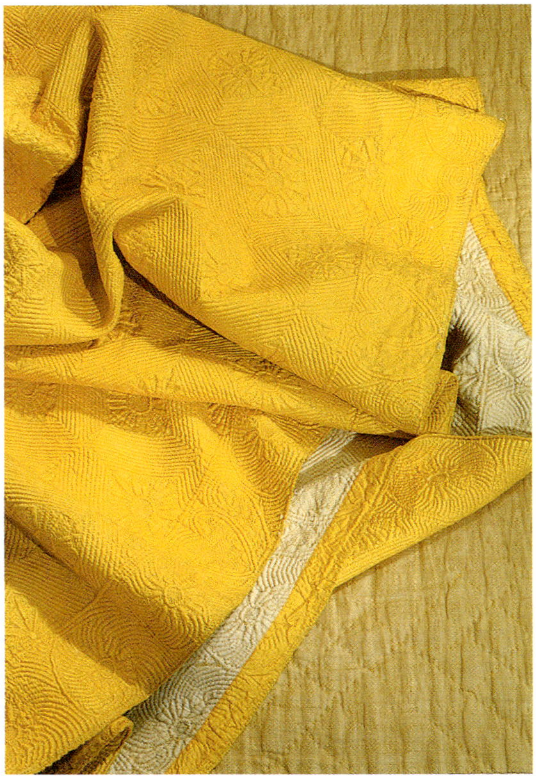

Cependant, la teinture jaune la plus belle était obtenue à partir d'une plante que l'on cultivait pour cet usage. L'« herbe à jaunir » par excellence, qui permettait un jaune de grand teint, était la gaude ou « réséda des teinturiers ». Toute la plante était utilisée. Les racines, les feuilles, la tige et jusqu'aux graines contiennent un principe colorant jaune, considéré comme le plus solide et le plus beau. Elle était cultivée principalement dans le Comtat Venaissin, semée à l'automne et récoltée pendant la première quinzaine de juin, alors que la plante avait presque perdu sa fraîche couleur verte et qu'elle prenait une couleur de paille. On ne fauchait pas la gaude, mais on l'arrachait afin de pouvoir utiliser ses racines. On la faisait sécher, puis on la mettait en bottes pour la vendre. Mais à la fin du XVIIIe siècle fut découvert le quercitron, substance extraite de l'écorce d'un chêne d'Amérique du Nord. Dès son introduction en Europe, son succès fut immédiat et très vite il supplanta la gaude.

Si le jaune était une couleur très prisée dans l'Antiquité romaine, il s'est curieusement déprécié au cours des siècles. Au XIIIe siècle, l'or, à la fois lumière et matière, rayonnait dans tous les domaines de la création artistique, alors que le jaune était considéré comme la couleur de Judas le traître, et par extension celle des Juifs. Ainsi certaines lois obligeaient-elles les Juifs du Comtat et de Provence à porter des vêtements jaunes, ou tout au moins une « rouelle » de tissu jaune cousue sur leurs vêtements, lointaine origine de la sinistre étoile jaune du IIIe Reich. A tel point que la gaude, qui était une des principales plantes utilisées pour teindre en jaune à cette époque, fut appelée *erbo di judieu*, « herbe aux Juifs ». Ces mesures discriminatoires s'estomperont peu à peu sans toutefois disparaître puisqu'un voyageur de passage dans Avignon en 1783 parle de la beauté des Juives de cette ville et dit qu'on les « distingue pendant le jour à des rubans jaunes qu'on les oblige à porter ».

La connotation infamante liée au jaune ne l'empêchera pourtant pas d'être, dans la seconde moitié du XVIIIe siècle et la première moitié du XIXe jusqu'à l'époque romantique, une couleur à la mode, très largement employée pour le costume et dans la maison. Les « taffetas de Florence d'Avignon » connurent un grand succès en jaune. Ces fines toiles de soie servaient à confectionner les courtepointes et les jupons en « piqué de Marseille », délicate broderie de lacets pris dans un réseau de piqûres parallèles à l'intérieur de deux étoffes. La plupart de ces magnifiques ouvrages au relief vermiculé, quand ils n'étaient pas de toile blanche, étaient de taffetas jonquille ou jaune d'or, beaucoup plus rarement vert, bleu ou rose.

A la même époque, bon nombre de couvertures piquées dans des « satins de Marseille », ou plus modestement dans des bourrettes de soie, attestent du goût des Provençaux pour le jaune. C'est incontestablement la couleur la plus fréquente en bain de teinture unie sur la soie. Mais les indienneurs, dans les ateliers d'impression sur coton, utilisaient aussi largement le jaune comme couleur de fond. Les toiles imprimées qui servirent à confectionner les jupons piqués, les caracos, les robes et les tabliers des Marseillaises et des femmes du bord de mer de cette époque étaient à fonds bronze, blanc, noir ou très souvent jaune, et ce quels que soient les motifs polychromes : rinceaux de fleurs, de fruits et d'oiseaux, chinoiseries, semis de bouquets ou de palmettes, stylisations de fleurs et de fruits en « bâtons rompus », etc. Pour les imprimés destinés à l'ameublement, les fonds jaunes étaient également très fréquents, seuls les motifs empruntaient une plus grande échelle.
Ces indiennes provenaient d'ateliers locaux, d'Avignon, de Tarascon, d'Aix ou de Marseille, mais aussi et principalement de la fabrique de Jouy-en-Josas. Enfin il est curieux de constater que les tresses de coton ou de soie qui bordaient les bas des jupons populaires, à la fin du XVIIIe et tout au long du XIXe siècle, étaient très souvent jaunes, même lorsque le jupon était rouge ou bleu.

Depuis les temps les plus anciens, la teinture était un art mystérieux, une science maîtrisée dans le plus grand secret, et le teinturier était « maître teinturier ». Ce métier fut réglementé par Colbert en 1667. Outre que l'on y distinguait les teinturiers de « grand et bon teint » et ceux de « petit teint et faux teint », ces règlements déterminaient de façon très stricte la qualité de la teinture en fonction du prix des étoffes. Mais c'est au cours du XVIIIe siècle que les procédés techniques connurent des progrès considérables, grâce à la complicité des plus grands savants qui, jusqu'aux membres de l'Académie royale des sciences, ne dédaignaient pas de se pencher aux côtés des teinturiers sur les problèmes de couleurs. Cependant les teintures jaunes ne parvinrent à être vraiment solides qu'avec le triomphe de la chimie moderne, et pourtant le jaune semble avoir été une couleur si prisée en Provence au XVIIIe siècle qu'il paraît bien que l'inconvénient du petit teint n'empêchait pas le grand usage de toutes sortes d'étoffes teintes en jaune.

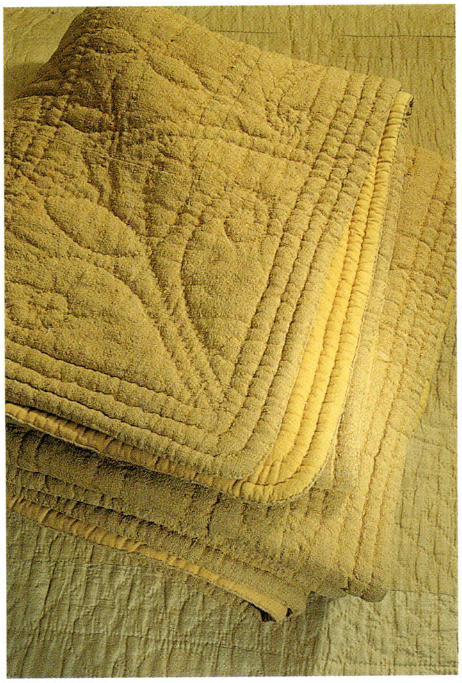

Couverture piquée dans une toile de bourrette de soie à la fin du XVIIIe. Les bourrettes étaient alors le plus souvent teintes en jaune.

les dorures et les ors

Les « dorures » sont les bijoux que les jeunes filles recevaient en dot de leur père, avec quelques pièces d'étoffes précieuses et quelques mesures de dentelle.

L'histoire du bijou provençal est étroitement liée à celle du costume. La prospérité que connut la Provence au XVIIIe siècle (si l'on excepte la terrible peste de 1720 qui secoua durement tout le pays), l'intense commerce du port franc de Marseille, qui importait les plus belles étoffes de l'Orient, les toiles peintes, les indiennes, les mousselines des Indes, et celui non moins important de la foire de Beaucaire où parvenaient les dentelles des Flandres, les bijoux et les pierres des joailliers d'Amsterdam et de Paris, tout cela favorisa l'épanouissement d'un costume régional riche et élégant. Dès le XVIIIe siècle, alors que dans les autres provinces il faudra attendre la Révolution, et même parfois jusqu'en 1830, pour que le costume régional se diversifie, les Arlésiennes se distinguent par le leur. L'emploi des indiennes, les belles coiffes « à la cardeline » ou « à la chanoinesse », le simple « pletchoun » enroulé autour de la tête et le très singulier « droulet », sorte de casaquin à longues et fines basques pendant dans le dos, en font un ravissant costume haut en couleur et si différent qu'il émerveille les voyageurs. Et, chose remarquable, toutes les Arlésiennes, de toutes conditions, se parent de bijoux.

Le peintre Antoine Raspal, qui décrivit si bien la petite société d'Arles de la fin du XVIIIe siècle, montre les jolies artisanes et les ouvrières de l'atelier de couture portant fièrement à leur cou une croix de Malte et au bras droit un large bracelet, le « coulas », jonc en or « de la grosseur d'une plume d'oie », qui se terminait par deux boucles prises l'une dans l'autre. A l'un de ces anneaux pendait une autre croix de Malte ou une lourde médaille. Ce bracelet fut porté jusqu'à la Restauration.

Les « maltaises », ainsi qu'on appelait ces croix ornées de l'insigne des chevaliers de l'ordre de Malte, rappelaient la longue histoire qui liait la Provence à l'ordre depuis sa fondation par un Provençal. Elles étaient en or, décorées de motifs gravés et émaillés de blanc à l'endroit et de noir à l'envers suspendues près du cou à un ruban de velours noir noué sur la nuque.

Les Provençales portèrent aussi de nombreuses autres croix, comme la « croix à la dévote », masse d'argent sur or qui enserrait en serti clos des « roses » de tailles décroissantes vers les extrémités des branches. Une autre croix était la « maintenon », où six diamants, plus un pour le coulant, étaient pris dans des cônes d'or.
La « capucine », elle, était une croix d'or ornée de cinq cônes d'or surmontés de diamants, dont le coulant était en forme de croix de Saint-André et

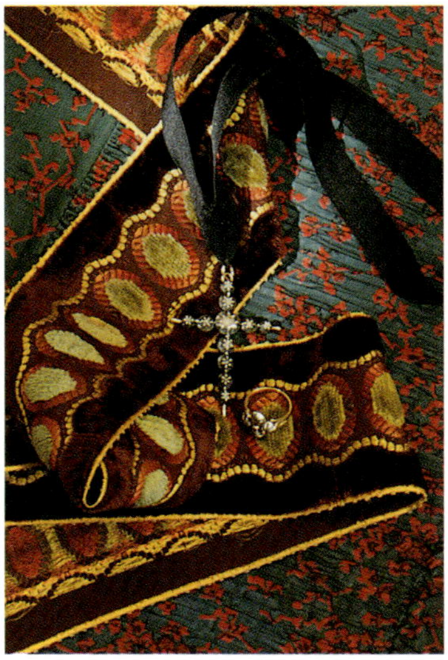

Les bijoux d'Arles étaient fréquemment ornés de diamants taillés en rose, comme cette « croix à la dévote » et cette bague posées sur un ruban de coiffe en velours de soie de Saint-Etienne.

orné d'un cône supplémentaire identique aux cinq autres. Enfin, la « papillon » était une grande croix d'or et d'argent très richement découpée et ornée de pierres.

Dès que cessa la mode des coiffes enveloppant le visage, comme la « cardeline » ou la « chanoinesse » à Arles, ou encore la *couqueto* à Marseille, les Provençales s'empressèrent de porter aussi des pendants d'oreilles, « poissardes » et « créoles ». Les bagues étaient nombreuses, à tous les doigts, ornées de roses, de grenats, de camées de corail ou d'agates.

Enfin, au XIXe siècle, l'usage vint d'offrir, pour fêter la naissance de chaque nouvel enfant, un long sautoir d'or aux mailles finement travaillées. Sept enfants, c'étaient autant de chaînes d'or, brillant symbole tout à la fois du lien d'amour et de la servitude.

Mais, en Provence, l'or ne brillait pas qu'autour du cou des femmes. Le somptueux et baroque chœur de Notre-Dame-des-Anges à L'Isle-sur-la-Sorgue tout comme tant de cadres, de trumeaux, de consoles de bois doré ornant les beaux hôtels particuliers d'Aix-en-Provence ou d'Avignon témoignent d'un art que les Provençaux maîtrisèrent avec élégance, du XVIe siècle jusqu'au début du XIXe. Ces sculptures, ces meubles et ces objets de bois doré furent toujours ici réalisés en bois de tilleul, le tilleul étant un bois tendre et sans veines, se prêtant merveilleusement à l'outil du sculpteur. Le clergé, l'aristocratie et la grande bourgeoisie firent travailler de nombreux sculpteurs et doreurs. Ceux-ci, bien qu'ils aient toujours tenté de copier les modèles parisiens, réussirent pourtant, peut-être malgré eux, à créer un style proprement provençal du bois doré, tant pour des raisons techniques, comme l'emploi des terres de la région pour faire l'assiette (sous-couche rougeâtre qui permettait de fixer la feuille d'or) ou encore l'habitude de rendre leurs dorures plus brillantes en se servant abondamment de la pierre d'agate pour la polir, que pour des raisons purement stylistiques puisqu'ils puisèrent largement dans le répertoire décoratif naturel de la région, sculptant des branches d'olivier, des feuilles de laurier ou des pampres.

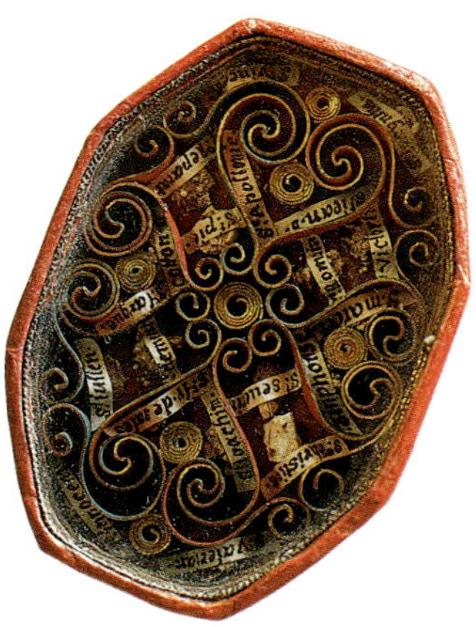

Reliquaire d'époque XVIIIe, orné de languettes de papier enroulées et dorées sur la tranche.

L'éclat des miroirs et l'or des cadres jouaient majestueusement avec la belle lumière du soleil provençal, mais il y avait aussi une utilisation de l'or plus modeste, plus intime, plus intérieure, lorsqu'il éclairait la tranche des languettes de papier découpées et enroulées avec délicatesse et amour par les religieuses des carmels de Provence.

C'est au XVIIIe siècle que les carmélites d'Aix, d'Arles, d'Avignon, de Carpentras et de Marseille confectionnèrent ces ravissantes « paperoles » pour les offrir à leurs bienfaiteurs. A l'intérieur de boîtes de carton, protégés par une mince vitre, entourant images pieuses et reliques de saints, se développaient volutes et enroulements de papiers coloriés à la gouache sur le plat et dorés sur la tranche.
La modestie des matériaux employés a fait que longtemps ces merveilles furent méprisées par les amateurs d'art religieux et les collectionneurs. Pourtant, la virtuosité et la minutie que les carmélites mettaient au service de leur foi en conteraient à bien des ferronniers, des dentellières et des orfèvres. Car, plus que des talismans destinés à protéger leurs propriétaires, et bien qu'étant de magnifiques objets d'art, même si jamais sans doute ce ne fut le principal souci des patientes moniales qui les confectionnèrent, ces paperoles sont avant tout des actes de foi, des prières faites pour rendre grâce, de véritables oraisons. Et l'or qui les éclaire, tout à la fois matière et lumière bien plus que couleur, trouve là le même sens que l'or des enluminures sur les manuscrits médiévaux.

le pastis, l'anis et l'absinthe

Le pastis se boit en jouant aux boules. Il met du soleil dans la tête et c'est pour ça qu'on le boit à l'ombre, tout en comptant les points. Le pastis est la clé de la gaieté et de la convivialité provençales. C'est un rituel incontournable qui s'accompagne de tapenade et de poutargue, d'olives et d'anchois. En fait, il faudrait dire les pastis, car s'ils sont tous composés d'alcool et parfumés d'essence d'anis vert ou d'anis étoilé, de diverses plantes, de sucre ou de caramel, s'ils se boivent tous coupés d'eau glacée, chacun garde jalousement le secret de sa composition et affirme sa personnalité. Alors, les départager est une affaire de goût.

Il y a bien sûr les plus populaires, les plus connus depuis des générations, le Ricard et le pastis Jeannot où le goût d'anis domine, le Casanis plus réglissé et le 51 plus sec. Mais le regain d'intérêt du public pour les produits du terroir a permis à de nombreux pastis « à l'ancienne » de revenir au tableau d'honneur. Citons Lou Garragaï de la distillerie Jeannot, grand cru d'un pastis célèbre ; le pastis Henri Bardouin, composé bien sûr d'anis étoilé, mais aussi de muscade et de cannelle, de poivre et de cardamome, de girofle et d'armoise ; le Rayon Vert, à l'éclat d'un beau vert limpide ; enfin le pastis Jean Boyer, plus jaune, d'élaboration artisanale, au délicat parfum de vieille chartreuse. Celui-là ne contient ni sucre, ni caramel, ni colorant.

Symbole de la convivialité provençale, le pastis coupé d'eau glacée est l'apéro par excellence (page ci-contre).

Ils sont tous d'un beau jaune ambré, couleur de miel liquide, avant que l'eau et la glace ne les troublent pour créer cette couleur si particulière, pâle et translucide, entre le jaune et le vert. Parfois, sur le zinc des bars de Provence, le pastis se mêle au sirop de grenadine et se fait alors un peu rose pour s'appeler la « tomate ». Si, à la place de la grenadine, on met du sirop de menthe, il devient comme une émeraude pâle et se nomme le « perroquet ». Enfin, si l'on mélange pastis et sirop d'orgeat, cela prend la couleur d'un lait d'opale et se baptise la « mauresque ».

L'anis vert est une ombellifère annuelle cultivée pour ses graines. Celles-ci ont un goût fin et parfumé qui les fait employer comme condiment dans certains gâteaux et bien sûr pour la fabrication du pastis. Elles sont parfois remplacées par les graines du fenouil, que l'on appelle aussi, curieusement, « anis de Paris ». L'anis étoilé, ou « anis de Chine », lui, est le fruit de la badiane, arbuste du genre magnoliacées de la Chine et de l'Inde. Il a la forme d'une étoile, composée de six à douze follicules qui contiennent chacun une graine. Sa saveur aromatique est très proche de celle de l'anis vert.

Quant à l'absinthe, c'est une plante vivace, sorte d'armoise à odeur forte et pénétrante, à saveur amère. On en faisait une liqueur d'une belle couleur verte et d'un parfum doux-amer, qui fit tant de ravages dans les débits de boissons de la fin du XIXe siècle qu'on en interdit la fabrication et la vente en France en 1915.

Un mot encore de l'anisette, liqueur domestique, un peu oubliée aujourd'hui et dont ma grand-mère m' a donné une parfaite recette que voici. Dans 2 litres d'eau-de-vie, faites macérer 100 grammes d'anis vert concassé avec une pincée de coriandre, une pincée de cannelle, deux clous de girofle, un zeste d'orange séché et un demi-bâton de vanille fendu. Au bout de quinze jours, filtrez et ajoutez 2 litres d'eau dans lesquels vous aurez dissous 3 kilos de sucre. L'anisette peut se boire pure comme une liqueur ou, comme le pastis, en apéritif, coupée d'eau glacée.

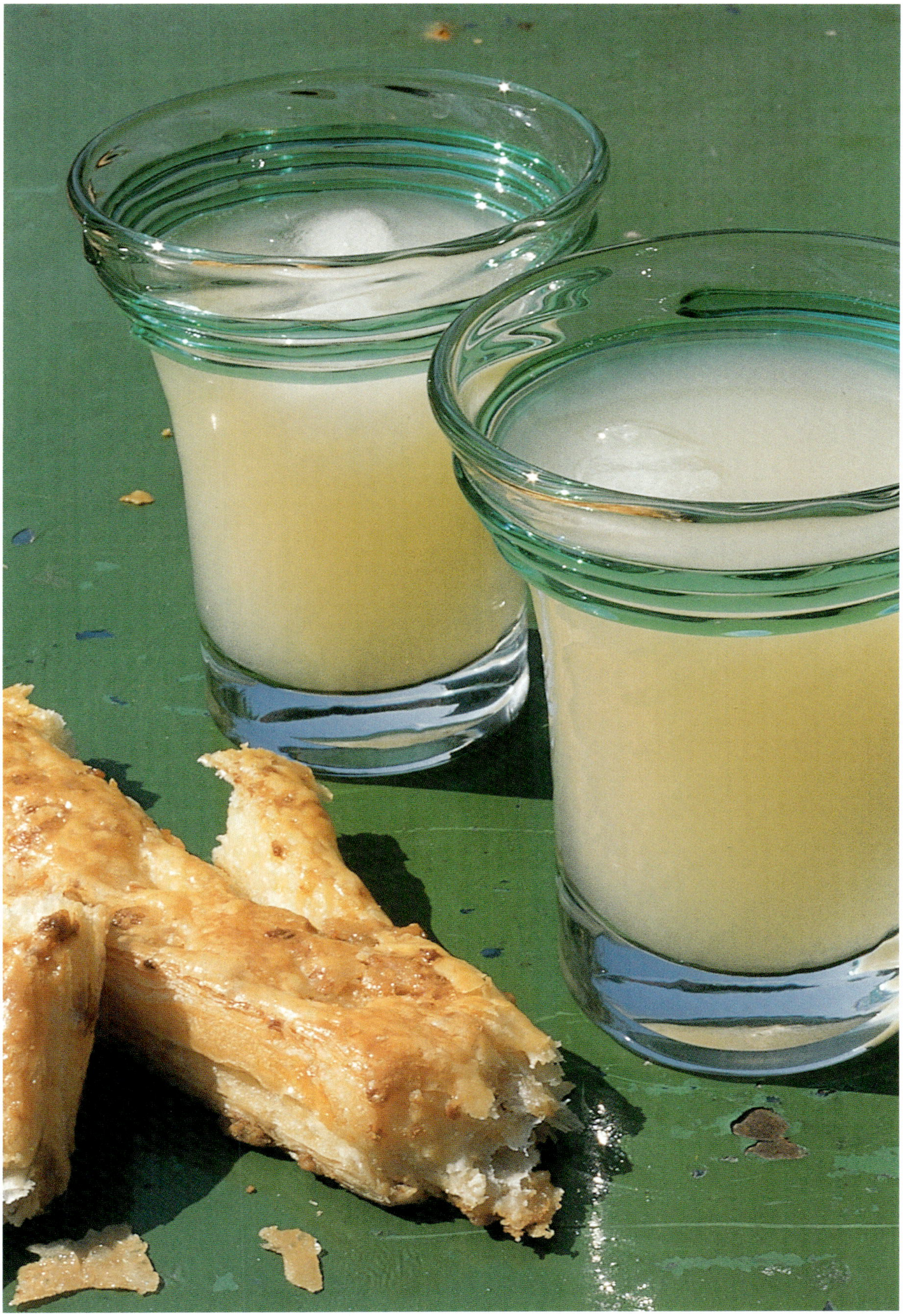

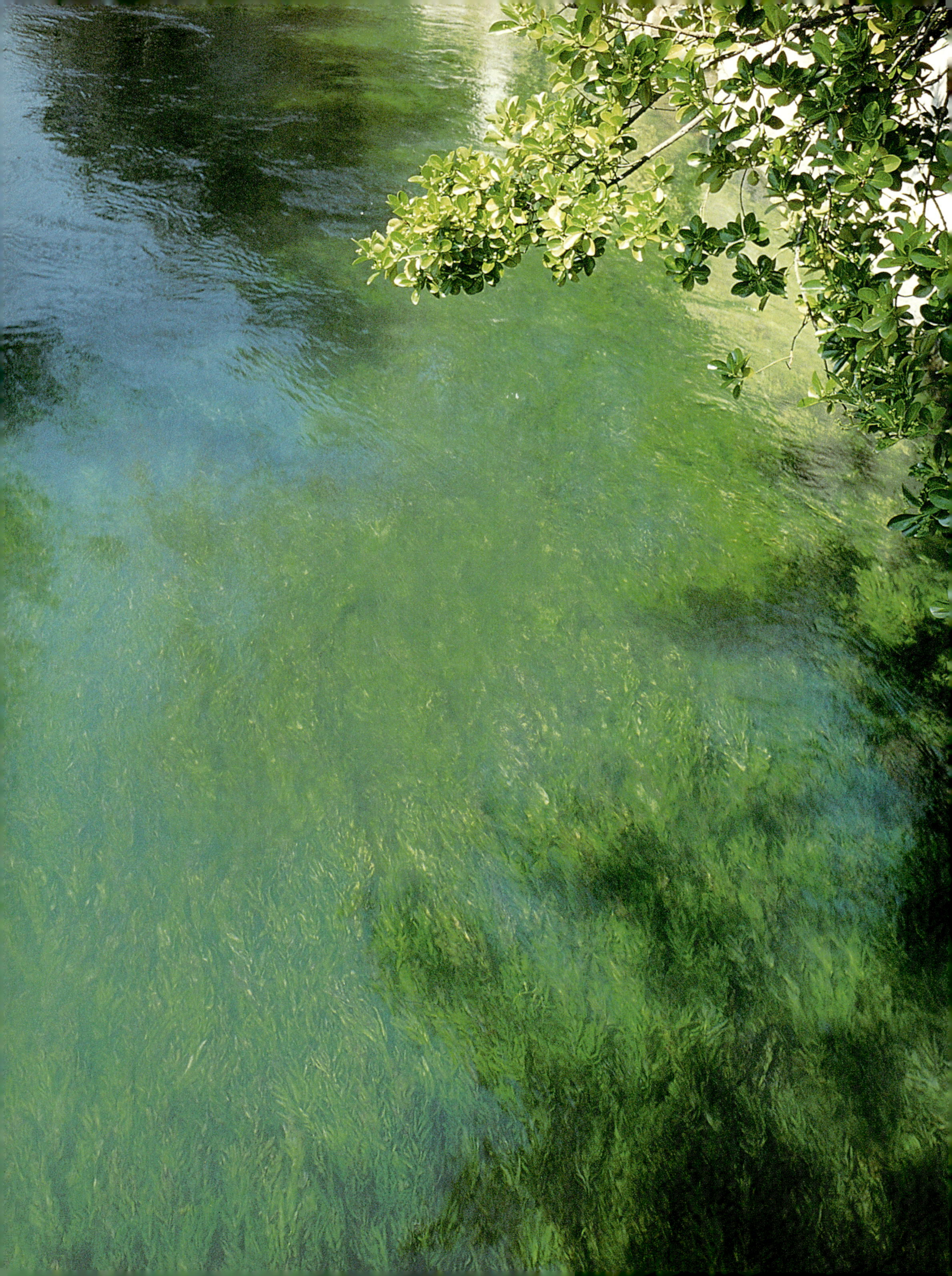

Vert

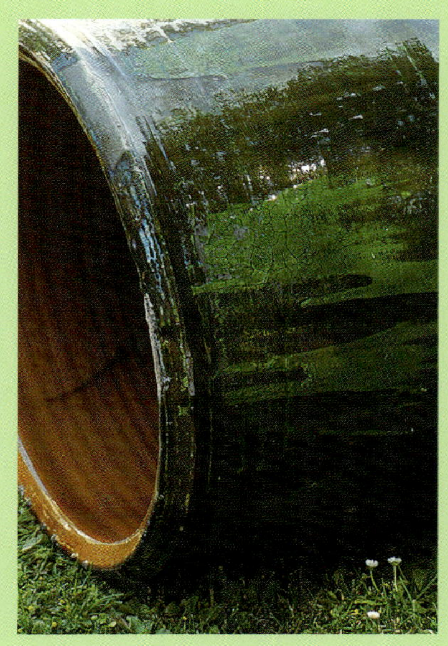

« On avait une vue plongeante sur une large étendue de parcs et de pâturages verts.
D'énormes platanes abritaient des fontaines, l'eau courait dans des canaux.
Des châteaux assis sur de belles pelouses rondes miraient leurs façades poudrées
dans des bassins biscornus. Chose fantastique : à l'ombre des arbres,
il y avait des femmes désœuvrées assises dans des fauteuils ! »
Jean Giono, Les Deux Cavaliers de l'orage.

Dans ce pays baigné par la lumière et la chaleur du soleil, le jaune et le rouge sont des couleurs emblématiques. Le bleu est omniprésent dans le ciel, surtout lorsque le mistral chasse brumes et nuages. Mais la Provence n'a qu'une courte saison pour être verte, c'est le printemps. Les jeunes pousses qui apparaissent sur les cyprès et les oliviers les font participer comme tout alentour à cette fête de verdure. Plus tard, à la saison sèche, l'olivier redeviendra gris et le cyprès noir. Pour l'instant, la vie s'insuffle partout, sur les arbres, les talus, les collines, les plaines et les champs, et jusqu'aux rivières débordantes d'eau vive qui permet à leurs rives de verdir elles aussi. Bientôt les potagers regorgeront de splendides légumes, les vergers de fruits juteux et sucrés. Mais tout cela ne s'obtient pas sans peine et il faut les protéger des vents violents qui dévalent la vallée du Rhône, d'où la nécessité d'interposer entre vents et cultures ces grands murs de cyprès qui structurent la plaine. Avec l'été, les herbes et les blés passeront du vert au jaune, les fraises et les piments d'Espagne, les cerises et les tomates, les poivrons et les pommes du vert au rouge, plus tard les figues, les mûres et les olives du vert au noir. Mais avant, la nature parfaitement verte s'était parée de l'explosion multicolore des mille fleurs du printemps, les narcisses et les iris, les coquelicots et les orchidées sauvages.

On disait à la jeune mariée :

Se la verduro duro gaire,
sares la noro de moun paire,
e aures li clau de pertout,
meme aquelo dou cagadou.

« Si la verdure ne dure guère, tu seras la belle-fille de mon père, et tu auras les clés de partout, même celle des cabinets. » La verdure, c'est le temps des fiançailles, le temps de l'innocence, le bonheur du vert paradis. Mais ce temps-là ne dure guère. Avec le mariage, on obtient les clés de toute la maison, la connaissance, le pouvoir, et aussi la clé des cabinets, comme si connaissance et pouvoir n'allaient pas sans quelques souillures.

Cet exemple illustre bien à quel point le Provençal sait se montrer profondément philosophe dans son langage quotidien comme dans ses dictons. Le jour du mariage, la robe des mariées provençales était verte, ou tout au moins leur tablier, ou même parfois seulement un ruban. Mais quelque chose de vert devait sur leur toilette être symbole d'espérance et de fertilité, comme l'assiette de blé germé sur la table de Noël présageait des riches moissons futures.

Il y a peu de pierres vertes, les pierres de chez nous sont blanches, dorées ou grises, parfois roses, très rarement mauves. Il est pourtant un endroit où la pierre s'est approprié le vert, le figeant à jamais dans une veine de marbre : le marbre vert des Alpes, de la vallée de Maurin à Barcelonnette. On en trouve parfois quelques beaux exemples sous forme de cheminées ou de dalles de sol, dans les hôtels particuliers et les bastides.

Pourtant certains verts en Provence ont la vie dure, le vert des arbres à feuilles persistantes, sombre comme celui des pins, des cyprès et des cèdres, ou plus gris, parfois presque bleu, comme celui des oliviers, des chênes, des cades et des plantes de la garrigue. Mais, en dehors du court printemps, ils ne gardent dans leur feuillage qu'un léger souvenir de vert. Et c'est pourquoi cette couleur, finalement rare, est vénérée tout au long de l'année par les Provençaux, chaque fois que l'occasion s'en présente. Ainsi la fête des olives vertes qui, au mois de septembre, annonce le temps des olivades, ainsi la Sainte-Barbe qui, le 4 décembre, ouvre les fêtes calendales.

En fait, à travers le vert, c'est l'eau que l'on vénère. Depuis des siècles, depuis que les Romains construisirent les premiers aqueducs dont certains se dressent encore fièrement, les Provençaux ont tout tenté, tout osé pour s'approprier les sources, creuser les puits, canaliser, irriguer, arroser, fertiliser la terre. Et cette quête, cette conquête transforma petit à petit la nature même de ce pays. Aujourd'hui, les vertes pelouses des jardins et des golfs, le triomphe des paysagistes, des pépiniéristes et des pisciniers, les crues de la Durance et de l'Ouvèze rendent difficile à concevoir à quel point, il y a peu de temps encore, on savait combien l'eau était rare et précieuse.

les terres vernissées

Nous vivons des temps bien curieux où tous les jardiniers sont devenus « paysagistes », les peintres en bâtiments « artistes du mur » ou « décorateurs » et les artisans « créateurs ». Nous ne sommes pourtant pas loin de l'époque où les potiers faisaient simplement des pots. Ils fabriquaient avec leurs mains tous les objets du quotidien. Ils reproduisaient les mêmes gestes depuis des siècles. Leurs pères avaient réalisé des formes parfaites, simples et fonctionnelles, et ces formes évoluaient à peine d'une génération à l'autre. Chacun y mettait pourtant sa pâte, un peu de son caractère. Et puisque la terre cuite est poreuse et qu'il fallait la rendre imperméable pour contenir l'eau, l'huile d'olive et le vin, ils avaient inventé une glaçure pour vernir la terre, qui la colorait en jaune, dans tous les tons de jaune, en vert pâle ou en vert intense, en rouge ou en brun.

Qu'elles étaient belles ces « terrailles » de Provence et du Languedoc : les assiettes et les plats, les soupières et les daubières, les jattes et les tians, les pots à café, à confiture, à graisse et à farine, les pots à escargots pour faire jeûner les limaçons et les pots à écrevisses vendus aux pêcheurs de L'Isle-sur-la-Sorgue, les cruches qui versaient franchement l'eau et le vin, les gargoulettes qui n'en laissaient sourdre qu'un mince filet, les toupins, les poêlons et les casseroles, les égouttoirs et les vire-omelettes, et jusqu'aux pots de chambre...

L'eau de la Sorgue est limpide et fraîche toute l'année, c'est le paradis des truites et des canards sauvages (page 76). Jarre d'Anduze qui autrefois conservait dans la cave l'huile d'olive ou les olives en saumure (page 77). Ces vases du céramiste Pichon à Uzès, d'époque fin XIXe, étaient faits dans leur masse de terres de couleurs différentes, mêlées et travaillées ensemble (ci-contre).

Les ateliers de poterie étaient partout, enfin partout où il y avait de l'argile. Beaucoup étaient isolés. Le plus souvent de taille et d'ambition modestes, ils produisaient une marchandise destinée à être écoulée dans leur proche voisinage. Comme ces objets usuels de terre vernissée ne portaient que très rarement des marques de fabrique ou des signatures, et que certains de ces ateliers n'ont connu qu'une existence éphémère quand d'autres poursuivaient leur activité sur plusieurs générations, il est bien difficile d'en étudier la production. En revanche, certains centres de production regroupaient de nombreux artisans sur un même lieu, réalisant bien souvent des objets comparables, et il est dès lors plus facile de dégager les caractéristiques des poteries de Biot ou de Vallauris, d'Aubagne ou de Dieulefit.

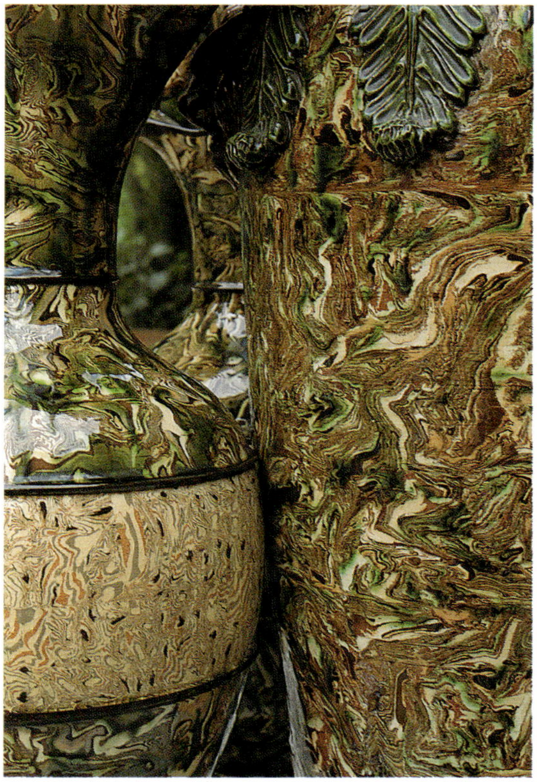

Biot s'était fait une spécialité de grosses jarres ventrues au col vernissé de jaune. Elles étaient destinées, munies d'un couvercle de bois, à renfermer les provisions d'eau et d'huile, et il fallait parfois les placer dans la cave avant même de construire les murs de la maison car leur taille les empêchait de passer par la porte. Biot, tout près du port d'Antibes, exportait largement ses jarres. Elles sont aujourd'hui devenues l'emblème des jardins de la Côte d'Azur, ponctuant les balustrades des terrasses de leurs masses débordantes de géraniums-lierres.

De Vallauris provenaient plats et assiettes, marmites, toupins et tians qui étaient vendus sur le bord de mer, tout comme de Dieulefit qui alimentait en pâles terrailles jaunes et vertes la vallée du Rhône. A Aubagne, outre la vaisselle et les objets de cuisine, souvent d'un jaune sombre presque caramel, on fabriquait un petit arrosoir, l'« arrosoir d'Aubagne », à pomme perforée attenant au seau. On y modelait aussi toutes sortes de jouets d'enfant, objets miniatures, sifflets à eau et trompettes, les « tarraillettes ».

Les habitants du pays d'Arles achetaient quantité de terres vernissées provenant du Languedoc où les potiers étaient fort nombreux. Ces poteries d'Uzès, de Saint-Quentin-la-Poterie, d'Anduze, de Vauvert, de Meynes étaient vernies d'une glaçure à base d'oxyde de plomb, baptisée du joli nom d'alquifoux, qui les colorait dans un jaune éclatant ou un vert intense.

Les vases à oranger d'Anduze devaient leurs couleurs aux oxydes de plomb, de cuivre et de manganèse. Ils étaient tellement lourds, surtout une fois plantés d'un oranger, qu'il fallut fabriquer un chariot de bois spécial pour les transporter plus aisément entre serre et jardin (page ci-contre).

Dans le pays d'Apt aussi les potiers étaient nombreux, comme en témoignent les terres vernissées jaunes, fort anciennes, exhumées des fouilles. Mais Apt et Le Castellet furent probablement parmi les tout premiers centres de céramique à produire de la faïence fine. La qualité exceptionnelle de la terre, riche en sable, tout autant que le talent des artisans qui surent maîtriser la forte cuisson nécessaire à ces faïences, permit une production remarquable, à la fois par son élégance et par sa simplicité rustique.
La caractéristique principale des faïences d'Apt est sans doute l'absence de décors colorés sur fond blanc, au contraire de la vaisselle blanche de Moustiers ou de Varages, qui s'ornait d'un filet jaune, de fleurs, de chinoiseries et de grotesques, ou des belles faïences de Marseille à la riche polychromie. A Apt comme au Castellet, l'ornementation s'exprimait souvent par le relief inscrit dans la forme, se détachant, par le seul jeu de l'ombre et de la lumière, dans une unique couleur jaune pâle, plus rarement ocre, brune ou verte. Cette teinte était donnée par la couleur naturelle de la terre.

Et puis les faïenciers d'Apt se firent dès la fin du XVIIIe siècle les champions de la technique des terres mêlées, utilisant une pâte de plusieurs couleurs, marbrée ou jaspée, que l'on appelait parfois « à la brocatelle ». Sur la plupart des pièces, cette pâte était mise en valeur par des bords ou des décors en relief, émaillés en jaune pâle. Cette technique fut reprise et interprétée au XIXe siècle par les faïenciers d'Uzès.

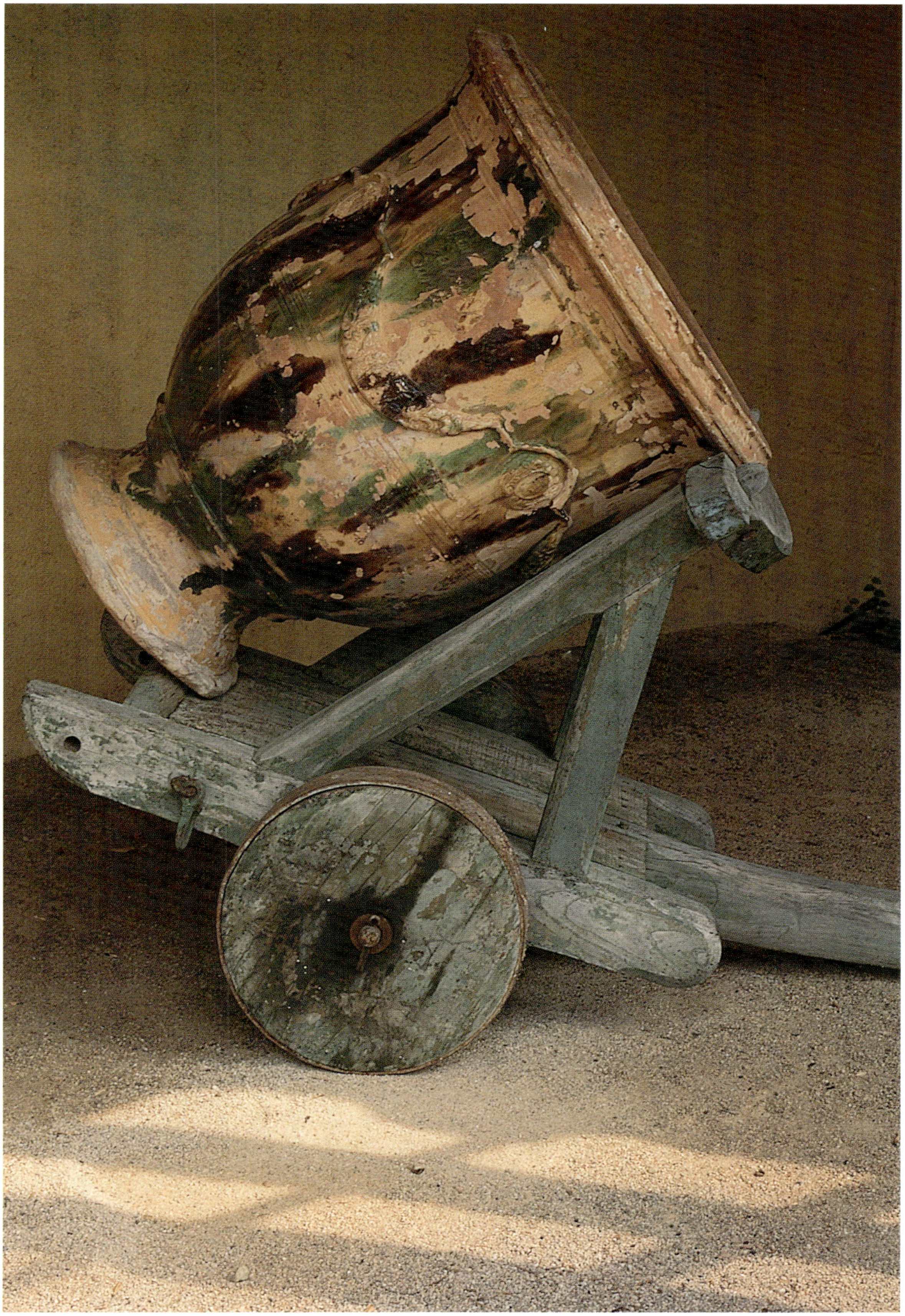

le blé en herbe, le blé de la Sainte-Barbe

Dans une petite assiette, sur un lit de coton hydrophile ou de mousse cueillie dans la colline, largement imbibé d'eau, tous les 4 décembre, jour de la Sainte-Barbe, on met à germer quelques grains de blé. Dans certaines familles, on fait aussi germer des lentilles ou des pois chiches, et parfois même toute une tête d'ail, posée comme on le ferait d'un oignon de jacinthe sur une carafe pleine d'eau. Ce petit jardin sera comme un peu de printemps sur la table de Noël pour dire, au cœur de la saison morte et froide, l'espérance qu'un jour prochain la terre connaîtra de nouvelles moissons.

Sainte Barbe était née, suivant la légende, au IIIe siècle, à Nicomédie, sur la mer de Marmara. Son père, un satrape nommé Dioscure, l'enferma bien vite dans une haute tour pour la soustraire tant au regard des hommes qu'à la nouvelle religion chrétienne qui se répandait alors. Mais un jour Dioscure s'absenta. Et, lorsqu'il revint, il trouva sa fille convertie au catholicisme. Furieux, il donna l'ordre qu'on la mît à mort, mais elle réussit pourtant à s'enfuir. Elle fut recherchée dans tout le pays ; alors même qu'on allait

Champ de blé en herbe au pied du village de Goult dans le Luberon.

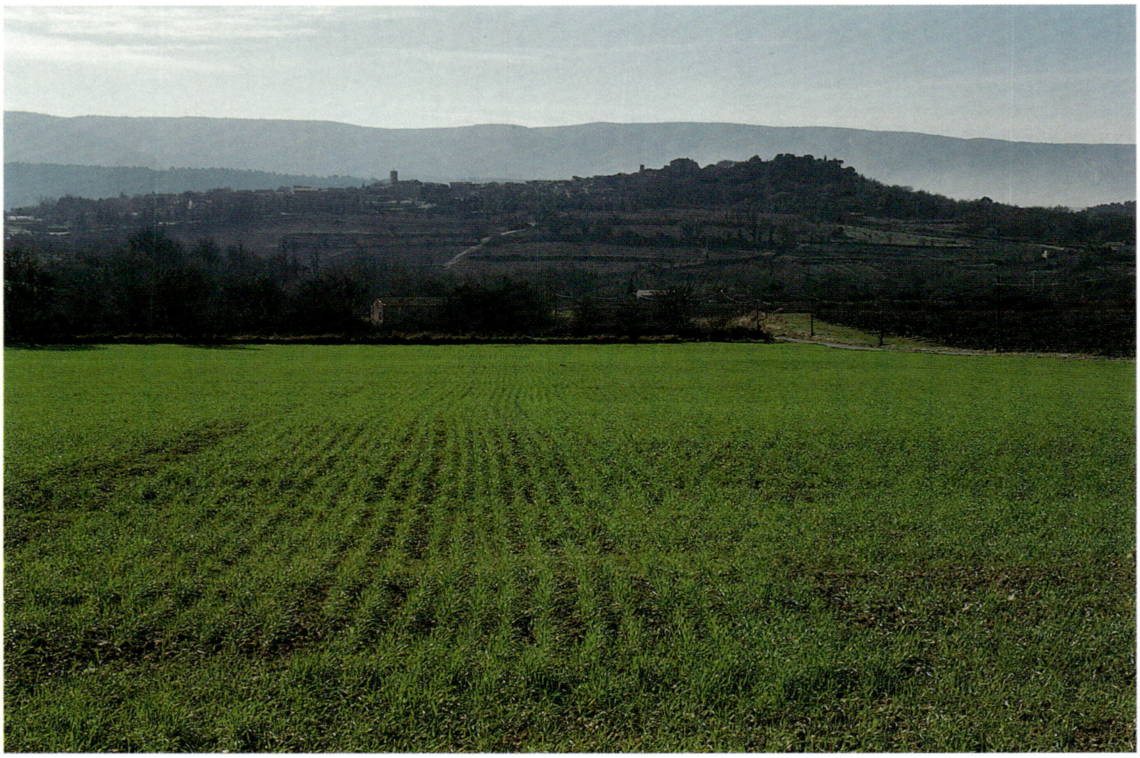

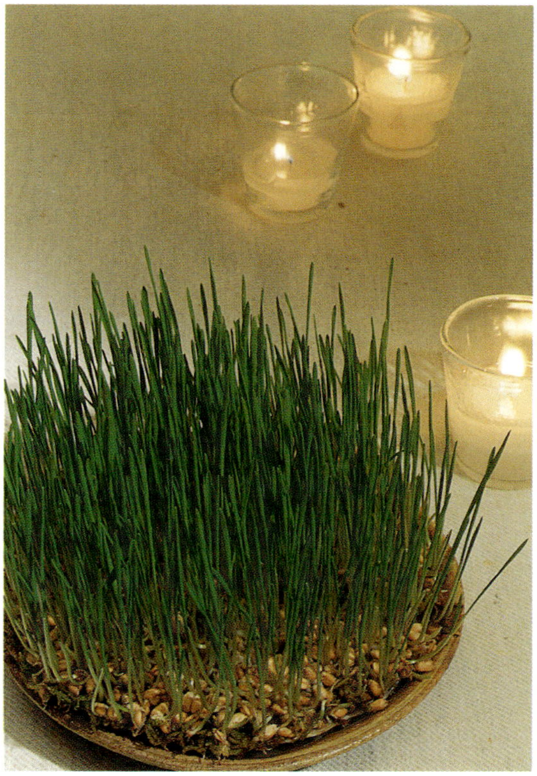

L'assiette de blé de la Sainte-Barbe, posée sur la table du gros souper de Noël, augure d'une année riche en belles moissons.

la rattraper, un rocher s'ouvrit miraculeusement devant elle pour lui donner refuge. Hélas, elle fut trahie par un berger, capturée et jetée en prison. Elle connut alors de nombreux et terribles supplices : attachée à un chevalet, fouettée de verges, déchirée par des peignes de fer, brûlée par des lames rougies au feu, Barbe fut ensuite promenée nue et pantelante de par la ville. A ce moment, elle fut secourue par un ange qui couvrit son corps d'un voile. Alors son père la traîna tout en haut d'une montagne pour la décapiter. Mais, aussitôt fait, il fut frappé par la foudre et mourut sur l'instant.

Sainte Barbe est représentée à côté d'une tour, tenant à la main la palme du martyre. Elle est la patronne des artificiers, des artilleurs et des maçons. On l'invoque contre la foudre, le feu, la mort subite et l'impénitence. Mais rien, hormis la date du 4 décembre, ne la relie directement à notre blé germé. Seulement il fallait ces vingt et un jours, entre la Sainte-Barbe et la Noël, pour que le blé en herbe soit bien vert et bien dru.

De nos jours, où les maisons sont plus chauffées qu'autrefois, le blé a tendance à pousser un peu trop vite. Aussi ai-je pris l'habitude, après une semaine, de sortir les assiettes du blé de sainte Barbe sur la fenêtre pour en ralentir la croissance et le fortifier. C'est que cette culture, comme toutes les autres, demande soin, attention et amour. Il faut maintenir une humidité constante dans l'assiette, sans exagération toutefois, faute de quoi le blé pourrirait. Il faut une température moyenne : chaud il pousse trop vite et s'étiole, froid il ne pousse pas. Il faut tous les jours tourner un peu l'assiette pour que la lumière du jour parvienne de tous côtés. Si vous prenez toutes ces précautions, alors votre blé sera magnifique. Et la nouvelle année s'annoncera riche et heureuse, car la beauté du blé de sainte Barbe augure des temps à venir. Et malheur au « pauvret » dont le blé serait rare, jaune et tristounet.

la cuisine du vert

Du temps qu'en Provence on vivait encore quotidiennement et simplement la tradition, on savait trouver dans la colline toutes sortes de bonnes choses qui étaient là, offertes à qui voulait les prendre. La chasse, la pêche, le braconnage (la différence ne semblait évidente que pour le gendarme...) et la cueillette contribuaient au moins pour moitié, souvent bien davantage, à la qualité et à la diversité de la cuisine familiale. Alors, dans la colline, on ramassait les escargots, les champignons, les truffes, le thym et la sarriette, les asperges sauvages, les mûres et les gratte-culs. On ne partait jamais se promener sans un panier et un couteau et on ne revenait jamais le panier vide. Entre la cueillette et le jardin, entre les épinards et les feuilles des blettes, les fanes de navets et de radis et les poireaux sauvages qui poussent entre les plants de vigne, le pourpier, les jeunes pousses de coquelicot, la rouquette, le pissenlit, la chicorée et toutes les salades sauvages, les Provençaux mangeaient du « vert » tout au long de l'année. C'est comme ça qu'on dit ici : « le tian de vert », « la tourte au vert », « l'omelette verte ».

Il me semble bien que certains d'entre vous ont haussé les sourcils en m'entendant parler de mes jeunes pousses de coquelicot. Et je parie également que, fascinés par la violente incandescence des légères corolles rouges de cette plante, vous n'avez jamais pris la peine de regarder à quoi ressemblaient ses feuilles. Et c'est là où ça se corse, parce qu'il s'agit précisément de les ramasser juste avant l'apparition des premières fleurs. Je serai gentil, un ou deux boutons sont tolérés, cela vous aidera peut-être à les reconnaître. Sinon, il vous faudra ce printemps bien observer les coquelicots dès que les fleurs sont écloses pour savoir les identifier l'année suivante. En effet, lorsque les fleurs apparaissent, la plante devient trop dure et on ne peut plus rien en faire. Donc, un grand panier sous le bras et un vieux couteau de jardin dans la main, partez le long des talus, par un beau jour du mois de mai, et remplissez votre panier de jeunes pousses de coquelicot bien tendres. Elles sont couvertes d'un délicat velours d'un vert un peu plus intense que celui des amandes fraîches.

Toute la partie externe de la plante est utilisée. Il va d'abord falloir faire blanchir ces pousses en les jetant dans une marmite d'eau bouillante salée. Trois minutes suffisent : elles prendront alors une belle couleur d'émeraude. Une cuisson plus longue leur ferait perdre leur goût délicat. Égouttez-les assez longtemps. Vous pourrez alors les utiliser comme vous le feriez de simples épinards.
Par exemple pour confectionner les petites caillettes au vert : les caillettes, ce sont de jolis pâtés ronds et dodus comme des cailles, qui se mangent tout chauds au sortir du four, accompagnés d'une bonne purée de pommes de terre. Et, s'il en reste, on peut les servir froids, en entrée, le lendemain. Ils font même partie de la légende : on raconte que, un malheureux jour où des paysans de Flayosc voulurent lapider leur saint Sébastien, chaque pierre qui le touchait se changea sur-le-champ en caillette rôtie.

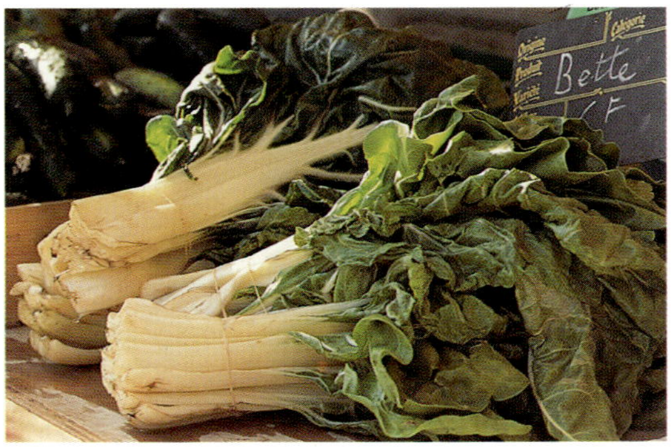

Des bettes, ou blettes, on prépare de délicieux gratins. Le vert se marie avec les sardines et les côtes avec les anchois (ci-contre). Les petites caillettes au vert peuvent se cuisiner avec des feuilles de coquelicots ou toute autre verdure : épinards, blettes, etc. (page ci-contre).

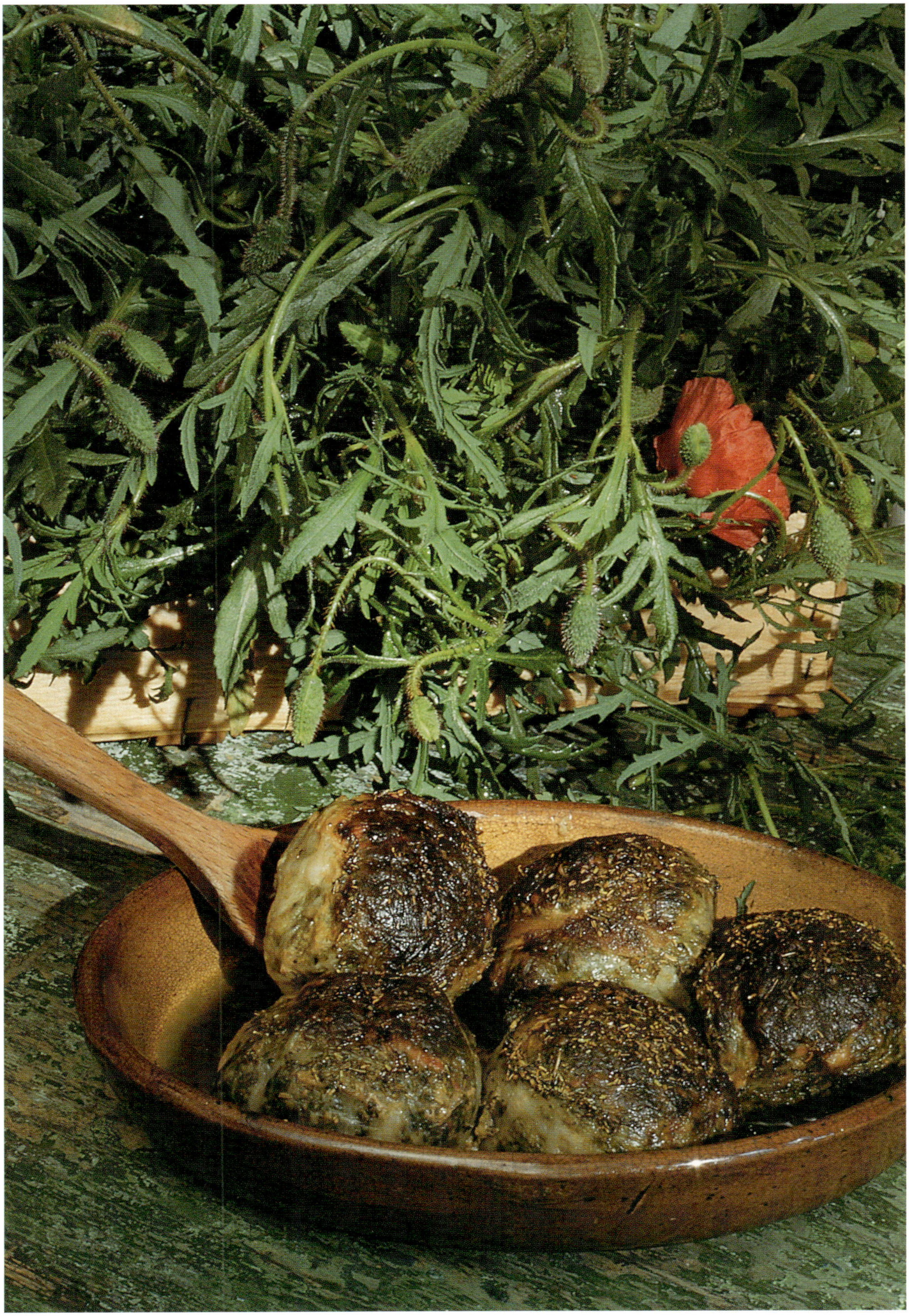

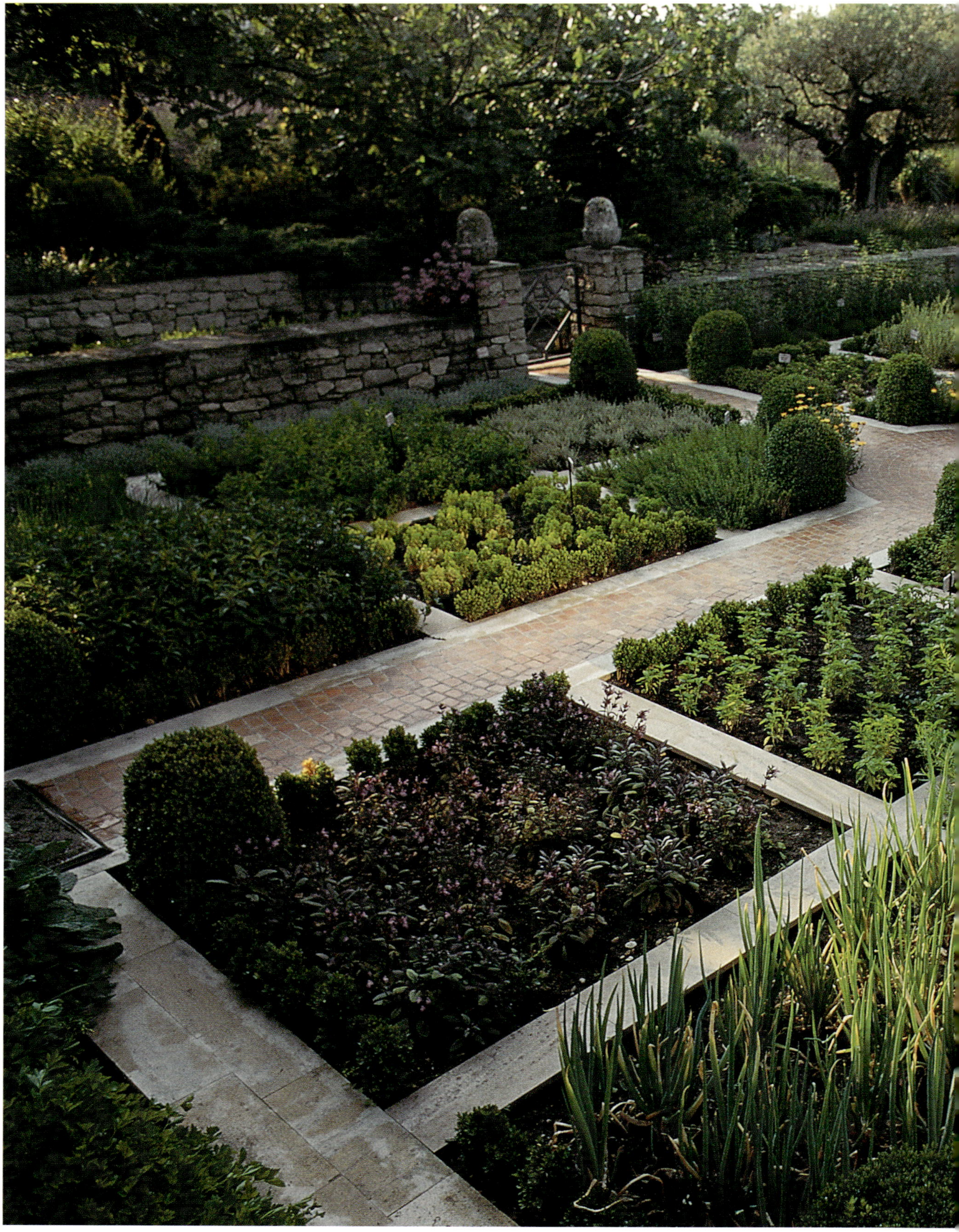

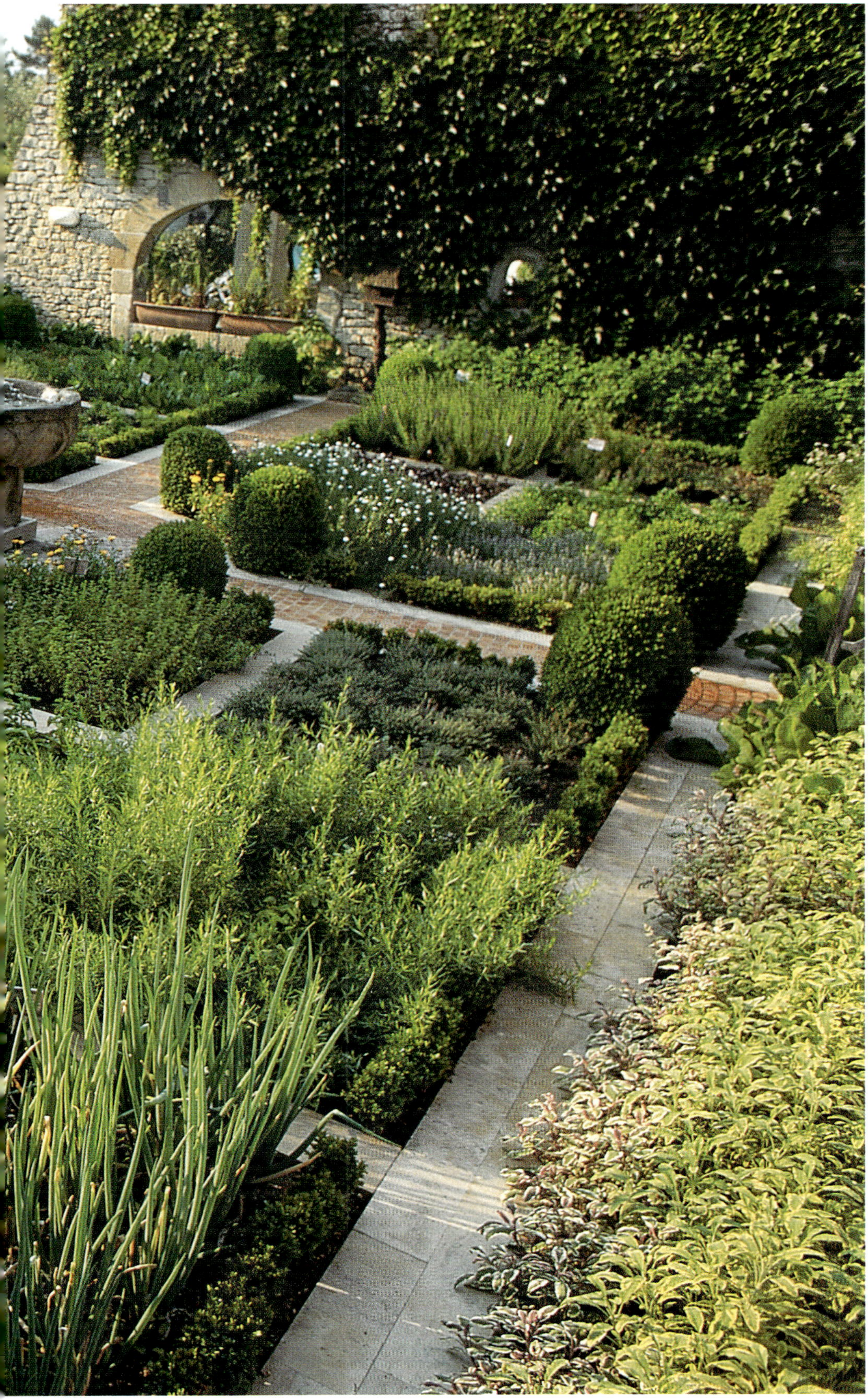

*Dans ce jardin
d'herbes du Luberon,
on cultive le thym
et l'origan, le basilic
et la ciboule,
la camomille
et la verveine,
le serpolet, l'armoise
et l'hysope.*

De nombreuses recettes de caillettes, dans le Var, les Alpes-de-Haute-Provence et le Luberon, utilisent du foie de porc. Personnellement, je préfère cette recette-ci, qui n'utilise que de la viande de porc maigre et des herbes vertes, épinards, blettes ou jeunes pousses de coquelicot. Il faut hacher 500 grammes de viande de porc maigre, prise dans le cou et la poitrine. Il faut hacher également un kilo et demi de vert lavé, blanchi et parfaitement égoutté, ainsi que six gousses d'ail. Dans un grand saladier, mélangez ces hachis, salez et poivrez abondamment, laissez macérer une paire d'heures au frais. Pendant ce temps, vous aurez mis 200 grammes de crépine de porc à tremper dans de l'eau tiède. La crépine, c'est une membrane transparente, délicatement ornée d'une résille de graisse blanche, qui va vous permettre d'emballer vos caillettes. Égouttez et séchez la crépine sur un torchon. Découpez-la en douze carrés de 15 centimètres de côté environ. Graissez un plat avec un peu de saindoux, formez avec le hachis une douzaine de boulettes que vous envelopperez chacune d'un carré de crépine. Rangez les caillettes dans le plat, bien serrées les unes contre les autres. Posez sur chacune un petit carré de lard et une ou deux jolies feuilles de sauge. Puis mettez-les pour une petite heure dans un four bien chaud.

Les olives cassées de la vallée des Baux sont célèbres. Elles sont préparées dans une saumure parfumée de fenouil et de zestes d'orange (page ci-contre).

les olivades

Vert olive ! Les olives vertes sont sur l'arbre d'un vert intense et frais, mais elles jaunissent un peu une fois dans la saumure. Les feuilles de l'olivier sont vert tendre au printemps, avant de se teinter d'argent dès les premières chaleurs. Quant à l'huile d'olive, sa couleur va du jaune d'or à l'ambre vert, et parfois l'huile nouvelle qui sort du moulin est d'un vert si intense que l'on dirait une huile d'émeraude.

Les travaux récents de préhistoriens ont montré que l'olivier sauvage, l'oléastre, et sans doute aussi l'espèce cultivée, poussaient en Provence bien avant l'arrivée des Grecs. Mais il est certain que les colons phocéens en favorisèrent la culture, qui depuis n'a cessé de s'intensifier. Entre la vigne et le blé, l'olivier est depuis toujours un élément de base de l'agriculture traditionnelle. Entre le cyprès, le pin et le figuier, il est aussi un élément emblématique du paysage provençal. L'olivier est productif tous les deux ans, dès l'âge de quatre ans. Il peut devenir plusieurs fois centenaire et atteindre une dizaine de mètres de haut. On le taille à la fin de l'hiver. Feuilles et jeunes rameaux poussent en mars. Quant aux fleurs, elles apparaissent d'avril à juin. Le temps des olivades commence chaque année au mois de septembre avec la cueillette des olives vertes, celles que l'on va servir cassées à l'apéritif. L'olive est parfaitement inmangeable à l'état naturel, car elle est affreusement amère. Il faut donc lui faire subir différentes préparations pour lui ôter cette amertume, selon qu'elle est cueillie verte ou à maturité.

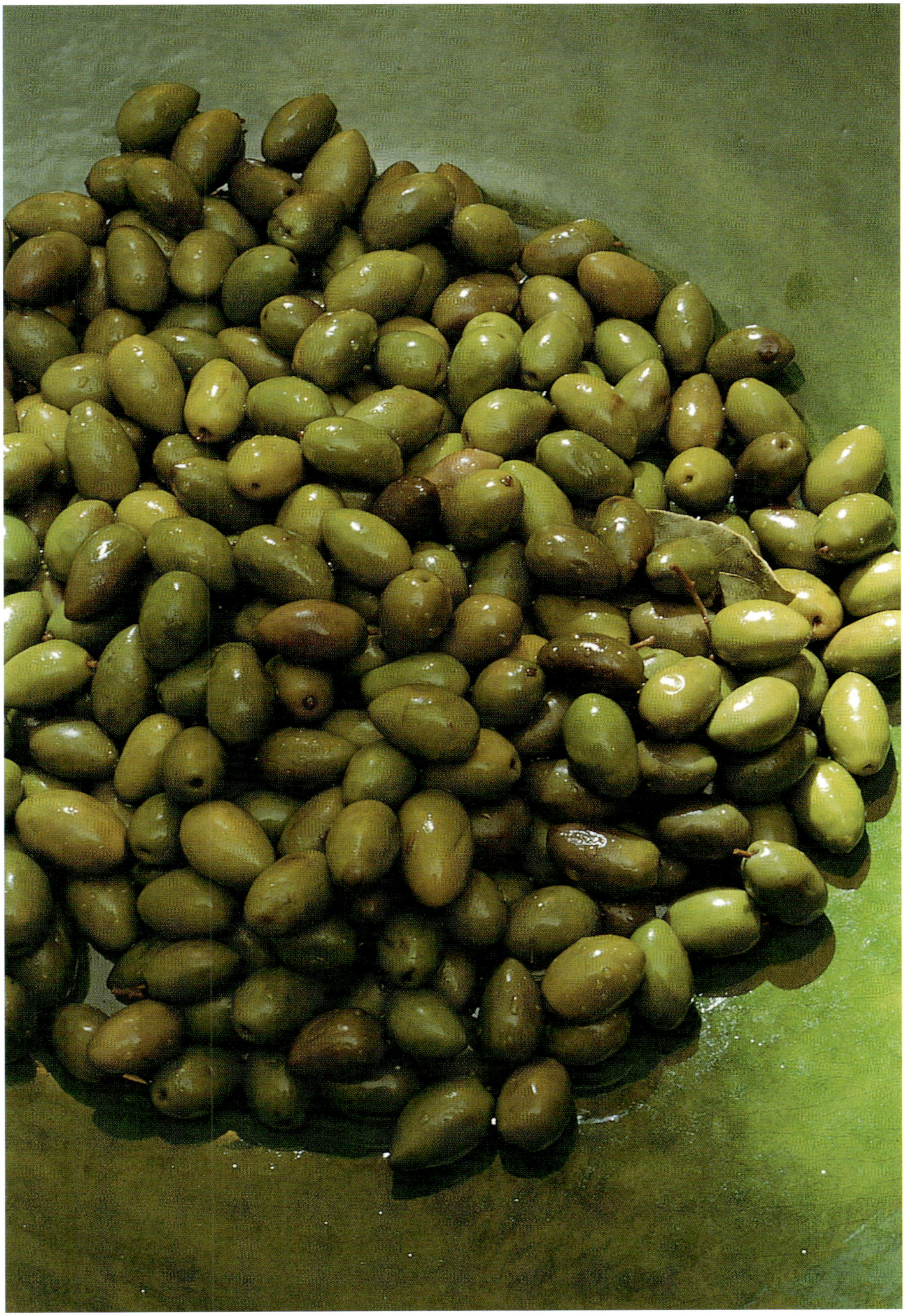

En effet, toutes les olives sont vertes avant d'être violettes et violettes avant d'être noires. Mais certaines variétés se prêtent mieux que d'autres à telle ou telle préparation. Il y a des variétés parfaites pour faire des olives cassées, comme la salonenque, la grossanne et la picholine. L'olive est d'abord légèrement écrasée, ce qui se faisait autrefois à l'aide d'un maillet de bois. Puis on la fait tremper quelques jours dans de l'eau claire. Elle est enfin conservée dans une saumure parfumée au fenouil. L'olive cassée est une spécialité de la vallée des Baux. Le joli village de Mouriès célèbre tous les ans, en septembre, la « fête des olives vertes » où, lors de la grand-messe, les enfants du village, revêtus de leurs plus beaux costumes traditionnels, vont porter sur l'autel un grand panier d'olives pour remercier de la récolte. Il s'ensuit une magnifique procession dans tout le village, avant de déjeuner sous les arbres et de se retrouver ensuite dans les arènes pour les courses de taureaux. D'autres olives sont idéales pour être piquées au sel, comme la grossanne. Il faut la cueillir à parfaite maturité et la piquer comme autrefois avec une fourchette ou une rondelle de bouchon de liège munie de nombreuses épingles, mais il existe aujourd'hui des piqueuses à olives qui rendent ce travail plus facile. Les olives sont ensuite mises au sel dans des caisses que l'on laisse dehors pour que l'action conjuguée du sel et du froid leur confère leur saveur. L'olive de Nice, toute petite et très savoureuse, est cueillie noire et conservée dans la saumure pendant six mois avant d'être consommée. Quant à l'olive de Nyons, elle est cueillie plus mûre encore, lorsqu'elle commence à se rider, et plongée dans une saumure composée d'une partie de la saumure de l'année précédente.

L'huile d'olive vierge, lorsqu'elle est toute jeune et qu'elle vient de sortir du moulin, a parfois une couleur d'un vert intense, comme ici au centre de la photo, qui s'adoucira peu à peu avec le temps (page ci-contre).

Une fois préparées, les olives sont soit consommées telles quelles, soit intégrées à la préparation de nombreux plats, comme les lapins, les canards ou les sarcelles aux olives, ou encore les superbes tapenades faites d'olives écrasées avec des câpres et des anchois. Mais l'olive permet aussi la fabrication d'une huile de table exceptionnelle, légère et fruitée, qui se prête aussi bien à être consommée crue qu'à être utilisée pour la cuisson des aliments tant son point de fumée est élevé (210° C). Certaines variétés d'olives, comme la grossanne, la salonenque, la belgentiéroise et la cailletier, sont cultivées à la fois pour la table et pour l'huile. D'autres variétés, telles que la verdale, l'aglandau et le bouteillan, ne le sont que pour le moulin.

A partir de la Sainte-Catherine, le 25 novembre, commence la cueillette des olives pour l'huile. Les oliveurs grimpent sur des échelles de bois à trois pieds, appelées « chevalets » ou encore « escalassouns », et cueillent les olives, soit à la main en les faisant tomber dans un panier attaché à la taille, une « corbelette », soit en glissant dans les branches un petit râteau appelé « peigne ». Dans ce cas, on étale sous les arbres de vastes filets pour recueillir les fruits. Autrefois, plutôt que des filets, on installait au pied des oliviers de grands draps de chanvre, à larges rayures blanches et bleues, tissées avec un fil teint à l'indigo et un fil non teint. Dans le pays niçois où les arbres sont très hauts, les olives ne sont pas peignées, mais gaulées.

Comme les vendanges, les olivades donnaient lieu dans le temps à de belles réjouissances. A la fin de la récolte, le maître de l'olivette servait aux ouvriers, parents et amis qui avaient participé à la cueillette un somptueux aïoli que l'on mangeait sous les arbres.

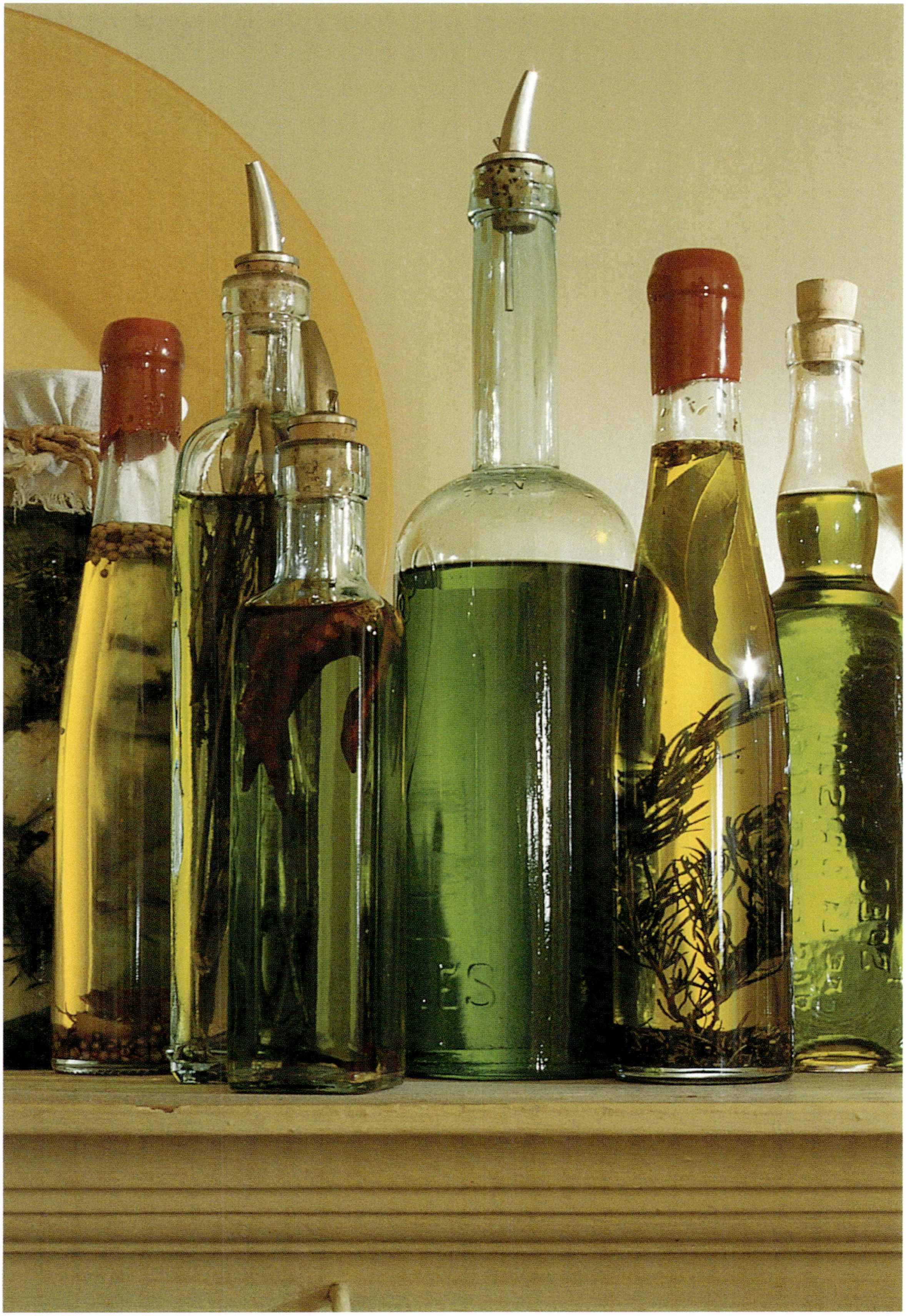

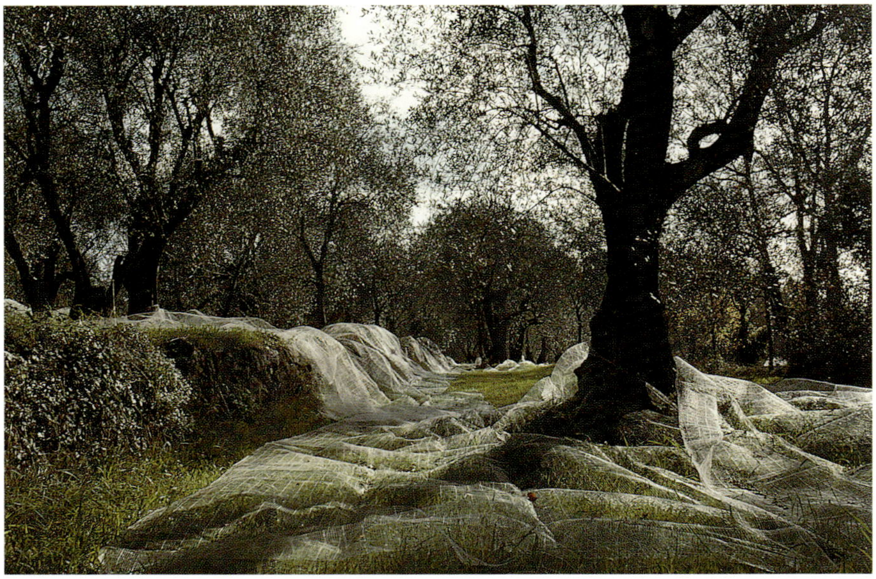

Au pied des oliviers sont étalés les filets dans lesquels tomberont les olives ratissées sur les branches.

Une fois cueillies, les olives peuvent attendre une semaine avant d'aller au moulin, mais pas davantage car cela nuirait à la qualité de l'huile. Il faut commencer par les laver à l'eau froide, puis les broyer entières avec le noyau, à l'aide d'une meule de granit, jusqu'à ce que l'on obtienne une sorte de pâte grasse. On étale alors cette pâte en couche de deux centimètres sur des tapis ronds, autrefois tressés de fibres naturelles, aujourd'hui faits de nylon, qu'on appelle des « scourtins ». Les scourtins sont ensuite empilés les uns sur les autres et placés sous le pressoir. Cette « pression à froid » donne un jus composé d'huile d'olive et d'eau, recueilli dans des cuves que l'on nomme « espérances ». Il faut encore éliminer cette eau, soit par décantation, soit par centrifugation. On peut alors goûter l'huile nouvelle, et c'est l'occasion d'une autre fête que l'on appelait la *roustido dou moulin*. Après avoir fait rôtir de larges tranches de pain, on les imbibait d'huile vierge, puis on les frottait d'ail ou on y écrasait des filets d'anchois. Tout en dégustant ces magnifiques tartines, on buvait du vin de grenache et on chantait gaiement.

Autrefois, on conservait l'huile à la cave ou au cellier, dans de grandes jarres de terre vernissée. Elles étaient vertes à Anduze et jaunes à Biot, et toutes munies d'un couvercle de bois. Aujourd'hui on la met en bouteilles. Mais il vaut mieux choisir des bouteilles de verre foncé, car l'huile d'olive se conserve beaucoup plus longtemps à l'abri de la lumière.

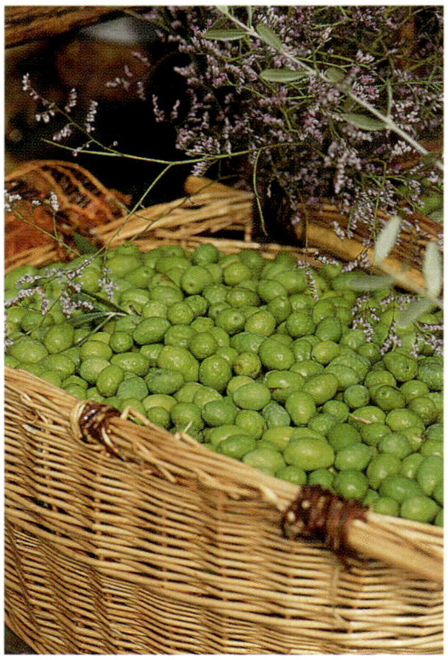

Une « banaste », grand panier plein de la nouvelle récolte d'olives.

forêts, garrigues et maquis

Le pin d'Alep est un conquérant. Il pousse très vite, aussi bien sur sol siliceux qu'en terrain calcaire, envahit garrigues et maquis, resurgit après les incendies et colonise les friches et les cultures abandonnées. Même les redoutables chenilles processionnaires ne parviennent pas à enrayer son invasion ; pourtant, lorsqu'elles sortent enfin des grosses pelotes de fil blanc qu'elles avaient installées çà et là sur les branches, elles sont capables en quelques jours de défolier totalement tous les pins alentour. Ainsi, d'année en année, les pinèdes gagnent-elles du terrain, mais aucun Provençal ne saurait s'en plaindre. Il y a quelque chose de vraiment extraordinaire à se promener dans cet univers tout en vibrations légères. L'air y est secoué imperceptiblement, tant par le martèlement infini des cigales que par les jeux joyeux et voilés des ombres et des lumières. Même le sol feutré par un épais tapis d'aiguilles donne aux marcheurs l'impression de flotter, et le parfum éthéré de la résine ajoute encore à l'ivresse...

Le pin d'Alep occupe aujourd'hui dix fois plus d'espace qu'il y a cent ans. Cependant, il a toujours été là. Un de ses lointains ancêtres poussait déjà en Provence il y a vingt-cinq millions d'années. Outre le pin d'Alep, on trouve aussi des pinèdes de pins sylvestres à l'écorce rouge, presque orange, qui poussent à partir de trois cents mètres d'altitude, mais qui s'épanouissent vers mille cinq cents mètres, et de pins à crochets au feuillage plus sombre et à l'écorce grise. Le pin à crochets n'aime guère la compagnie et préfère se développer seul, là où les autres arbres manqueraient de confort. Ses pommes de pin munies de petits crochets lui donnent son nom. Son domaine s'étend de mille cinq cents à deux mille quatre cents mètres d'altitude. Enfin, sur le bord de mer, pousse le pin parasol, que l'on nomme aussi pin pignon. Ses grosses pommes contiennent une graine délicieuse, le pignon, que l'on utilise en Provence maritime dans de nombreuses pâtisseries, comme les « pignoulats » ou les petits croissants aux pignons de pin.

Tout comme le pin d'Alep, le chêne vert s'installe indifféremment sur terrain calcaire ou siliceux. Son feuillage persistant aime la lumière et les versants ensoleillés. Il est partout, dans la forêt comme dans la garrigue. Au contraire, le chêne blanc ou chêne pubescent, au feuillage caduque, à la haute taille et au port somptueux, préfère les sols calcaires et profonds, l'ombre et le creux des vallons. C'est lui qui dans sa jeunesse accueille, mêlées à ses racines, les délicieuses truffes. Plus petit, rabougri, presque indestructible tant il résiste bien à la sécheresse et aux incendies, est le chêne kermès. Il s'accroche même sur les sols les plus pauvres. C'est sur ses branches que femmes et enfants du temps jadis allaient gratter avec leurs ongles les petites capsules de teinture rouge.

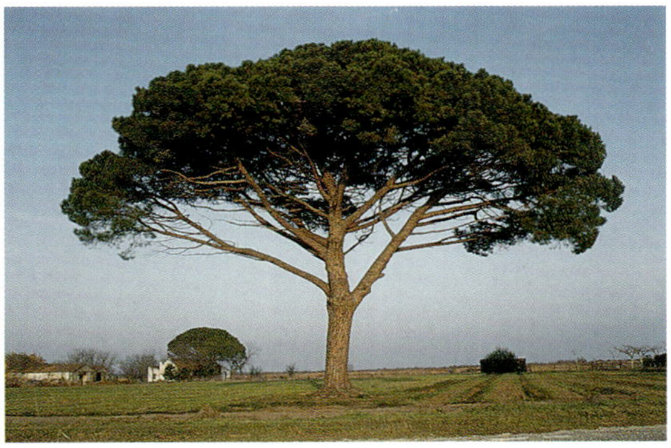

Un pin pignon solitaire dans la plaine de la Crau (en haut).

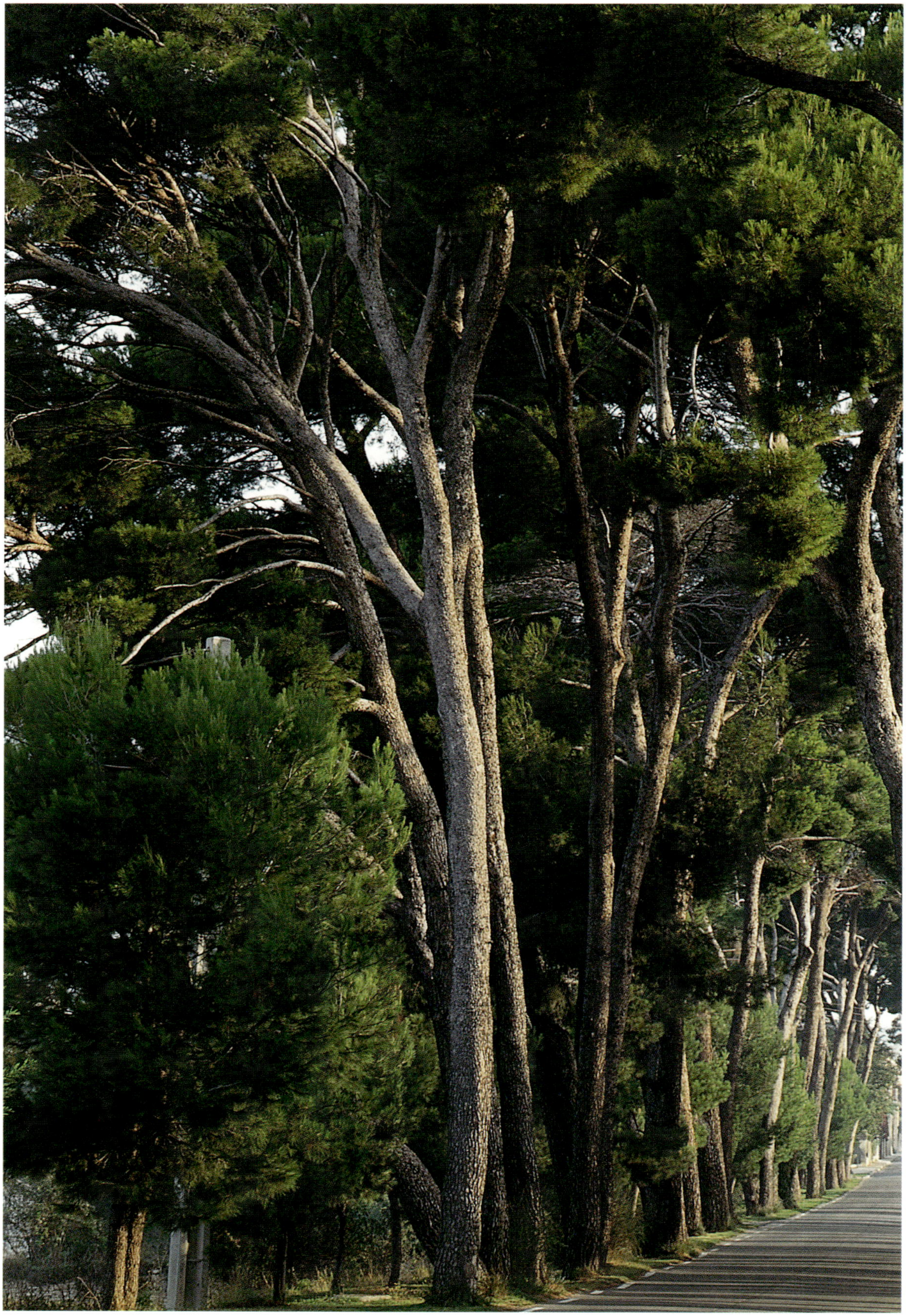

Tout jeune, on le confond souvent avec le chêne vert, mais à l'âge adulte ils ne se ressemblent plus. Le chêne vert a quelque chose de vigoureux et il se couvre de tout petits glands verts qui semblent se cacher dans leurs capsules grises. Le chêne kermès, lui, est chétif et malingre, comme épuisé de porter ses lourds glands de couleur brune. Enfin, dans le massif des Maures, croissent les chênes-lièges, dont l'écorce fournit le liège que l'on détache par larges plaques tous les dix ans environ, et les châtaigniers. Nos châtaignes sont petites, plus petites que celles de l'Ardèche ou du Piémont, mais elles n'en furent pas moins réputées pendant des siècles, et le seraient encore si on se donnait seulement la peine de les ramasser.

Non loin des chênes pousse le buis. Cet arbrisseau n'atteint pas plus de deux mètres de hauteur, mais il peut vivre jusqu'à cinq siècles. Son bois très dur était traditionnellement utilisé pour fabriquer quantité d'objets de bois tourné. Son feuillage toujours vert et serré explique qu'il fut choisi pour constituer les parterres taillés du jardin des bastides.

Au-delà des pinèdes et des chênaies s'étendent les garrigues et les maquis, les collines et les montagnettes. Sous l'implacable soleil, tout y est senteurs, parfums, essences. Chaque pas, chaque frôlement libère une odeur nouvelle, en même temps qu'il provoque l'éparpillement nerveux de milliers d'insectes. Les garrigues recouvrent les sols calcaires et secs. C'est le royaume de la lavande sauvage et du romarin officinal, du thym et du ciste, du genévrier, du cade et du genêt épineux. Le maquis, lui, peuple les terrains siliceux, comme dans le massif des Maures. On y trouve l'arbousier et la bruyère, le myrte et le lentisque.

En Provence, forêts, garrigues et maquis ont un ennemi commun et impitoyable : le feu. Chaque année, principalement dans le Var et les Bouches-du-Rhône, éclatent quantité d'incendies qui ravagent des milliers d'hectares. Dans certains endroits où l'ensoleillement est intense et la végétation à croissance rapide, comme le pin d'Alep, le paysage se restaure rapidement. Mais la fréquence répétée des feux finit par détruire toute vie. A la longue, la roche affleure. Le désert s'installe. La palette infinie des verts, des verts sombres, des verts tendres, des gris-vert, des gris-bleu, éclairée par les minuscules touches de couleur des fleurs, cède la place à tout jamais à la pierre grise.

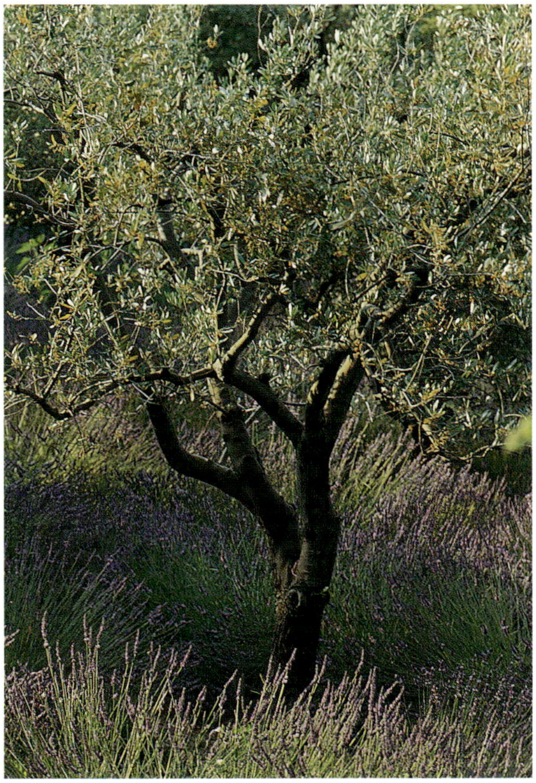

Cette belle allée de pins mène au village de Caromb dans le Vaucluse (page ci-contre). La lavande et l'olivier étaient sauvages et poussaient librement dans les garrigues de Provence avant que l'homme ne les apprivoise et ne les cultive dans ses champs et dans ses jardins (ci-contre).

le jardin des bastides

Parmi les nombreux plaisirs qui depuis bien longtemps ponctuent la vie provençale, il en est un qui sans doute à lui seul donne tout son sens à cet « art de vivre en Provence » qui semble fasciner et attirer le monde entier. En effet, du plus bas au plus haut de l'échelle sociale, tous ici se sont construit des paradis de campagne, faits de vieilles planches ou de pierres de taille, simplement pour le plaisir, pour y venir festoyer ou se reposer à la belle saison. On passait l'été dans les bastides comme on passe encore le dimanche au cabanon. Et, comme il n'y a pas ici de plaisir sans fraîcheur, tous ont cherché à aménager cette fraîcheur dans la mesure de leurs moyens. Les cabanons qui n'avaient pas les pieds dans l'eau des calanques s'abritaient à l'ombre des pins. Les cabanons de vigne situés au milieu des champs se flanquaient d'une treille et d'un ou deux figuiers. Les bastidons osaient l'ombre de deux platanes, bien placés devant la maison. Mais les belles bastides d'Aix-en-Provence et de Marseille s'abritaient derrière de somptueux jardins, entourés de grands arbres se reflétant dans des bassins de pierre. Vous verrez sûrement, au début de l'été, de ces larges plaines jaunes, couvertes de blés mûrs, ayant en leur centre ce qui de loin ressemble à une portion coupée dans une forêt par un géant gourmand de verdure. Et parfois, tout en haut, apparaît entre la découpe japonaise d'un pin séculaire et la masse feuillue d'un marronnier, posé sur un coin de toiture rose parfaitement ordonnée, un « pot à feu » ocre jaune orné d'une flamme de pierre.

Ces bastides furent construites au XVIIe et au XVIIIe siècle dans les environs d'Aix-en-Provence et de Marseille. Les grands bourgeois et les riches marchands marseillais, les membres du Parlement et ceux de la Cour des comptes d'Aix-en-Provence, les noblesses d'épée et de robe, tous mènent en ville une vie brillante. Ils y font bâtir de somptueuses demeures richement ornées d'œuvres d'art, d'élégants mobiliers, de vaisselle et d'argenterie. Ils y donnent de nombreuses fêtes, des bals pour le carnaval, des concerts et des grands dîners. Mais tous n'ont qu'une hâte, dès que les chaleurs se font sentir, c'est de se transporter dans leurs bastides. Celles-ci sont incontestablement un symbole de réussite et, noble ou simple négociant, chacun en rêve s'il n'en possède pas encore. Cependant, c'est aussi l'occasion non feinte de revenir pour un temps à une vie simple et saine, au bonheur d'un repas sans apprêt ou d'une partie de boules. La ferme qui les flanque toujours offre les œufs, le lait, la volaille, les fruits et les légumes, et le jardin qui les entoure la fraîcheur et la douceur de vivre. Alors, dès l'arrivée des beaux jours, un cortège de voitures attelées, débordantes de malles, de petits meubles, de tableaux, se met en route pour rejoindre la bastide. Et rien ne saurait reculer ce départ.

« Ils sont tellement abrutis à leurs bastides, méchants trous de maisons qu'ils ont dans le terroir, qu'ils abandonnent la meilleure affaire du monde, plutôt que de perdre un divertissement à la bastide », écrivait l'intendant des galères Arnoul au ministre Colbert en 1668. De fait, le phénomène est d'importance puisqu'on compte quelque cinq mille bastides à Marseille et plus de mille cinq cents à Aix, autour du XVIIIe siècle.

Si, à l'évidence, le plaisir était la raison principale de ces villégiatures, si l'on s'y installait dès que l'on pouvait pour y fuir l'ennui de la ville, on sut aussi parfois y trouver refuge pour échapper à de bien plus graves dangers. Ainsi, aux jours les plus menaçants de la Terreur, la vie s'écoula< paisible dans nombre de bastides où l'on attendait patiemment que l'orage se passe.

Au début du XVIIe siècle, au moment où ces bastides commencent à éclore dans la campagne provençale, s'élabore petit à petit à la cour de Louis XIII une véritable théorie des jardins. A la fin du siècle, Le Nôtre définit l'ordonnance idéale du jardin à la française ; les jardins de Versailles deviennent le modèle parfait de ce paysage organisé de façon rigoureuse et élégante. Mais l'Italie est toute proche, et les modes ultramontaines ont toujours séduit les

Provençaux. Aussi, entre la belle symétrie du jardin à la française et l'étagement en terrasses du jardin italien, avec ses escaliers et ses cascades, le jardin provençal trouva-t-il une personnalité tout à fait originale.

Mais de tels jardins n'auraient jamais pu s'épanouir dans un pays où l'eau manque naturellement chaque été si l'on n'était parvenu à maîtriser une véritable science de l'hydraulique : puits, canaux d'irrigation, bassins superposés, citernes pour recueillir les eaux de pluie jouèrent un rôle primordial. Et puis, bon nombre de bastides s'établirent près des rivières, ou tout au moins sur des terres où jaillissaient quelques sources. Encore fallait-il organiser, canaliser cette eau et, pour ce faire, créer de très complexes réseaux de conduites et de galeries souterraines maçonnées, de tuyaux de poterie vernissée qui parfois s'étendaient sur plusieurs kilomètres à la ronde. Je n'oublierai jamais mon étonnement lorsque, visitant la ravissante bastide de la Gaude, près d'Aix-en-Provence, je découvris derrière la maison, dans les communs, une énorme salle hydraulique équipée d'une machinerie compliquée qui ressemblait à quelque chose comme la salle des machines du *Nautilus* et qui réglait toute la circulation de l'eau sur le domaine.

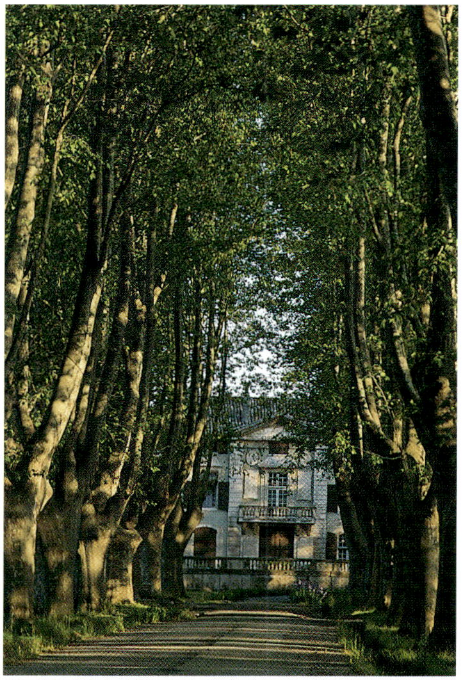

Le plus grand charme de ces jardins était d'offrir de l'ombre à leurs hôtes. L'ombre se déroulait tout au long de l'allée plantée de platanes ou de marronniers, parfois de tilleuls parfumés, qui conduisait à la propriété. L'ombre s'étalait dans le bois de grands pins et de cèdres qui s'adossait à la maison. L'ombre se cachait dans les bosquets de fusains, de lauriers-tins, d'arbousiers et de figuiers, dans les salles vertes ornées de statues et de bancs de pierre, dans les « tèses » où l'on tendait parfois de larges filets pour y prendre les petits oiseaux. Tout cela s'organisait de part et d'autre des parterres de buis taillés étalés au pied de la terrasse. Mais curieusement celle-ci, largement ouverte devant la maison, restait en pleine lumière afin de dégager l'harmonie de l'architecture de la façade. Tout au plus s'ornait-elle de quelques vases de terre vernissée plantés d'orangers, que l'on rentrerait pour l'hiver.

Au-delà du jardin s'étendaient le potager et le verger. Tout y était fait autant pour le plaisir que pour la rentabilité. Les arbres du verger étaient plantés en alternant les espèces, tout en suivant un dessin qui reprenait celui de l'ensemble du jardin. Pour chaque espèce, on plantait de nombreuses variétés, des plus précoces aux plus tardives. Le potager, lui aussi, regorgeait des légumes les plus divers. En fait, tout le jardin provençal servait de terrain d'expériences, car on se piquait de botanique, on herborisait, on s'échangeait graines et boutures, on correspondait avec d'autres horticulteurs. Et l'on y essayait la culture d'espèces exotiques qui parfois se sont si parfaitement acclimatées qu'elles sont considérées aujourd'hui comme provençales. Le platane ne fut introduit qu'en 1754 et l'arbre de Judée, le magnolia, le géranium et la glycine plus tard encore.

Le château de Roussan, belle bastide dans la campagne de Saint-Rémy-de-Provence, est aujourd'hui un charmant hôtel.

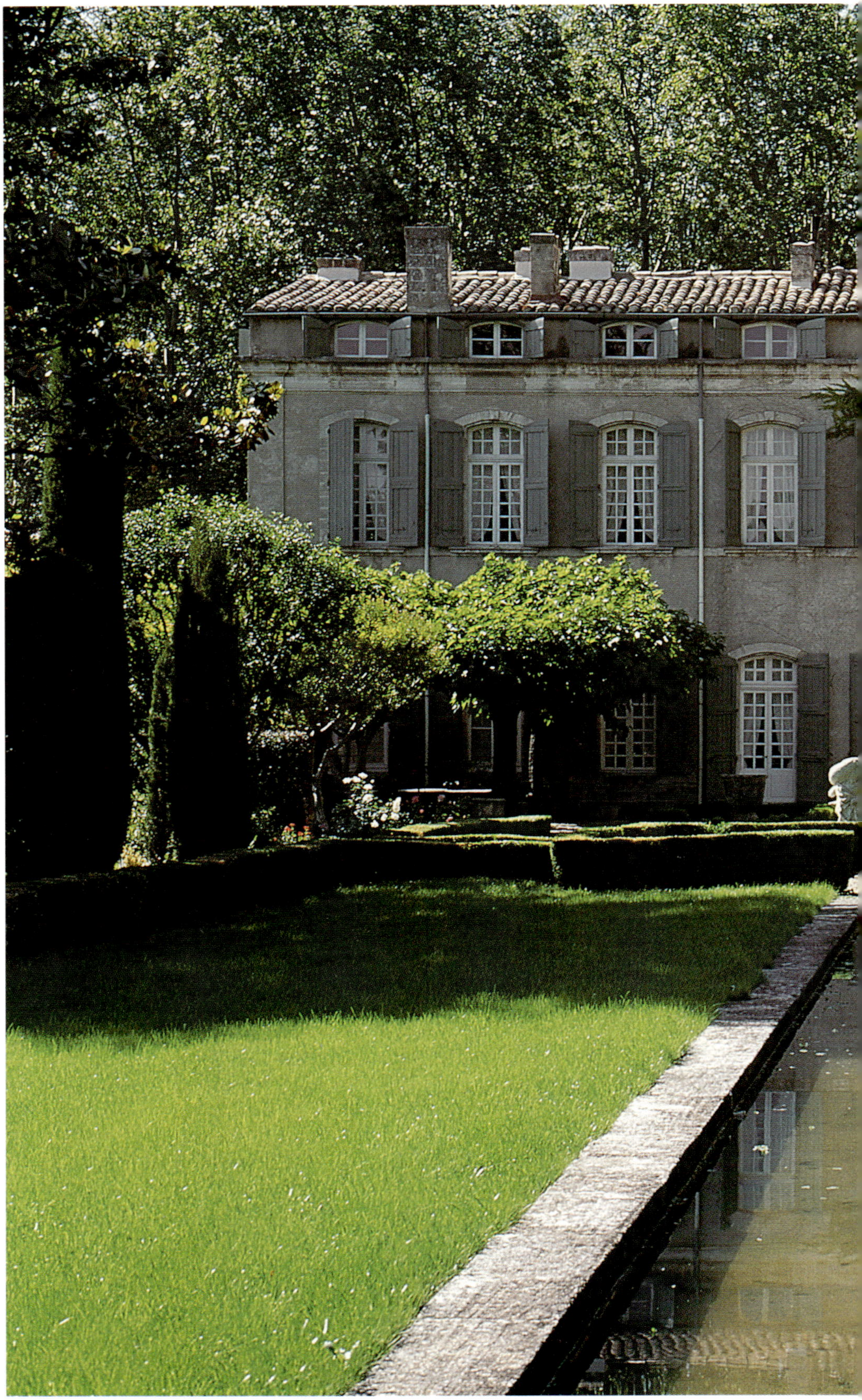

Au château de Brantes, la belle façade de la bastide se reflète dans la pièce d'eau.

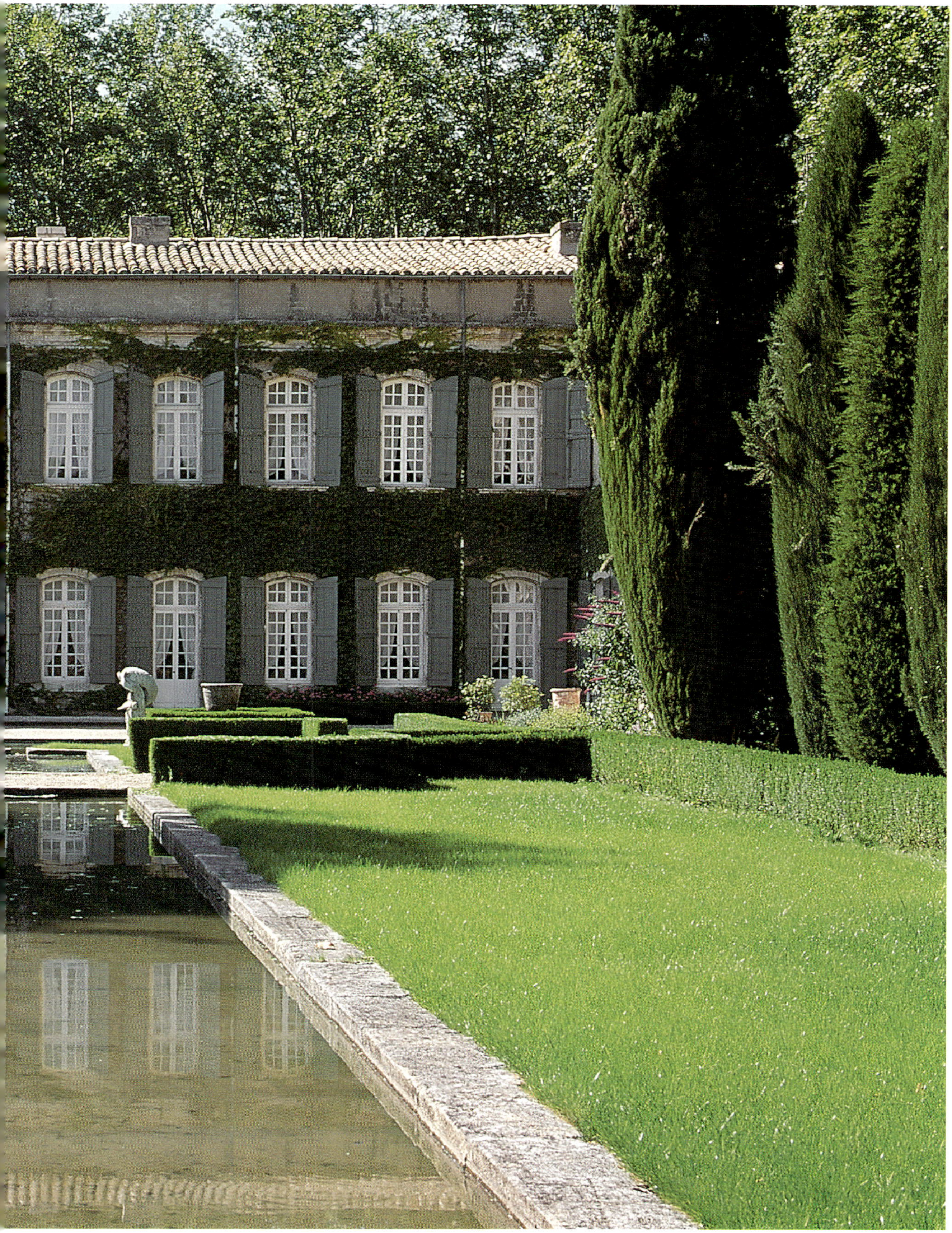

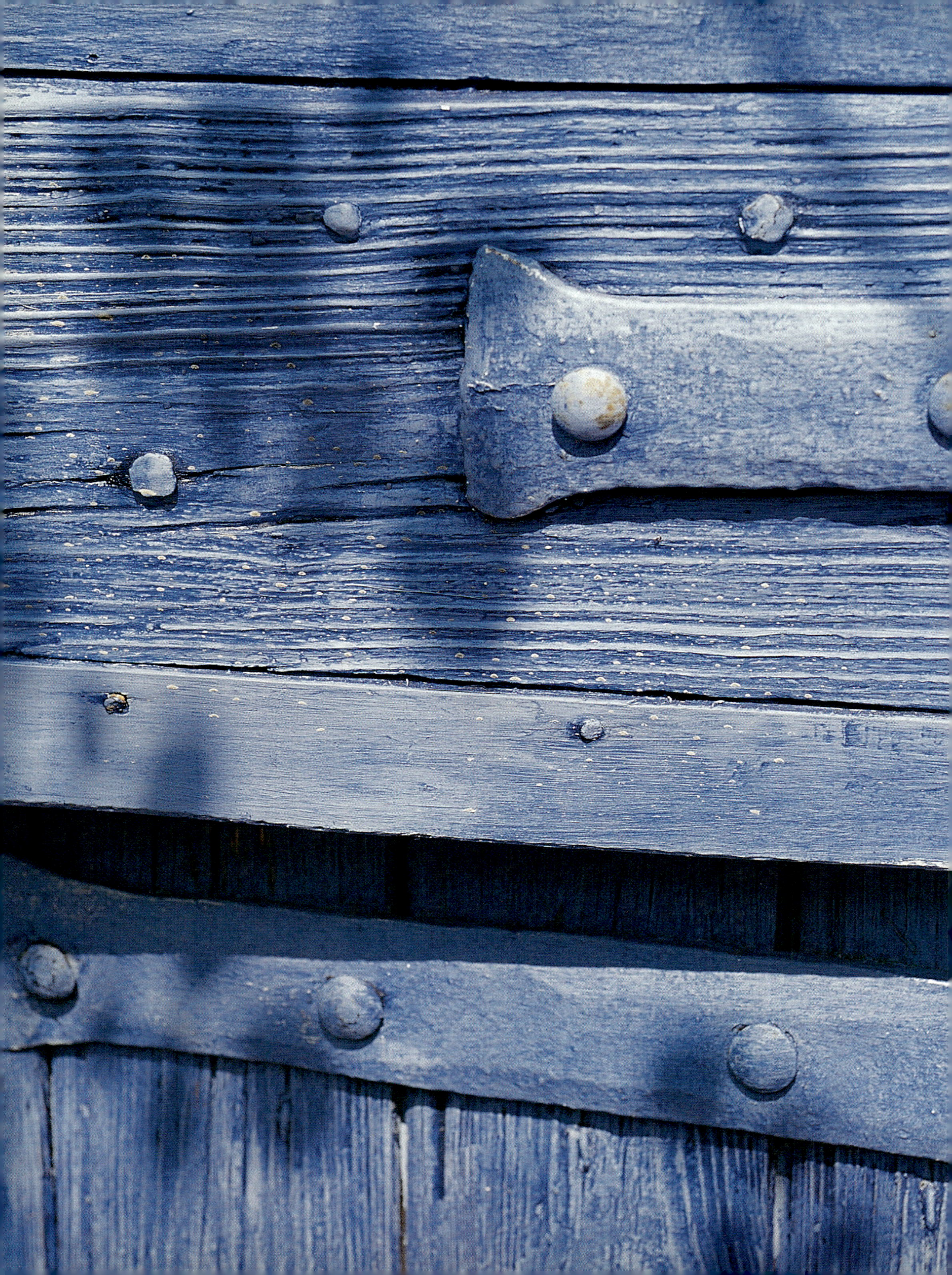

Bleu

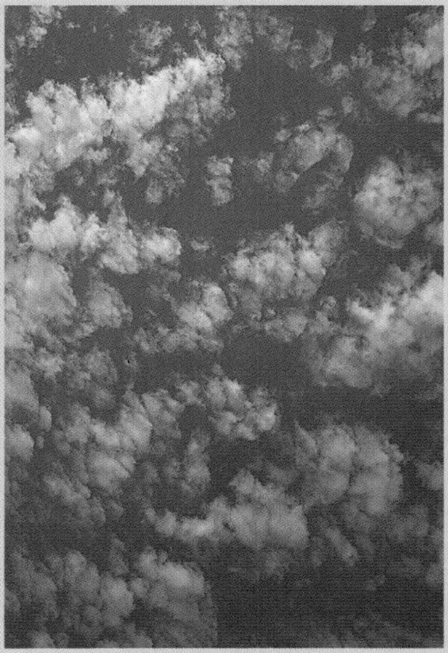

« La Méditerranée a une couleur comme les maquereaux, c'est-à-dire changeante, on ne sait pas toujours si c'est vert ou violet, on ne sait pas toujours si c'est bleu, car la seconde d'après le reflet changeant a pris une teinte rose ou grise. »
Vincent Van Gogh, Lettres à Théo.

La Méditerranée, la « Grande Bleue », a une couleur insaisissable, profonde, immatérielle, tout comme le bleu de l'atmosphère qui va du ciel le plus clair jusqu'au bleu sombre de la nuit. Mais, lorsque le mistral a soufflé trois, six, neuf, parfois vingt et un jours, qu'il a dissipé les vapeurs et les brumes et chassé tous les nuages de l'horizon, alors le ciel comme la mer sont bleus, vraiment bleus, d'un bleu rare, intense et lumineux qui ne le cède en rien à la majesté rayonnante du soleil. Et l'on constate alors ce paradoxe de voir régner côte à côte ce bleu insaisissable et transparent, symbole de la Foi, et la solaire Raison pure. Là est peut-être un des secrets, un des mystères de la lumière provençale.

Les nuances du bleu sont infinies. Cependant les teinturiers de l'indigo, et pour obéir en cela au ministre Colbert qui voulait réglementer leur profession, avaient en usage de compter treize nuances de bleu, à commencer par le plus clair, le bleu-blanc, puis le bleu naissant, le bleu pâle, le bleu mourant, le bleu mignon, le bleu céleste, le bleu de reine, le bleu turquin, le bleu de roi, la fleur de guède, le bleu pers, le bleu aldégo et enfin le plus sombre, le bleu d'enfer. Pourtant il leur était impossible de déterminer au juste le passage de l'un à l'autre. Mais des cuves de pastel du Languedoc et d'indigo des îles sortaient quantité d'étoffes bleues, draps de laine, taffetas de soie, toiles de coton imprimées « à la réserve », et bien sûr la serge de Nîmes, ancêtre direct du *blue jean* américain. Hormis le bleu du ciel et le bleu de la mer, c'est une couleur assez rare en Provence, et il est toujours étonnant, presque incongru, lorsqu'il apparaît au détour d'un chemin, charrette peinte en bleu, chargée de la nouvelle récolte.

Et les champs de lavande, me direz-vous ? Ces bleus champs de lavande en fleur qui font la couverture de tous les livres sur la Provence et tant de cartes postales ? Eh bien, sachez d'abord qu'ils viennent d'arriver ! Il n'y a pas si longtemps, le plateau de Valensole, tellement photographié aujourd'hui, était exclusivement couvert d'amandiers. Et puis, si vous viviez sur les rives d'un champ de lavande, vous sauriez qu'il n'est bleu que quelques jours, et d'ailleurs plus violet que bleu, pendant le court moment où les minuscules fleurs s'ouvrent, juste le temps de recevoir la visite des abeilles. Mais tout le reste de l'année les champs de lavande sont gris, fondus dans la lumière.

Quant au violet, on le mange. Le fruit de mer d'abord, étrange pomme de terre ridée qui concentre tous les parfums de la mer et qui est, pour les Marseillais, le compagnon indispensable des oursins, des huîtres et des moules. Et puis le petit artichaut de Villelaure, l'asperge de Lauris et surtout l'aubergine, ronde, longue, à la peau claire ou sombre, mais toujours violette. Et que diriez-vous de quelques figues de Caromb en dessert ? Celles-là, on les dit noires, et pourtant, à bien les regarder...

Il y a cependant un endroit, un moment tout à la fois bleu, mauve et violet, émouvant, un peu mystérieux, quelque chose comme un moment d'éternité, c'est le jardin de monsieur le curé à la période de Pâques. Où ça ? Il y en a un, parfois deux, parfois plusieurs, dans presque tous les villages de Provence, de ces tendres jardins qui, derrière leurs grilles peintes, soudainement enchantés, se couvrent d'iris, de lilas et de glycine.

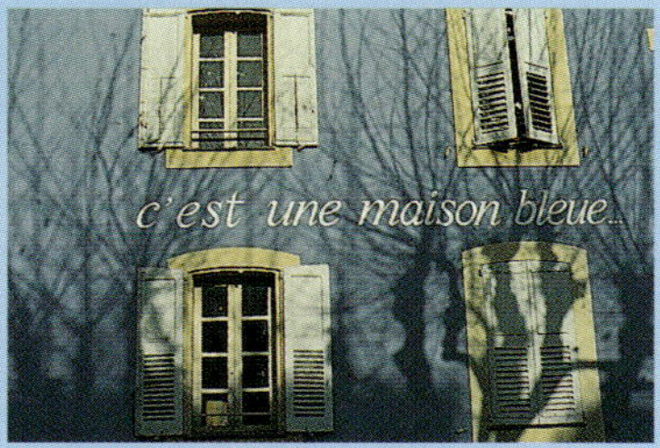

Un reste de bleu de la peinture de la charrette servait parfois à peindre les volets (page 100). Le cabanon, qu'il soit dans les calanques de Cassis ou celles de la Redonne ou d'Ensues, n'est souvent meublé que de simples planches récupérées d'un volet ou d'une palissade et clouées ensemble (page ci-contre).

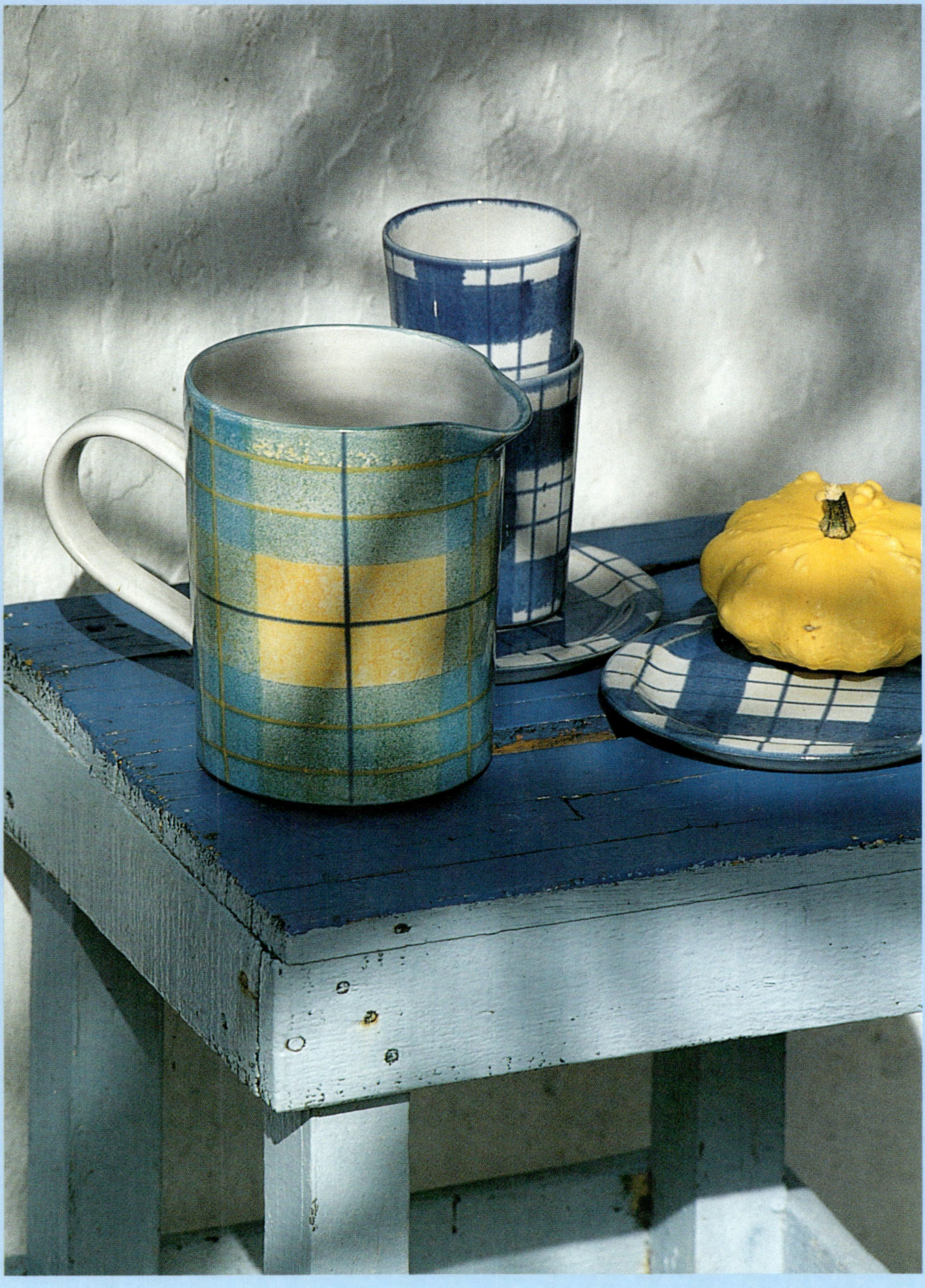

la pêche à la palangrotte

Il ne faudrait pas confondre la « palangrotte » avec la « palangre », car ce sont deux formes de pêche bien différentes. La palangre est une très longue corde, soutenue par des flotteurs de liège et portant une grande quantité de lignes placées de deux mètres en deux mètres, que les pêcheurs posent le soir. Ils la laissent toute la nuit et viennent la relever au matin. On y prend des anguilles, des « beaux yeux » ou pageots, des pagres, des fiélas, des merlans et toutes sortes de poissons de belle taille. Le nom même de palangre signifie « qui prend tout ». La palangrotte est une simple ligne de fond ne portant en principe qu'un seul hameçon. Mais nos habiles pêcheurs du littoral attachent parfois plusieurs hameçons espacés à leur palangrotte.

Je vais maintenant vous raconter une mémorable partie de pêche à la palangrotte. J'avais sept ou huit ans et je passais comme chaque année les vacances d'été dans une grosse maison de famille que mon oncle possédait à Carry-le-Rouet. Jusque-là, on m'avait toujours interdit d'accompagner les grands à la pêche en prétendant que j'étais trop petit. Mais ce jour-là, enfin, j'avais obtenu à la fois l'assentiment grognon de mon oncle et la permission résignée de ma mère, et c'était fou de bonheur que j'étais parti dans la colline remplir une boîte à conserve de limaçons.

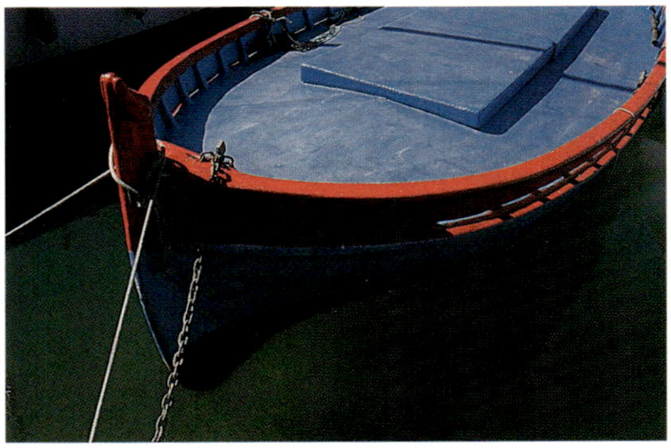

La proue du « pointu » s'orne toujours d'un totem sculpté, symbole de la rencontre fertile du pêcheur et de la mer.

Ce sont de tout petits escargots qui grimpent l'été sur les branches de fenouil et que, parfois, on mange « à la suçarello ». C'est un excellent appât pour pêcher les girelles. Elles semblent même le préférer à un morceau de moule ou de sardine. J'avais mangé ma soupe de légumes comme si je m'en régalais et j'étais monté me coucher très tôt. J'avais même accepté le lendemain matin de mettre un gros pull-over de laine rêche que je détestais d'habitude. Nous nous sommes retrouvés sur le quai tous les trois, mon oncle Victor, mon cousin Marcel et moi, avec un panier pour le casse-croûte, une caisse avec la boîte de limaçons, quelques palangrottes, des plombs et des hameçons de rechange, et un très grand sac de jute contenant deux morceaux de glace pour y mettre le poisson pêché. Nous montâmes à bord. Le bateau était un « pointu », un de ces petits bateaux de bois avec un curieux totem phallique à la proue et comme une petite maison pour abriter le moteur diesel ; ça sentait le gas-oil et la peinture et, de fait, il était tout bleu, tout pimpant dans ses deux tons de bleu. Je crois que le plus clair était le reste de la peinture du cabanon et qu'on retrouvait le plus foncé sur la porte du garage. Il s'appelait *Georgette*. C'était la première fois que je montais à son bord. Nous mîmes le moteur en route dans un nuage de fumée. Il faisait encore nuit.

La mer était parfaitement calme, presque lisse, et on n'entendait que le toussotement régulier du moteur et le frottement du bois sur l'eau.
Nous ne parlions pas.

Mon oncle m'avait expliqué que nous devions nous rendre sur le lieu de pêche et tout installer avant le lever du soleil. Les girelles, paraît-il, attendaient ce moment pour se mettre en chasse et prendre leur petit déjeuner. Nous n'allâmes pas bien loin, peut-être un kilomètre au-delà du port, à une centaine de mètres de la côte. Mon oncle arrêta le moteur, puis jeta une ancre flottante pour nous empêcher d'être entraînés par le courant. Nous préparâmes nos palangrottes. Je les connaissais bien pour avoir souvent joué avec dans le garage. Je m'étais même une fois fait gronder très sérieusement parce que je les avais emmêlées. Sur un rectangle de liège était enroulée une bonne cinquantaine de mètres de fil de pêche. Tout au bout y était solidement attaché un gros plomb en forme de pyramide et un peu plus haut partait un morceau de fil d'où pendait un hameçon. Il fallait d'abord écraser un limaçon avec un caillou qu'on avait emporté pour cela et puis l'accrocher à l'hameçon, sans prendre la peine d'enlever les débris de coquille. L'eau de mer se chargerait de le faire. Nous jetâmes nos lignes tous les trois en même temps, juste au moment où les premiers rayons du soleil montraient leur nez.

Tout était comme baigné d'or vert. On déroulait les lignes au fur et à mesure jusqu'à ce qu'on sente le plomb toucher le fond. Alors on redonnait un petit peu de mou, puis on attendait le bon vouloir des girelles. Ce sont de petits poissons de rochers, et parmi les plus beaux de la Méditerranée.
Les mâles ont le dos d'un vert noirâtre et, sur les côtés, toutes les couleurs variées de l'arc-en-ciel. Les femelles sont blanches dessous et rouge orangé dessus. Les girelles vivent dans les algues, en troupeau, un mâle entouré de plein de femelles. Mon oncle Victor racontait que, si le mâle mourait, une des femelles se transformait en mâle pour le remplacer. Cette histoire me faisait beaucoup rire, mais je n'ai jamais su si je devais y croire ou pas.

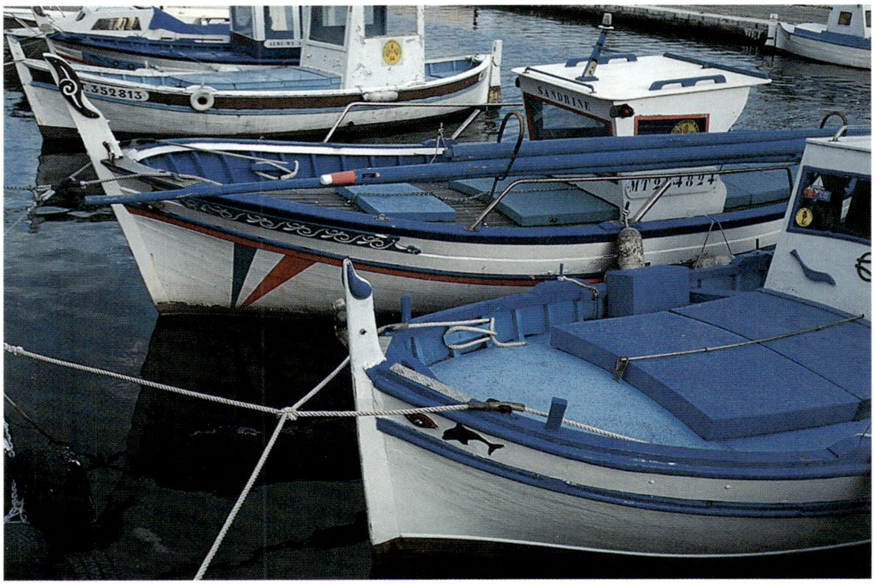

Les ports des côtes varoises, comme les calanques de Cassis et de Marseille, abritent de nombreux « pointus », traditionnels bateaux de pêche.

Les girelles seront roulées dans la farine et frites dans une large poêle : tous les autres poissons iront dans la soupe de roche *(page ci-contre).*

Le premier à sentir sa ligne « piter » sous les doigts fut mon cousin Marcel, qui remonta trois jolis poissons ; mon oncle le suivit et enfin ce fut moi. J'avais pris une girelle royale d'au moins douze centimètres ! Et là, tout se mit à s'accélérer. Nous n'arrêtions plus. A peine le fil était-il dans l'eau que ça pitait de nouveau. Le sac de jute se remplissait : des girelles surtout, mais aussi quelques « rouquiers », deux ou trois « bleus » et un gros « sarran » très laid, avec sa gueule aussi large que lui. Le soleil était plus haut maintenant. L'univers était devenu bleu. Le ciel, les rochers et l'eau, maintenant ridée de quelques vagues causées par les bateaux qui sortaient du port, tout était du même bleu, comme une fumée. Il faisait chaud. J'étais si occupé, si excité par ma pêche que je transpirais à grosses gouttes tout en éclatant de rire sans arrêt. Je n'avais même pas pris le temps d'enlever mon pull-over. Et puis, tout d'un coup, je sentis piter un peu plus fort que d'habitude. J'essayai de remonter, c'était lourd, vraiment lourd. Le fil était tendu à me couper les doigts. J'appelai mon oncle à la rescousse et il me dit que sans doute j'avais accroché une « saloperie ». Quand la chose ne fut plus qu'à deux mètres de la surface de l'eau, je la vis qui bougeait, en même temps que mon oncle criait à Marcel : « L'épuisette ! Passe-moi l'épuisette, c'est un *poupre* ! » C'en était un, un poulpe énorme, un monstre, avec des tentacules d'une bonne quarantaine de centimètres. Il avait décidé de manger une girelle prise au piège et s'était accroché lui-même. Nous parvînmes à le hisser dans l'épuisette ; très vite mon oncle l'attrapa et lui retourna la calotte. Mais c'était moi qui l'avais remonté ! Personne au monde n'a jamais été plus fier que moi à ce moment-là. Nous rentrâmes au port vers une heure. Mes tantes et ma mère nous attendaient sur le quai pour prendre le poisson pêché et préparer la friture de girelles pendant que nous rangerions et nettoierions le bateau. Quant au monstre, nous le mangeâmes en daube le lendemain.

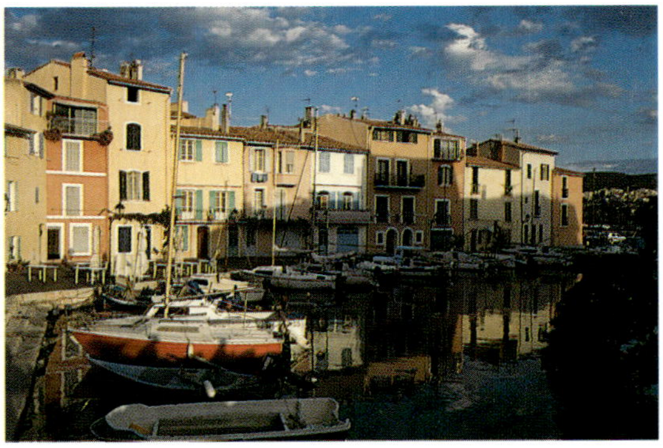

Ombre et lumière sur le port de Martigues.

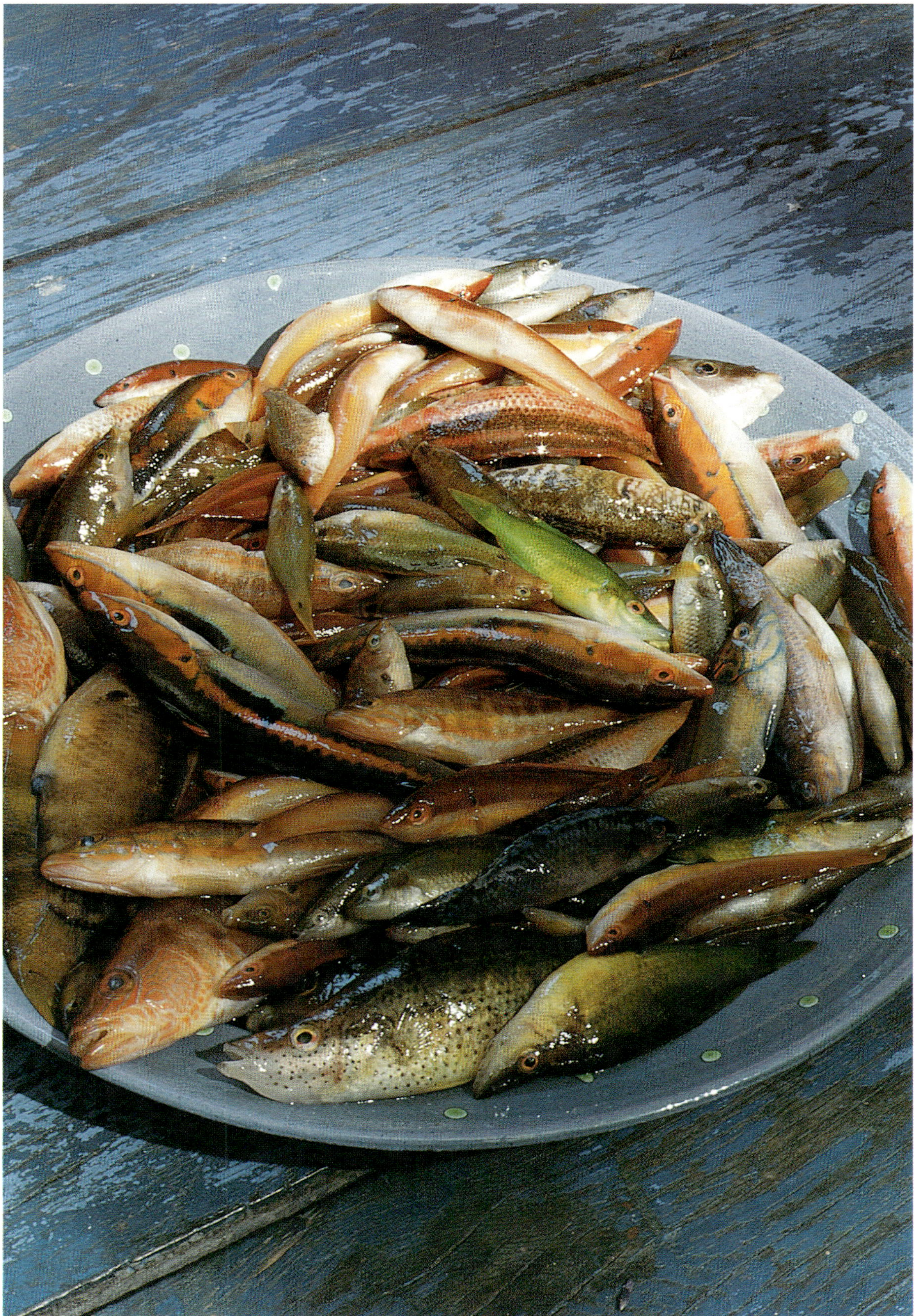

pastel et indigo

Lorsque Nicholas Ray filma le blue-jean de James Dean, il voulait simplement décrire les comportements et les conflits de la jeunesse américaine de l'époque. Mais lorsque les jeunes du Vieux Monde découvrirent la « fureur de vivre », ils adoptèrent à leur tour le blue-jean américain et en firent un symbole international, le signe de leur appartenance à une même génération tourmentée. Depuis, le blue-jean a conquis le monde entier et, neuf ou délavé, déchiré ou rapiécé, poncé ou reteint, troué ou brodé, ultra-moulant ou extra-large, porté avec une parka kaki de surplus militaire ou avec des mocassins Céline et un manteau de vison sauvage, un blouson de cuir clouté ou une chemise de bûcheron canadien, un simple tee-shirt ou une veste et une cravate, il semble pouvoir habiller la quasi-totalité de la population de la planète.

En 1850, en Amérique, commence la conquête de l'Ouest. Chercheurs d'or, mineurs, aventuriers, mais aussi commerçants et fermiers s'entassent sur des chariots bâchés et se mettent en route, pleins d'espoir, vers l'inconnu et la Californie. Il y avait parmi eux un jeune marchand bavarois, nommé Levi Strauss, qui emportait avec lui quelques rouleaux de grosse toile marron destinés à confectionner des tentes et des bâches pour les chariots. Mais très vite il eut l'idée de fabriquer également de solides vêtements de travail, à l'usage des pionniers. Les premiers pantalons Levi's connurent un tel succès que les stocks de toile de chanvre marron s'épuisèrent et que Levi Strauss dut la remplacer par un autre tissu très solide et de couleur bleu indigo que son frère lui envoya de New York, le *denim*. Il ne fait aujourd'hui plus aucun doute que ce tissu trouve son origine dans la lointaine ville de Nîmes, dans le sud de la France. Cette étymologie, en tout cas, vaut bien celle que l'*Oxford English Dictionary* donne du blue-jean : le « bleu de Gênes », conférant à ce port d'Italie la paternité du célèbre pantalon bleu. Cela fait deux origines à cette serge de coton tissée avec un fil teint à l'indigo et un fil non teint, et elles sont toutes les deux légitimes. Des tissus très similaires, ainsi que bon nombre d'étoffes bleues comparables, étaient produits à Gênes comme à Nîmes dès le XVIIIe siècle, où ils étaient utilisés aussi bien pour confectionner des voiles de bateaux et des bâches que des vêtements de travail pour les paysans ligures, provençaux et languedociens. Hélas, il ne subsiste aujourd'hui que très peu d'échantillons de ces « petites étoffes » bleues, car elles sont le type même des tissus que l'on a employés, remployés, reprisés, rapiécés, usés jusqu'à la corde et finalement jetés. Et puis, nul musée ne songeait à conserver les objets d'usage courant, les traces de la vie quotidienne, les pauvres témoignages des labeurs et des coutumes du peuple. Les premiers musées à rendre compte de la culture populaire ne le firent qu'au début du XXe siècle, et encore uniquement dans le but de sauvegarder l'identité et les traditions régionales. L'ethnologie est une science récente. Et, lorsqu'on se décida enfin à constituer des collections d'objets et de costumes populaires, il était déjà bien tard. Le musée du Vieux Nîmes conserve cependant quelques rares exemples de ces ancêtres du blue-jean.

Veste d'homme, poches et jupon de travail d'époque XVIIIe, tissés d'un fil teint à l'indigo et d'un fil non teint (page ci-contre).

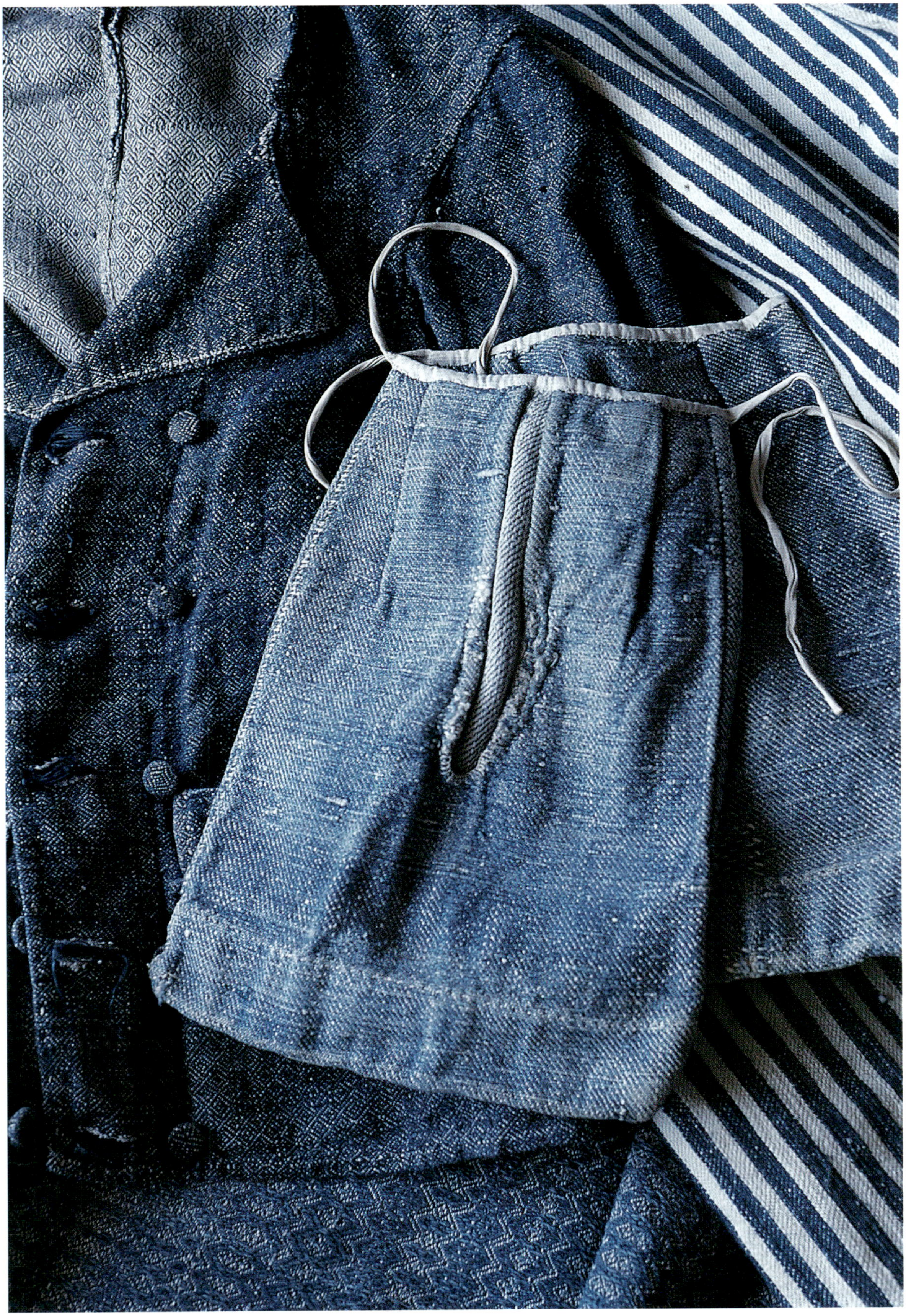

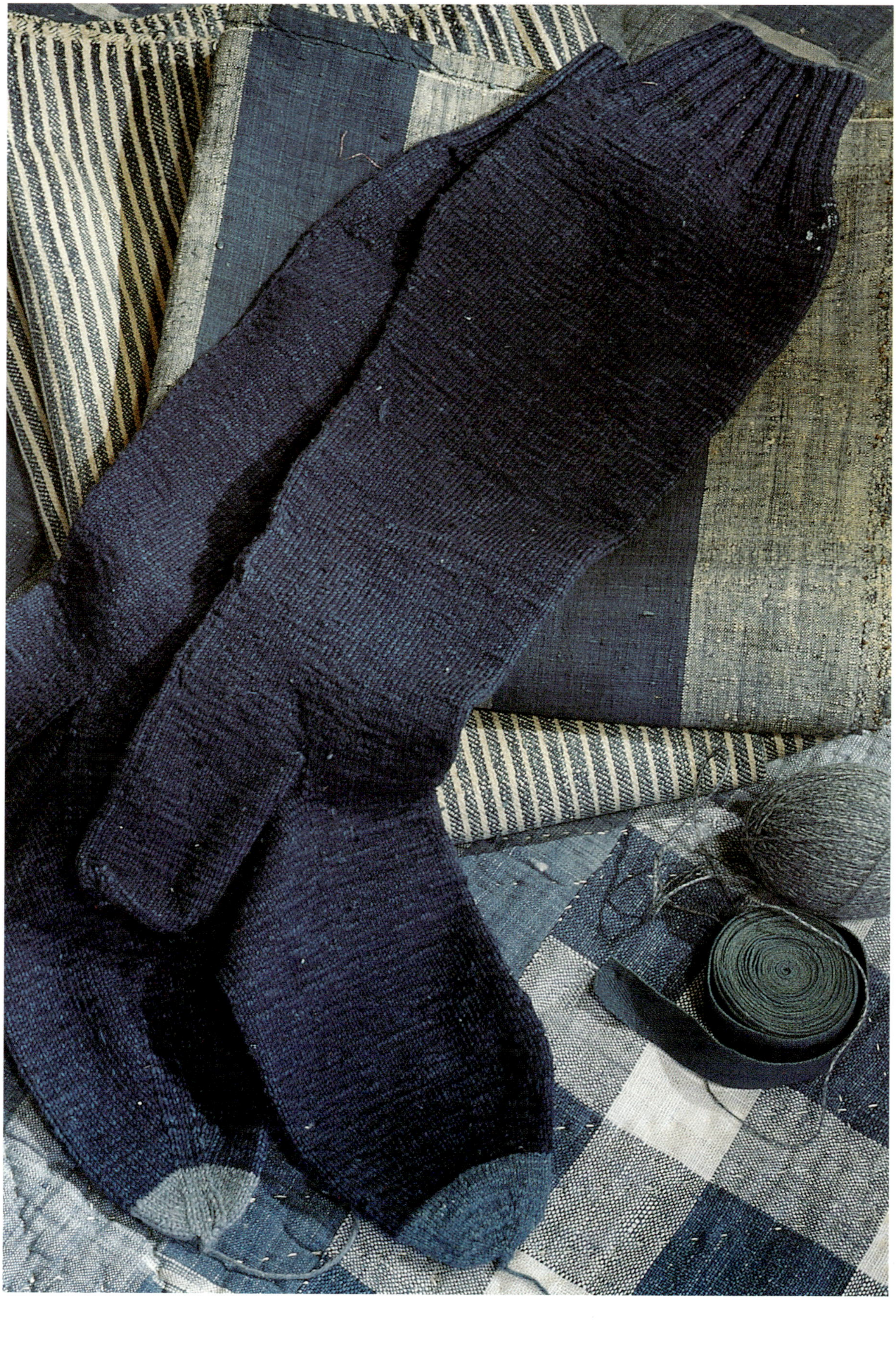

Deux plantes ont successivement fourni le bleu d'indigo aux teinturiers européens. D'abord le pastel, *Isatis tinctoria*, appelé guède ou vouède, cultivé en Europe depuis le Moyen Age. C'est une plante de la famille des crucifères, qui se couvre de grappes de fleurs jaune vif. La culture du pastel demandait des soins constants et une main-d'œuvre abondante. Il s'agissait de cueillir les feuilles de la plante et l'on pouvait faire jusqu'à quatre récoltes par an. Puis on portait les feuilles au moulin où elles allaient être broyées par une meule de pierre tournant autour d'un axe perpendiculaire actionné par un cheval.
On obtenait ainsi une pâte, qui donna son nom à la plante. On laissait reposer cette pâte une quinzaine de jours, puis on la pressait dans des moules de bois de plus en plus étroits, pour confectionner de petites pelotes rondes que l'on appelait des « coques » ou « coquaignes ».
De là vient l'expression « pays de cocagne », évoquant un riche pays. Les coquaignes étaient alors étendues sur des claies et séchaient pendant deux semaines. Mais toutes n'étaient pas utilisables, et seules celles dont l'intérieur était violet et l'odeur agréable servaient à faire la poudre de pastel. En effet, il fallait alors réduire les coques en poudre, puis humecter cette poudre avec de l'eau afin de laisser fermenter le pastel. Celui-ci s'échauffait dans une épaisse fumée et une puanteur remarquable. On renouvelait cette opération tous les deux jours. On faisait enfin sécher cette poudre qui pouvait alors seulement être vendue aux teinturiers. Ce travail considérable est sans doute l'une des principales causes du déclin de la culture du pastel.

L'indigo colorait en bleu toutes sortes de « petites étoffes » destinées à l'usage domestique, et jusquau fil dont on tricotait les bas des paysannes (page ci-contre).

La deuxième plante du bleu est l'exotique indigo, *Indigofera tinctoria*, de la famille des papilionacées, originaire de l'Inde et cultivée en Chine, en Inde, en Indonésie, en Syrie, en Egypte, en Afrique et en Amérique. La fabrication de l'indigo n'était pas moins difficile et pénible que celle du pastel, mais il venait de loin et l'on se souciait peu de cette main-d'œuvre indigène, d'ailleurs souvent constituée d'esclaves. On semait les graines dans une terre grasse et bien travaillée, puis on en surveillait jalousement la pousse, éliminant les mauvaises herbes, tout comme les chenilles, très friandes de cette plante. Au bout de deux mois, on coupait la plante avec des faucilles ou de grands ciseaux. Pendant deux ans, toutes les six semaines, on faisait une nouvelle récolte, jusqu'à ce que la plante dégénère. La récolte était ensuite transportée en bottes jusqu'à des bassins où, immergée dans beaucoup d'eau, on la laissait fermenter. L'eau prenait alors une belle couleur bleu foncé. Puis cette eau bleue était déversée dans une « batterie » et, après y avoir ajouté un peu d'huile de poisson, elle était violemment agitée, jusqu'au moment où les particules d'indigo se précipitaient et se séparaient du reste de la liqueur. On laissait alors décanter et on évacuait l'eau devenue inutile. Toutes ces opérations se passaient dans des vapeurs épouvantables et nauséabondes. On mettait la pâte ainsi obtenue à égoutter dans des sacs de toile, puis à sécher sur des claies. L'indigo sec était ensuite brisé en morceaux. A son arrivée en Europe, il se présentait sous forme de blocs d'une matière solide bleu foncé, presque violette, que l'on crut d'abord d'origine minérale.

Indigo et pastel contiennent le même colorant bleu, l'indigotine, mais l'indigo en contient trente fois plus que le pastel. Au sortir du Moyen Age, le Languedoc devint le plus important centre de production du pastel, en même temps que l'indigo faisait quelques timides apparitions sur les quais du port de Marseille. Cependant, l'extraordinaire pouvoir colorant de ce dernier le fit très vite adopter par les teinturiers, mettant ainsi en péril la culture du pastel. En 1609, Henri IV tenta par un édit d'enrayer cette concurrence en condamnant à mort toute personne utilisant de l'indigo. Mais rien n'y fit. Et la culture du pastel déclina, pour être presque abandonnée au XVIIIe siècle. En 1737, l'usage de l'indigo fut officiellement autorisé. Sous l'Empire, alors que le Blocus continental empêchait l'entrée de l'indigo, la culture du pastel fut à nouveau favorisée, mais les progrès de la chimie des teintures lui donnèrent très vite un fatal coup de grâce.

Nîmes, mais aussi Avignon et Marseille produisaient quantité d'étoffes bleues. Certaines étaient de belle qualité, comme les draps de laine ou les taffetas de soie. Mais la plupart, et ce malgré le coût important de l'indigo et du pastel, étaient de « petites étoffes » destinées à une utilisation quotidienne, aux vêtements de travail et aux toiles d'usage. Cela était possible parce que les teinturiers organisaient leurs bains, on disait les « cuves de bleu », de telle manière que l'on teignait d'abord les textiles les plus riches, puis qu'on réutilisait plusieurs fois le même bain, en le « ravivant » seulement, pour les étoffes bon marché. Ainsi la même cuve d'indigo pouvait-elle être utilisée plus de quinze jours d'affilée. On teignait « à la cuve » toutes sortes d'étoffes unies. Or, l'indigo n'étant pas soluble dans l'eau, si l'on plongeait un textile dans un mélange d'eau et d'indigo, celui-ci ne prenait pas la couleur. Il fallut donc d'abord altérer l'indigo bleu à l'aide de sels ferreux. On obtenait ainsi l'indigo blanc qui, lui, était soluble dans une lessive alcaline. Il fallait alors tremper la toile blanche dans une cuve d'indigo blanc chauffé à 50 °C. Après quoi, on la faisait sécher à l'air et l'oxydation la faisait passer naturellement du jaune au vert, puis au bleu.

Ce procédé était parfait pour teindre en bleu uni les toiles blanches de coton, de lin ou de chanvre, mais aussi les draps de laine, les toiles de bourrette de soie et les bourrats. Par contre, la « cuve à chaud » ne convenait pas pour obtenir les impressions « à la réserve ». Dans ce cas, où l'on réservait sur la toile des motifs destinés à rester blancs lorsque celle-ci serait teinte, en les protégeant avec une mince couche de cire, on teignait à la « cuve à froid ». L'indigo blanc était alors dissous à froid dans une lessive alcaline additionnée de sulfate de fer. Ainsi la cire ne fondait pas, et cela donnait d'excellents résultats. On teignait en bleu « à la réserve » des toiles de coton, plus rarement de lin. Les bleus de réserve à grands motifs étaient le plus souvent piqués en couvertures ou en tentures de lit. Les bleus de réserve à petits semis étaient utilisés dans le costume féminin pour confectionner de ravissants casaquins, jupons et tabliers.

Couverture piquée, d'époque XVIIIe, faite d'une toile de coton imprimée « à la réserve » (page ci-contre).

Mais la plupart des « petites étoffes » bleues produites au XVIIIe siècle dans les ateliers du sud de la France étaient tissées avec un fil teint à l'indigo, associé ou pas à un fil non teint ou partiellement teint, comme c'était le cas des toiles flammées. Les fibres employées pouvaient être du coton, de la laine, de la soie ou du chanvre, et très souvent elles se métissaient sur une même étoffe. Il y avait des toiles à carreaux blancs et bleus qui servaient essentiellement à fabriquer les paillasses ; le même usage était réservé aux toiles flammées. Il y avait des toiles simplement rayées de blanc et de bleu ; celles-ci, plus épaisses et plus solides, étaient étendues sous les oliviers pour ramasser les olives quand elles ne servaient pas à confectionner des jupons de paysanne. Il y avait aussi les serges dont l'armure était croisée en oblique, dessinant des côtes vers la droite ou vers la gauche, et les « petites Venise » à l'armure plus complexe encore, qui dessinait des losanges accolés. Ces étoffes servaient à confectionner des jupons et des caracos de travail pour les femmes, des vestes et des culottes pour les hommes.

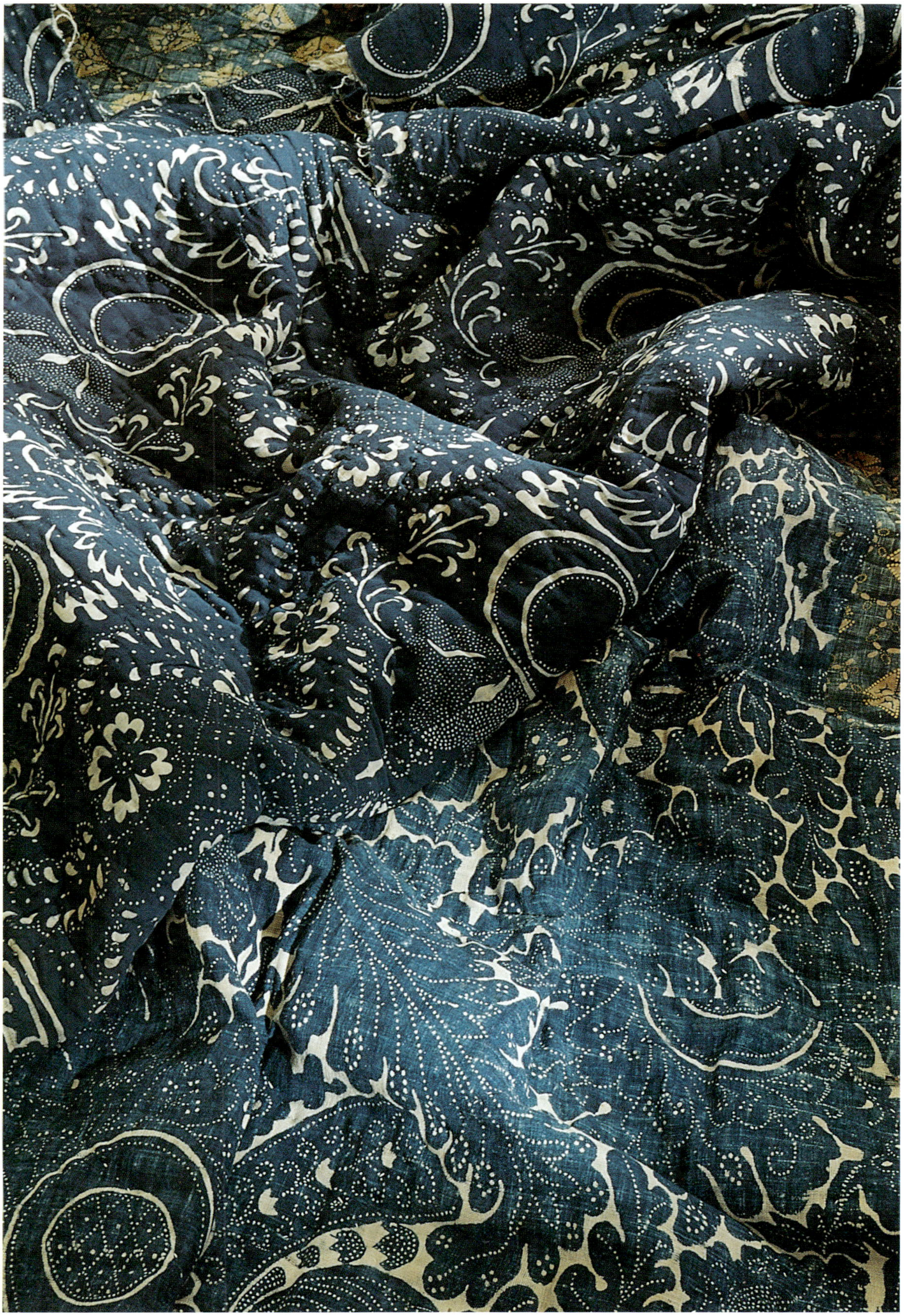

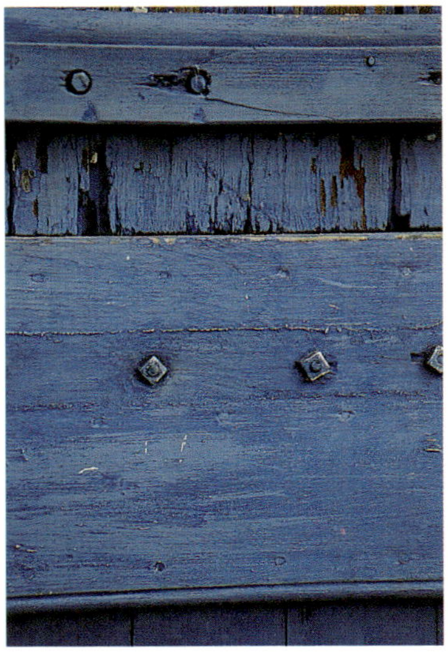

la charrette bleue

Le charron fabriquait les charrettes et le charretier les conduisait. Aussi, lorsque vint la révolution de l'automobile, tout naturellement les charrons de village devinrent carrossiers et garagistes, et les charretiers chauffeurs d'autocar ou de taxi.
Les charrons étaient un peu ferronniers, un peu menuisiers et un peu peintres. Seulement, chose étrange, c'étaient les peintres d'une seule couleur, le « bleu charron », un bleu dense, outremer saturé, qui s'adoucissait à peine avec le temps. Pourquoi toutes les charrettes de Provence étaient-elles peintes en bleu ? On ne le sait pas vraiment, sinon que le bleu passe pour repousser les mouches et les insectes qui piquent. Et c'est sans doute pour cette même raison que les Grecs choisirent cette couleur pour peindre leurs portes et leurs volets, les Sardes et les Siciliens pour badigeonner l'intérieur de leurs maisons.
Les Provençaux eux-mêmes teintaient souvent d'un peu de bleu le lait de chaux qu'ils passaient sur les murs de leurs chambres, de leurs étables et sur les pourtours des portes et des fenêtres.

Le bleu charron passe pour éloigner les mouches, c'est sans doute pourquoi il était si fréquemment employé dans les fermes de Provence.

Dans un paysage coloré d'une infinité de nuances de gris et de jaune, avec seulement quelques touches de vert, baignant dans une lumière blanche que Giono disait de « plâtre bouillant », où le bleu du ciel est parfaitement immatériel, tout en profondeur infinie et en transparence, la solide charrette bleue intervenait comme une surprise. Nous sommes tellement habitués aujourd'hui à voir la nature encombrée par la polychromie des panneaux publicitaires, des lotissements, des zones industrielles et commerciales, et des milliers de véhicules qui la parcourent sans cesse, notre œil est à ce point rompu à trier, dans tout ce fatras, pour se réjouir encore de la beauté d'un champ d'amandiers en fleur ou d'une vigne rougie par l'automne qu'il nous est difficile d'imaginer le choc visuel que produisait, il n'y a pas si longtemps, une simple charrette bleue traversant la campagne.
De fait, depuis Van Gogh qui peignit une charrette bleue au centre de la plaine de la Crau, de nombreux peintres provençaux, de Louis Audibert à Pierre Ambrogiani, furent fascinés par ce sujet.

Mais la surprise est plus forte encore lorsque la charrette – chargée d'un énorme buisson de hautes branches vertes d'orme et de saule derrière lesquelles se cache un tambour, ornée de fleurs et d'oriflammes, tirée par pas moins de vingt chevaux de trait, tous somptueusement harnachés à la sarrasine, lancés au grand galop dans les rues du village et menés par autant de charretiers en chemise blanche et pantalon bleu – déboule sous une porte d'enceinte et, comme une forêt en mouvement ou une frégate dans la tempête, parmi la fureur, les cris, le claquement des fouets et les roulements de tambour, traverse une foule soudain pétrifiée par l'hallucinant spectacle. C'est la *carreto ramado*, la « charrette de verdure ».

La légende raconte qu'il y a bien longtemps une mystérieuse maladie frappa subitement au début de l'été les chevaux des mas de Maillane.

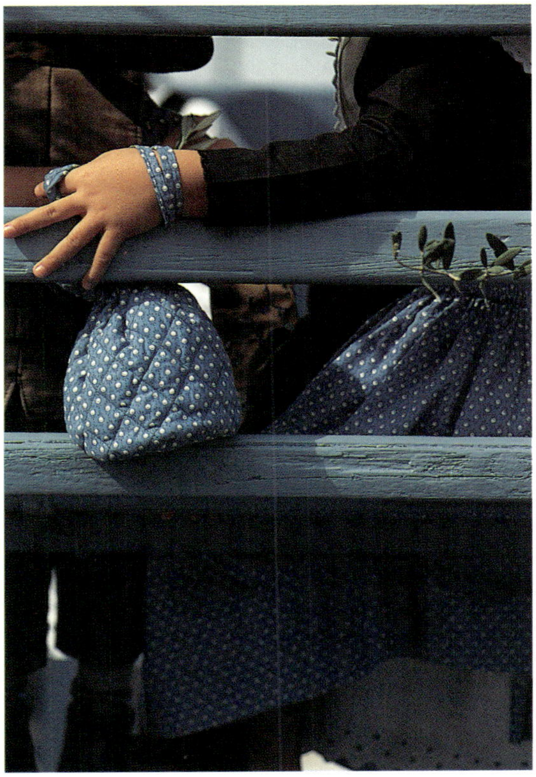

Les pauvres bêtes mouraient les unes après les autres. On tenta tout, mais on ne put rien faire pour empêcher ce désastre. La moisson arrivait dans quelques jours et les chevaux seraient indispensables pour charrier le blé, mais ils tombaient comme des mouches. Aussi, en désespoir de cause, les paysans s'en remirent au bon saint Eloi, protecteur des chevaux et patron des charretiers. Le miracle eut lieu. Dans l'instant, les chevaux cessèrent de mourir. Dès lors, chaque année, le 25 juin, jour traditionnel de la Saint-Eloi, les *carreto ramado* célébrèrent l'événement dans la plupart des villages entre Alpilles et Durance. De nos jours, ces fêtes s'échelonnent tout au long des dimanches de l'été, à Barbentane, à Rognonas, à Châteaurenard et Mollégès, à Maussane, Graveson, Saint-Etienne-du-Grès, Boulbon, Eyragues, Saint-Rémy ou Paluds-de-Noves, et bien sûr à Maillane. Le spectacle y est magnifique, mais on a sans doute oublié le sens profond de ces cavalcades. Il s'agissait en fait d'un rituel de fécondité agraire. Le char de verdure, attelé de nombreux chevaux, parcourait le village pour l'enfermer dans un cercle magique de protection. Et cela se faisait le jour de la Saint-Eloi, c'est-à-dire le lendemain de la Saint-Jean d'été où l'on avait célébré la mort de la terre.

Toute la semaine, la charrette bleue servait aux travaux des champs, mais le dimanche elle emmenait tout le monde à la messe lorsqu'il n'y avait pas au mas de voiture plus élégante.

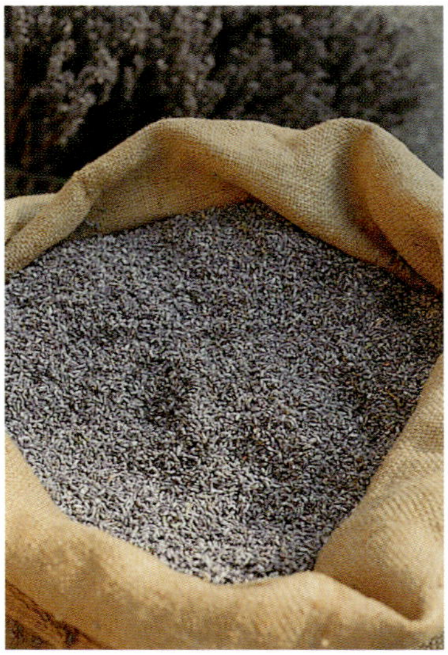

lavande et lavandin

Aucun bleu n'est sans doute plus mythique que le bleu des lavandes. Il existe une vingtaine d'espèces de lavande dont la couleur va du bleu clair au violet. L'intensité de ces bleus varie de jour en jour, changeant avec la maturité de la fleur. Ainsi chacun peut-il avoir son interprétation du bleu lavande. La lavande sauvage s'épanouit entre six cents et mille six cents mètres d'altitude, mais elle se laisse difficilement apprivoiser. On en extrait l'essence de lavande fine, la meilleure et la plus parfumée. Elle s'éparpille dans la garrigue et n'apporte que très rarement une réelle présence de bleu, tant ses fleurs sont petites et son implantation est clairsemée. Les grands champs de bleu du plateau d'Albion sont plantés de lavande officinale et surtout de lavandin, qui est un hybride de lavande officinale et de lavande aspic. Le lavandin donne une essence de moins bonne qualité, mais sa culture est facile dans les piémonts, entre quatre cents et six cents mètres. Il est généralement utilisé pour la fabrication de produits touristiques.

L'essence de lavande s'accumule dans les poils épidermiques disséminés sur toutes les parties annuelles de la plante, la fleur mais aussi les feuilles et une partie de la tige. C'est au moment le plus chaud de l'été que l'essence monte dans la fleur. Ce moment est donc celui de la cueillette. On coupe la partie supérieure de la plante en prenant soin de ne pas endommager la touffe boisée qui produira plusieurs années. Puis la lavande est emportée à la distillerie pour l'extraction de l'essence.

La lavande est liée pour moi à deux souvenirs d'enfance. Le premier, assez désagréable, est le vinaigre de lavande que faisait ma mère en

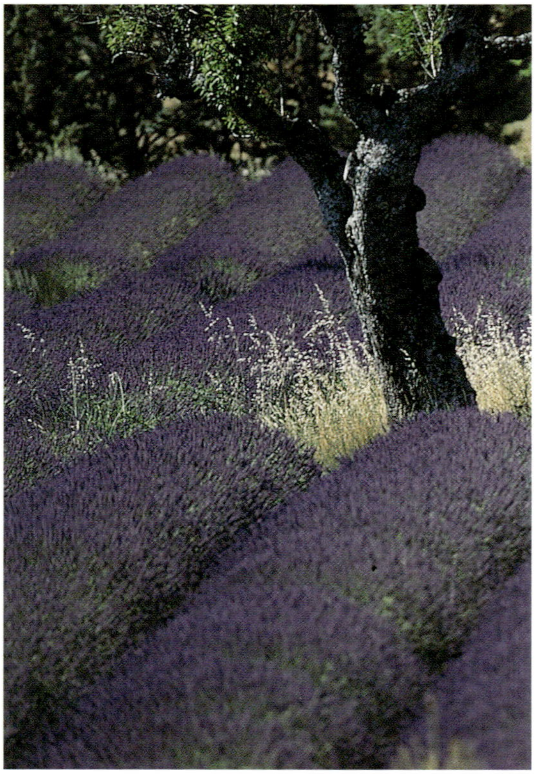

Sac de « graines » de lavande. Il s'agit en fait des fleurs, mais en Provence le mot « graine » était généralement employé pour désigner tout ce qui était récolté : ainsi, on parlait des « graines » de ver à soie pour les œufs du bombyx ou encore des « graines » du kermès pour les capsules de colorant rouge ramassées sur le chêne (en haut). Lavande et olivier sont depuis peu devenus symboles médiatiques et emblèmes de la Provence (ci-contre).

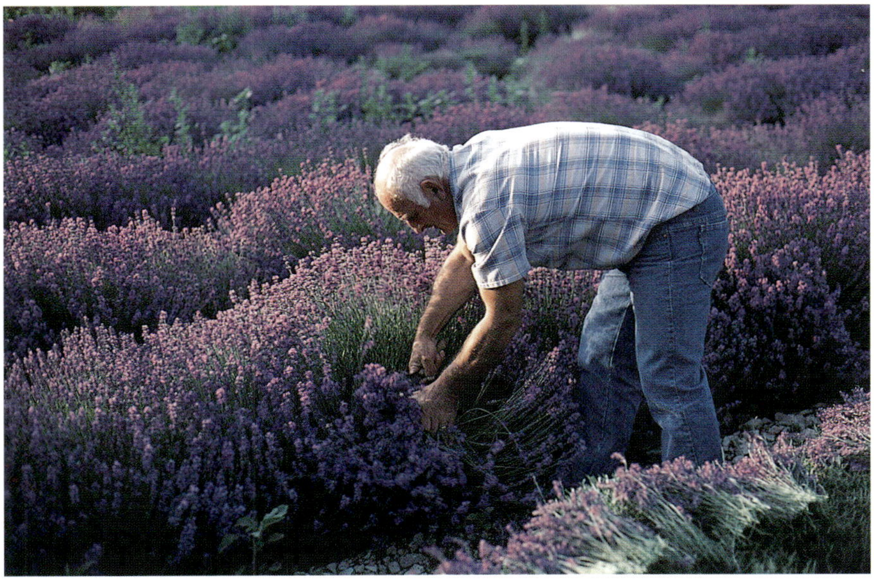

La lavande et le lavandin sont aujourd'hui avant tout cultivés pour répondre aux besoins de l'industrie touristique.

mettant tout simplement à infuser des fleurs de lavande dans une bouteille remplie de vinaigre de vin qu'elle allait tirer à la cave, dans l'énorme bonbonne qui y sommeillait depuis des siècles. Elle s'en servait chaque fois que nous nous faisions piquer par une guêpe ou une abeille. Ça sentait franchement très mauvais et, autant qu'il m'en souvienne, ça n'atténuait pas vraiment la douleur de la piqûre.

L'autre souvenir est beaucoup plus doux et plus heureux. Chaque été, au mois de juillet, au moment où les lavandes du jardin étaient en fleur, nous nous installions, mon amie Aline et moi, à l'ombre de la tonnelle, à même le sol, sur un grand drap déployé. Là, nous confectionnions avec la lavande fraîchement cueillie de forts jolis fuseaux tressés de rubans de satin de couleur que nous nous empressions de vendre pour quelques sous au sein de la famille et dans tout le voisinage, pour parfumer les draps dans le fond des armoires. Aline maîtrisait parfaitement cet artisanat, m'expliquant avec une patience et une autorité indéfectibles les secrets de l'opération. Moi, j'étais l'éternel apprenti, sans doute pas très habile. Mais, comme Aline se réservait les finitions, le résultat était plutôt magnifique. Il fallait d'abord faire un petit bouquet de fleurs de lavande, liées ensemble tout en haut, près des têtes, avec un bout de raphia ou de ficelle. Puis on retournait les tiges autour des fleurs et l'on commençait à tresser le ruban de satin en le passant dans les tiges, dessus, dessous, dessus... et ainsi de suite. Le principe est assez simple, mais toute la difficulté consiste à donner au fuseau un galbe et un volume convenables. Et ça, c'est vraiment très compliqué. Il me faut vous avouer encore que tout l'argent ainsi gagné était instantanément converti en immenses et délicieux « chichi frégi », ces grands beignets dorés, croustillants, parfumés à la fleur d'oranger et roulés tout chauds dans le sucre, que nous allions acheter à la baraque sur le port.

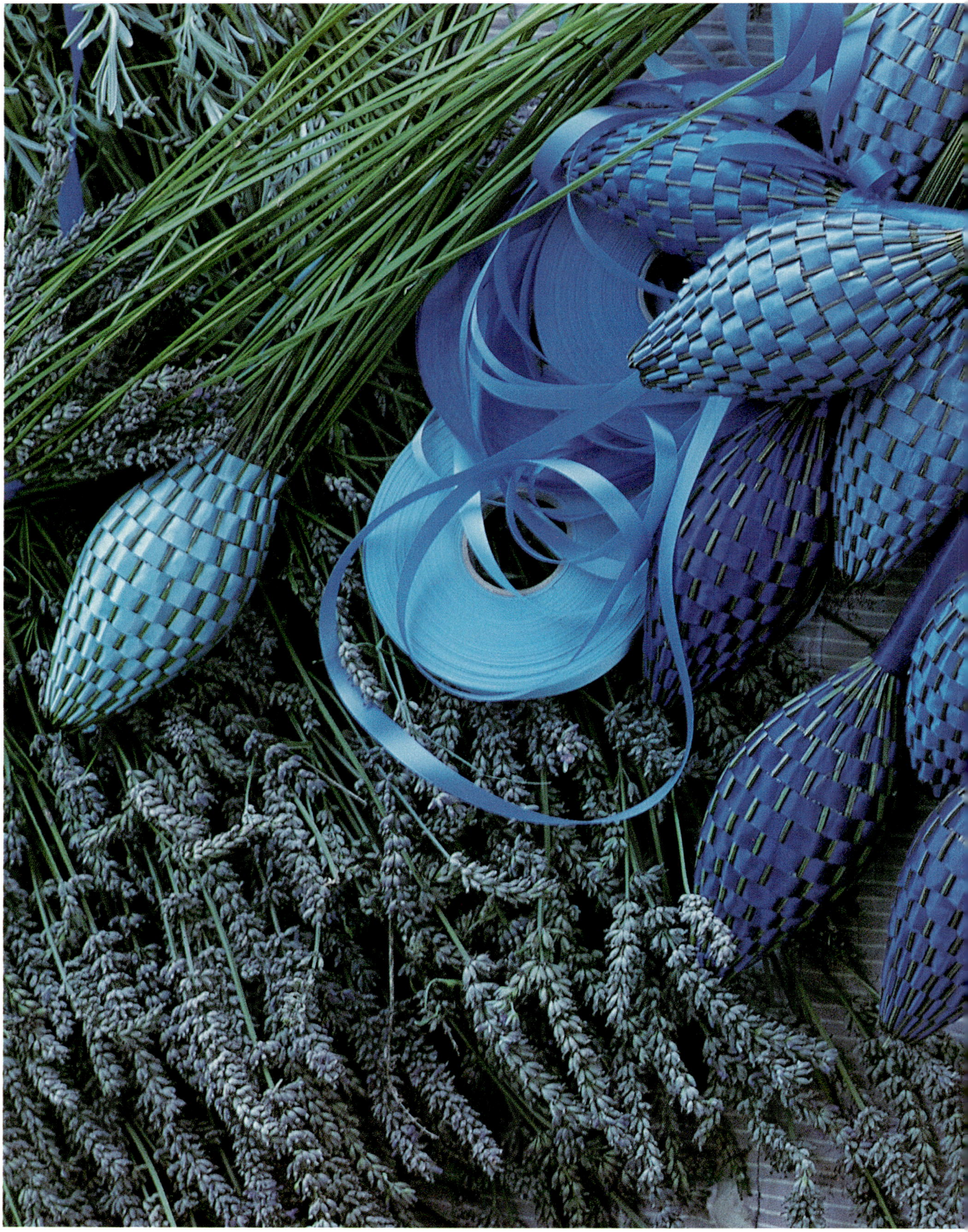

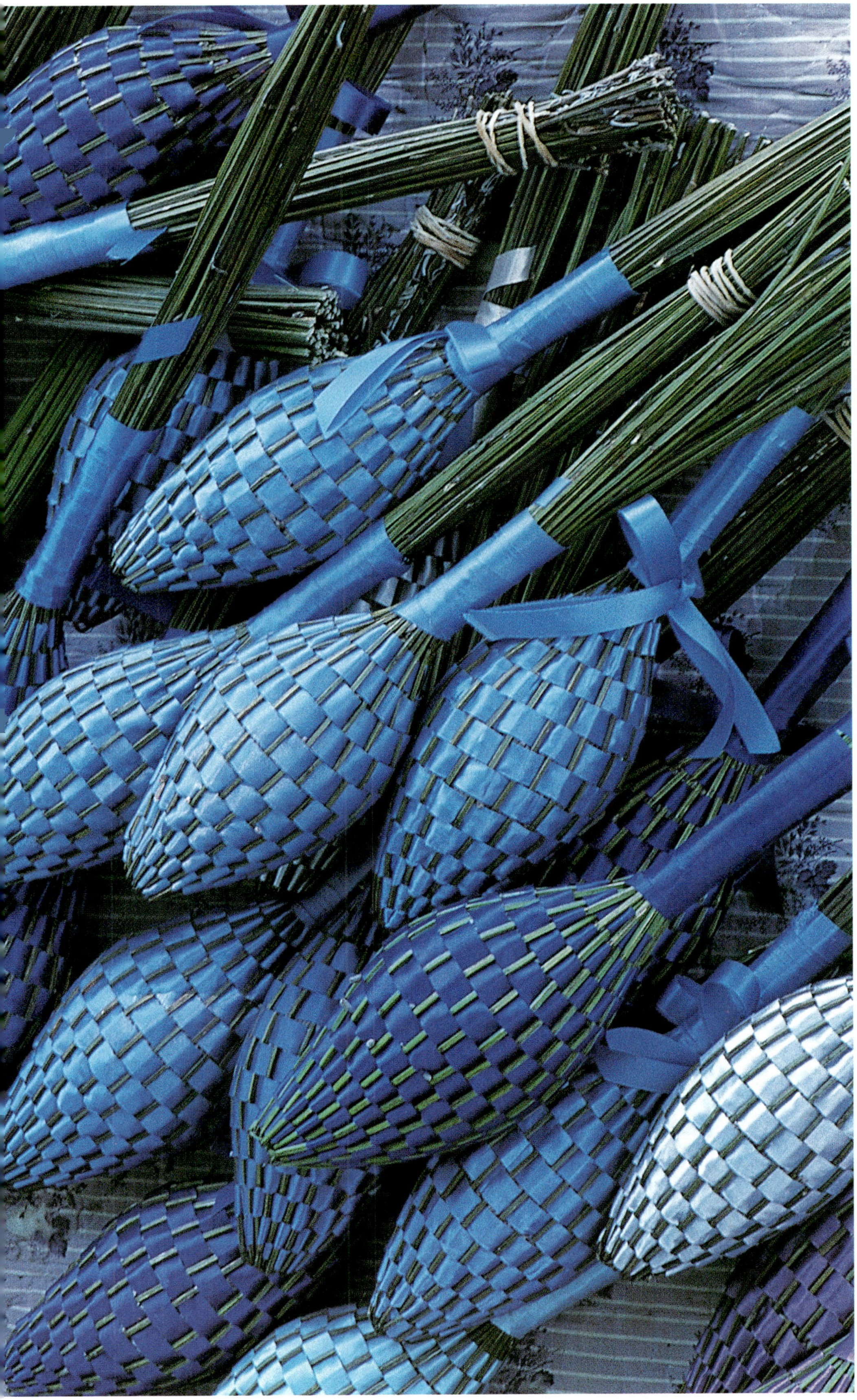

Depuis des générations, ces fuseaux de lavande tressés de rubans de couleur parfument le linge dans le secret des grandes armoires provençales.

le jardin de Pâques

Dans presque tous nos villages, vous trouverez au moins un de ces jardins sages qui, tout au long de l'année, semblent voués au bonheur de l'ombre et où les feuilles cirées du lierre règnent en maître. Soudain, au mois d'avril, ils se parent d'une délicate floraison qui va du mauve pâle au violet intense. Une belle glycine de Chine a totalement envahi la grille d'entrée, court le long du mur d'enceinte et part à l'assaut de la tonnelle, s'enroulant partout, allant parfois jusqu'à déformer le solide travail du ferronnier du village. Elle recouvre tout de ses grappes légères de fleurs mauves, qui bougent au moindre vent. De chaque côté de la maison explosent deux hauts buissons de lilas des Indes. Bien souvent les fleurs de l'un sont d'un violet sombre et deviennent roses avec le temps, tandis que les fleurs de l'autre sont d'un mauve pâle et seront plus pâles de jour en jour. A leur pied, de part et d'autre de l'allée de graviers qui mène à la maison, contenues par des arceaux de fonte entrecroisés, s'épanouissent deux somptueuses bordures d'iris d'Allemagne aux fleurs violettes comme de l'encre, presque bleues. Le muret qui borde la tonnelle est à demi caché par une autre bordure de grands iris mauves. Enfin, juste après les lilas, pousse depuis toujours un splendide arbre de Judée dont toutes les vieilles branches, et jusqu'au vénérable tronc lui-même, sont couvertes de bouquets de fleurs rose cyclamen, un rose étrangement froid. A côté de l'arbre de Judée, un buisson tout rond éclate de boules de fleurs d'un vert laiteux : des boules-de-neige qui plus tard deviendront blanches, puis roses. Auprès des arbres, dans les parterres de lierre, çà et là des touffes de violettes montrent la tête. Il se dégage de ce jardin un charme indéfinissable, radieux et un peu triste, gai et mélancolique à la fois. Mais cela tient sans doute aux volets gris plomb et aux rideaux de broderie de filet qui, derrière les vitres, font un écran blanc à l'obscurité de la maison.

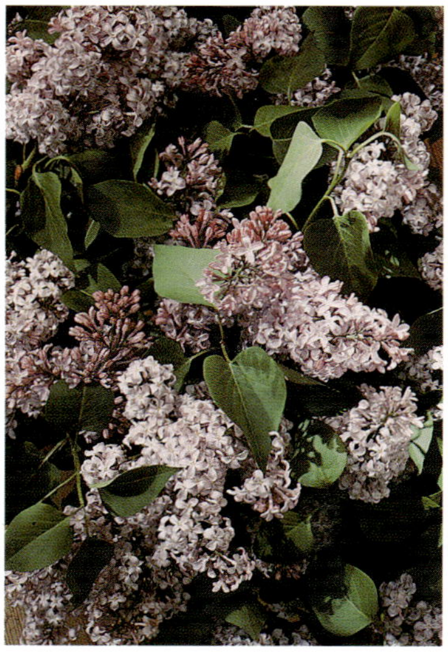

Cela tient sans doute aussi à ce que, symboliquement, le violet est la couleur de la piété. Ainsi que le dit Johannes Itten : « Assombri ou trouble, il est la couleur de la superstition. Des catastrophes se devinent derrière un fond violet sombre. Dès qu'il est éclairci, lorsque la lumière et l'intelligence illuminent la piété, il déploie de merveilleuses couleurs aux tonalités tendres. Les ténèbres, la mort et la noblesse sont dans le violet, la solitude et le dévouement dans le bleu-violet, l'amour divin et la domination de l'esprit dans le rouge-violet. »

Tout au long du Carême, et jusqu'au mercredi des Cendres, les ornements sacerdotaux que porte monsieur le curé dans l'église sont violets. Le Jeudi saint, ils sont blancs. Le Vendredi saint, ils sont tout à la fois violet et noir, avant de devenir blancs à nouveau pour la semaine pascale. J'ai toujours été troublé que le jardin qui se réveille après avoir dormi tout l'hiver se pare lui aussi des couleurs du Carême et qu'il soit pour un temps uniquement coloré de mauve et de violet. Car, après les lilas, les iris et la glycine, fleuriront les blancs seringas, les roses multicolores et les lys de la Saint-Jean.

Les lourdes grappes de lilas embaument le jardin de Pâques (ci-dessus). L'iris violet se dresse tout à la fois arrogant et fragile (page ci-contre).

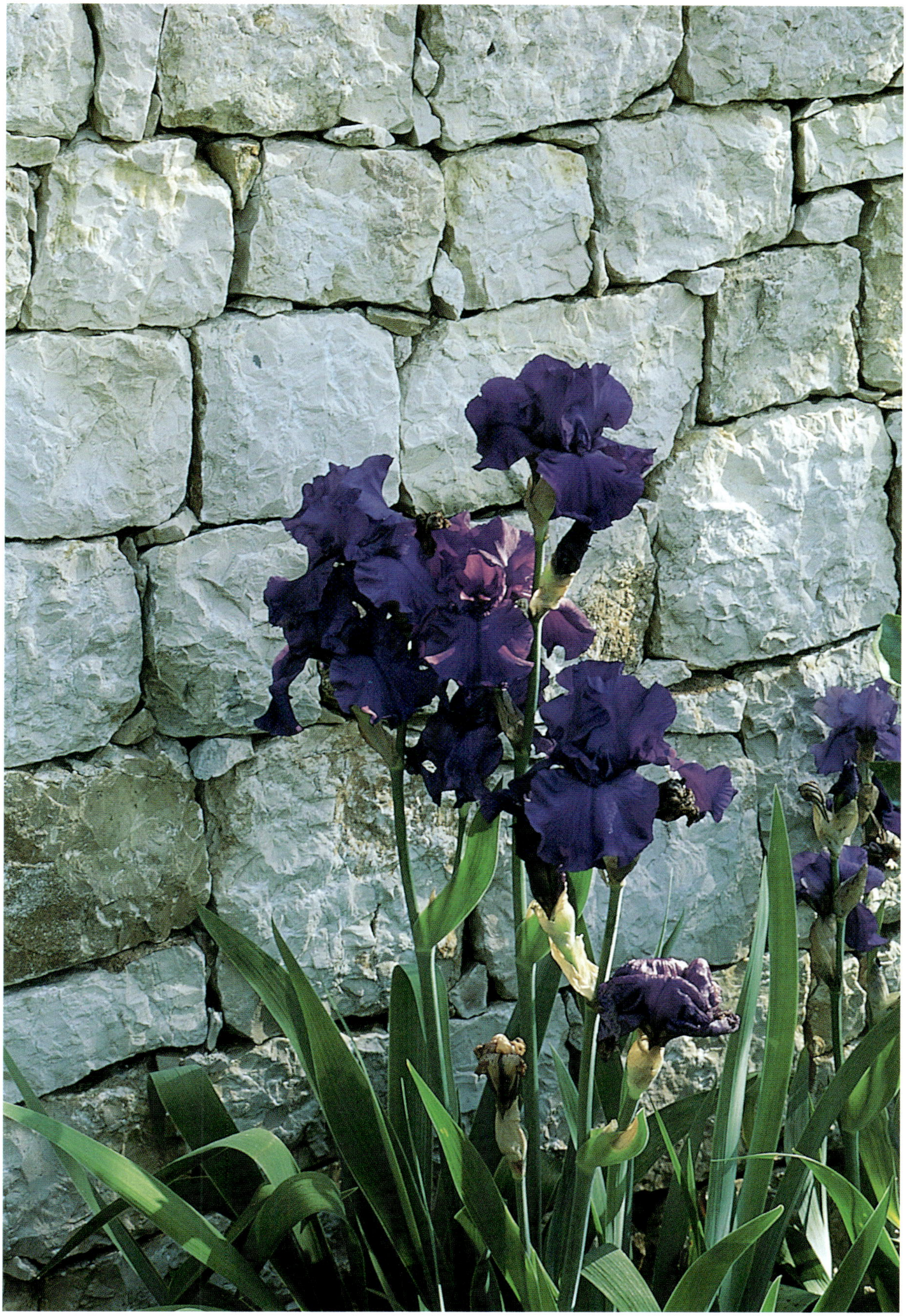

La belle glycine de Chine part à l'assaut de la tonnelle et s'enroule partout, allant parfois jusqu'à déformer le solide travail du ferronnier du village.

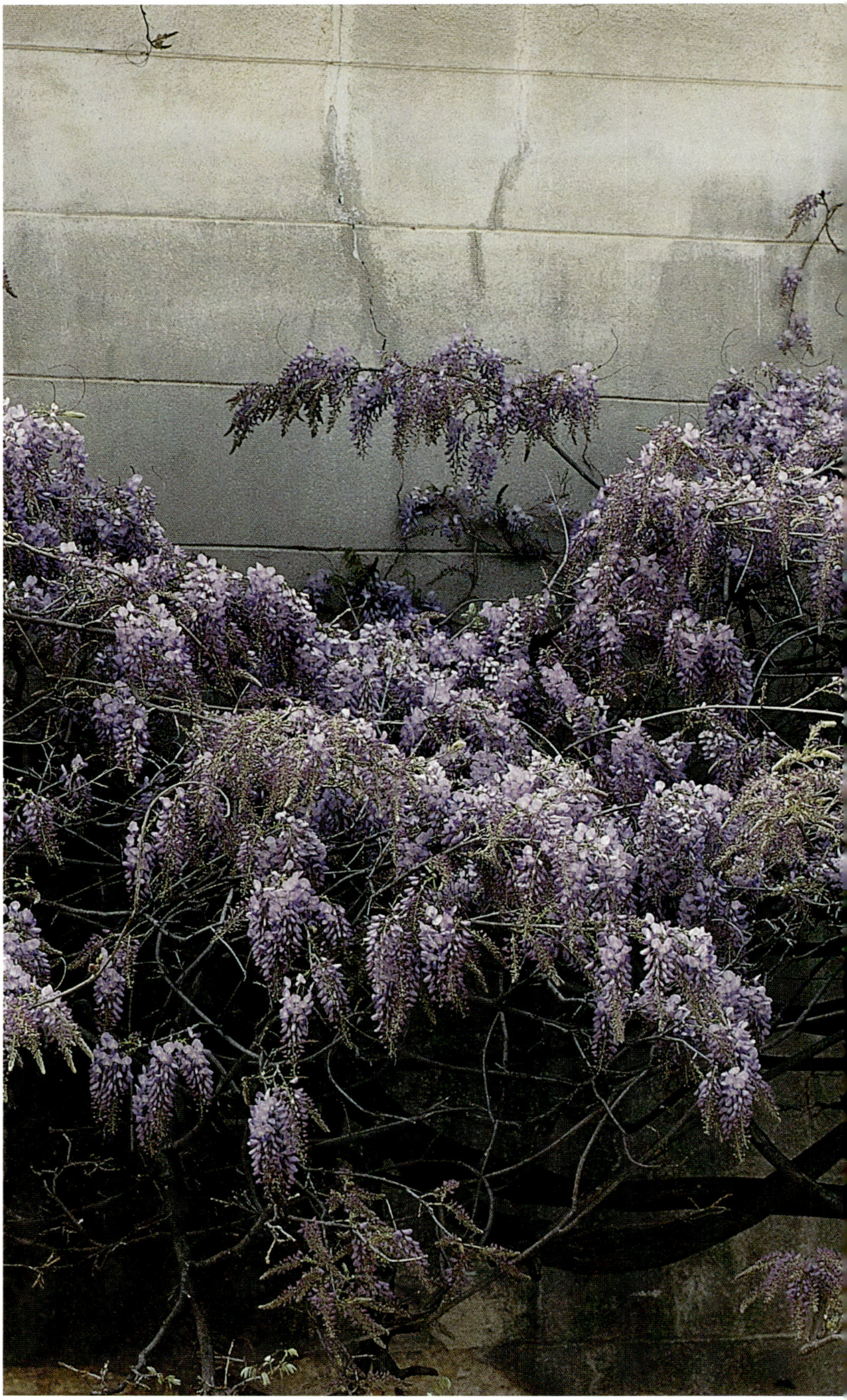

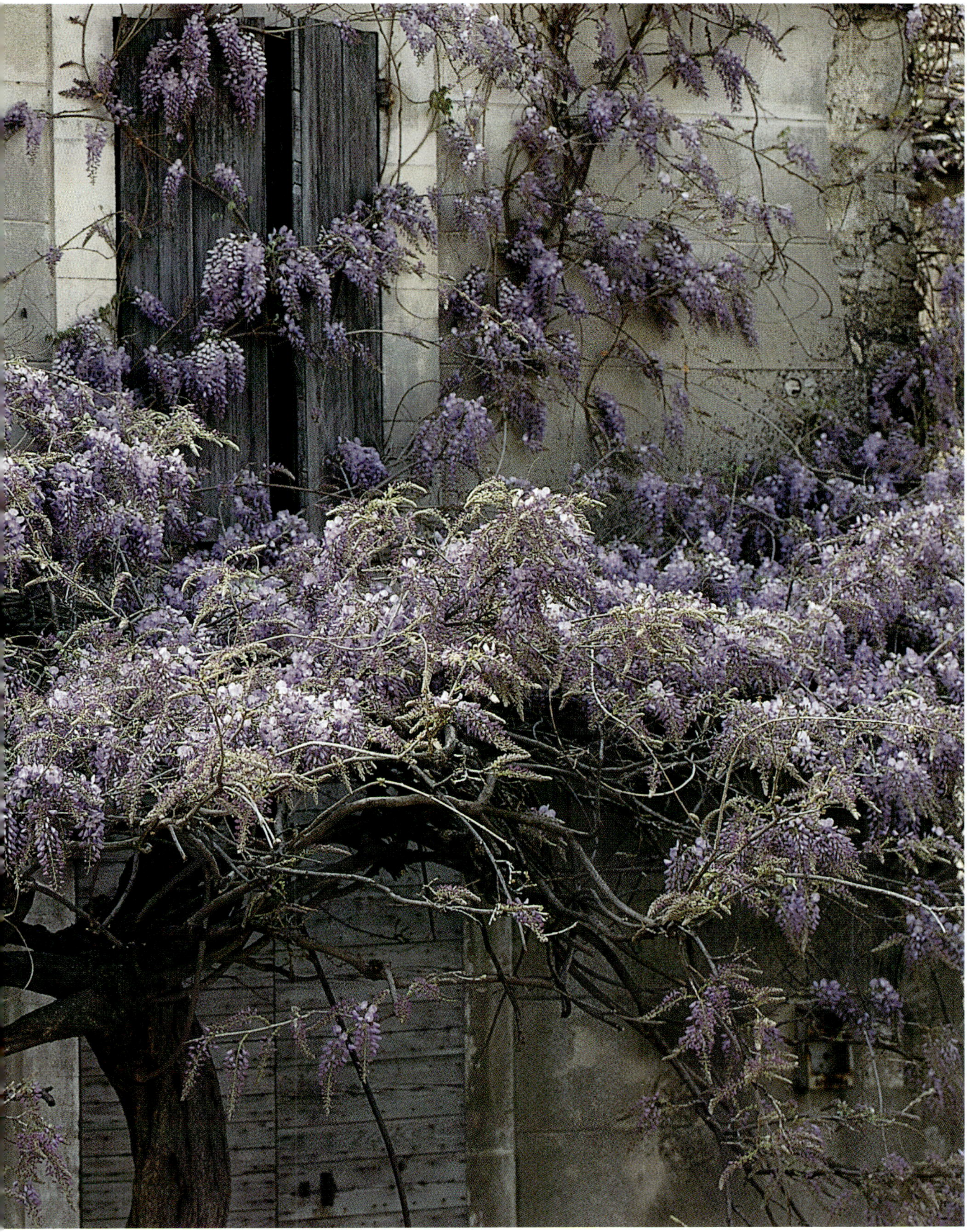

la cuisine du violet

A Marseille, le « violet », on le mange : c'est la figue de mer. Mais il ressemblerait plutôt à une vieille pomme de terre ratatinée. Et, s'il fait partie ici de tous les plateaux de fruits de mer, c'est parce qu'à l'intérieur sa partie comestible, non point violette mais d'un éclatant jaune d'or, possède une remarquable et très forte saveur iodée. La pêche du violet se pratique en plongée, car il se fixe sur la roche et vit jusqu'à deux cents mètres de profondeur. Il est assez difficile à déceler, tant sa carapace souple comme du cuir se recouvre d'algues et de petits animaux marins. Il faut se munir d'un tournevis et le prendre par surprise, en l'arrachant d'un coup sec. Sinon, dès qu'il se rend compte de la ruse, le violet se contracte et devient pratiquement impossible à déloger. Comme l'oursin, il se déguste vivant et nature.

Mais la couleur violette est très présente dans les jardins potagers de Provence. Elle se montre sur les artichauts comme sur les asperges, elle colore les aubergines et les figues. Le « violet de Provence », c'est un artichaut de petite taille, venu d'Italie et cultivé en Provence depuis le XVIe siècle. Le village de Villelaure, dans le Vaucluse, en produit de renommés. Il y a les artichauts de printemps, à partir de mars, et les artichauts d'automne, dès la fin du mois d'août. Le violet de Provence est la meilleure variété pour être consommée crue, coupée en fines lamelles et assaisonnée d'un peu de sel et d'un simple filet d'huile d'olive, ou pour être préparée « à la barigoule ». Il y faut de tout petits artichauts, encore sans foin, de ceux qu'on appelle les *mourre de cats*, les « museaux de chats ». Les artichauts à la barigoule cuisent à l'étouffée près de deux heures, avec quelques dés de petit salé, quelques gousses d'ail, quelques oignons coupés en rondelles, très peu de sel, du poivre et un filet d'huile d'olive.

La couleur de l'asperge, quant à elle, dépend uniquement de la manière dont elle voit le jour. Tant qu'elle est sous la terre, à l'abri de la lumière, l'asperge est blanche ; puis, en se rapprochant de la surface, elle se colore progressivement, d'abord en violet, ensuite en vert avec l'arrivée de la chlorophylle. Les Provençaux aiment leurs asperges vertes ou violettes et laissent les blanches partir vers le nord. Depuis la fin du XIXe siècle, le village de Lauris, lui aussi dans le Vaucluse, s'est

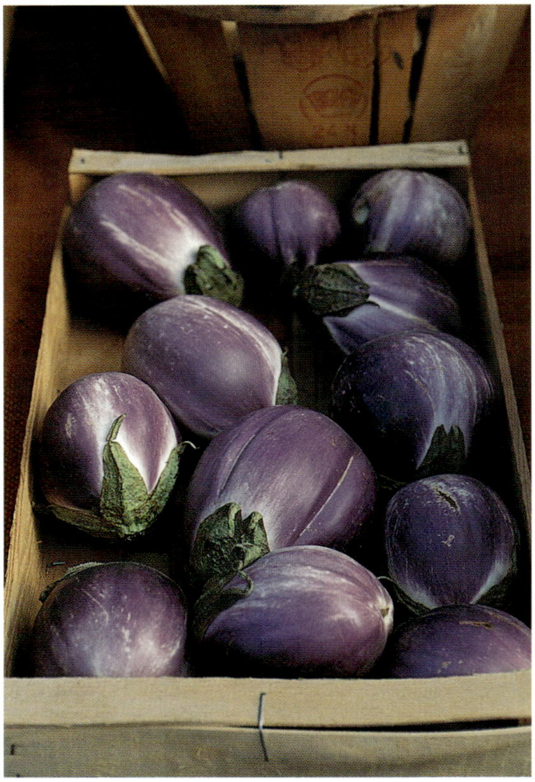

La plupart des aubergines sont d'un violet sombre allant vers le rouge, mais certaines variétés comme celles-ci se parent d'une robe franchement violette.

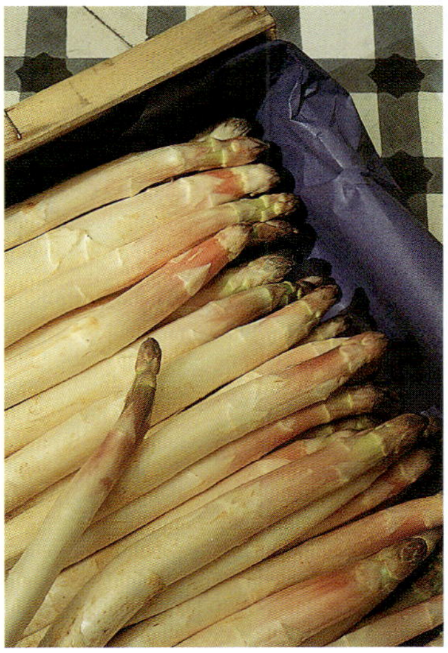

fait une grande réputation pour la qualité de ses asperges qu'il expédie en Belgique, en Suisse, en Angleterre et en Allemagne.

Comme la tomate, l'aubergine ne devint réellement un des légumes de base de la cuisine provençale qu'au début du XIXe siècle. Parmi les nombreuses variétés d'aubergines, dont certaines sont blanches, certaines violet pâle ou violet foncé, d'autres enfin presque noires, les plus réputées ici sont la « longue d'Avignon », la « violette d'Avignon » et la « violette de Barbentane ». Les recettes provençales pour les accommoder sont innombrables. Une des plus raffinées est celle des excellents « papetons », sortes de petits flans de pulpe d'aubergine et d'œufs, moulés et servis tièdes avec un coulis de tomates bien relevé. Ils sont ainsi nommés parce que, autrefois, les moules que l'on utilisait pour les cuire avaient la forme d'une tiare papale.

Quant aux figues, lorsqu'elles ne sont pas « grises » ou « blanches », on les dit « noires » quand elles se couvrent en fait d'un superbe velours violet sombre aux reflets bleus. Comme dessert à ce repas du jardin, voici la recette des figues « à la Carlton ». Nous la devons au maître Auguste Escoffier. Elle est simplissime et sublime. Préparez une purée de framboises en passant 450 grammes de framboises au moulin à légumes. Ajoutez trois ou quatre cuillerées à soupe de sucre en poudre, puis incorporez cette purée à 60 centilitres de crème Chantilly. Versez cette crème rose sur quelques figues bien mûres, coupées en deux et rafraîchies une heure au réfrigérateur.

Les asperges de Lauris sont célèbres dans l'Europe entière (en haut). On le dit « rose », et pourtant l'ail aussi se pare de touches de violet (ci-contre).

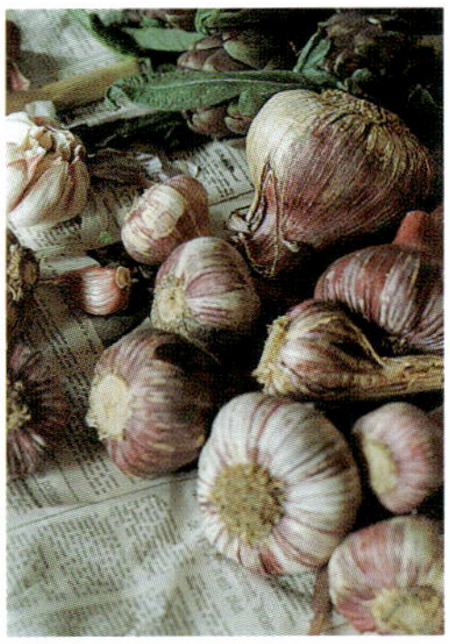

Les « violets de Provence » sont de petits artichauts aussi délicieux crus, arrosés d'un filet d'huile d'olive, que cuits à l'étouffée, « à la barigoule » (ci-dessous).

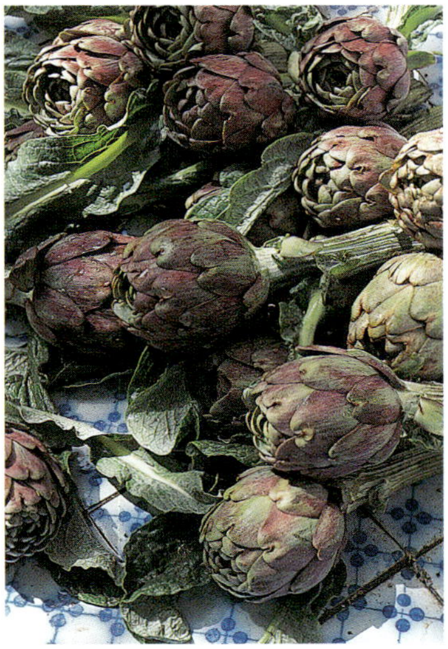

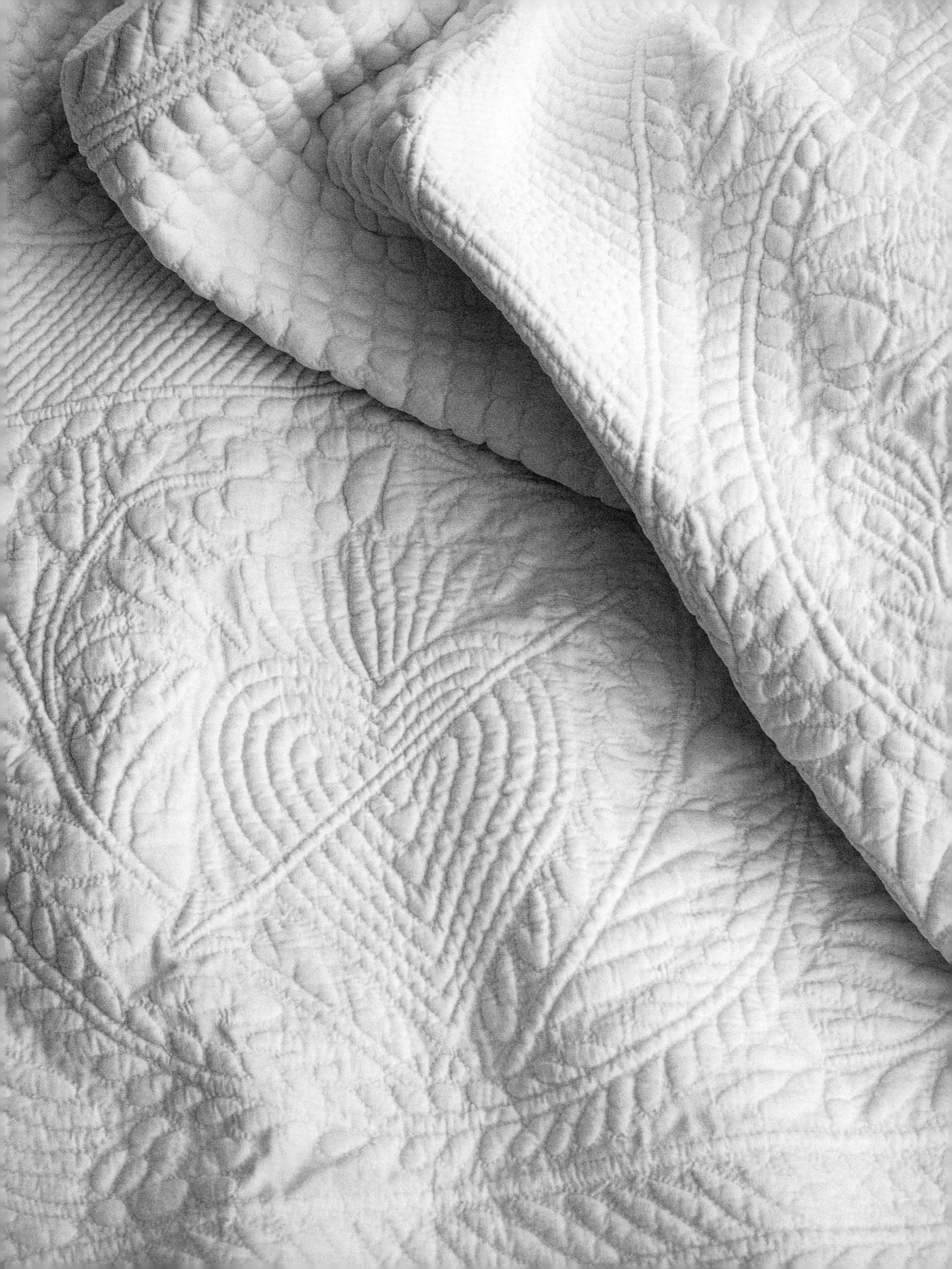

Blanc, noir et gris

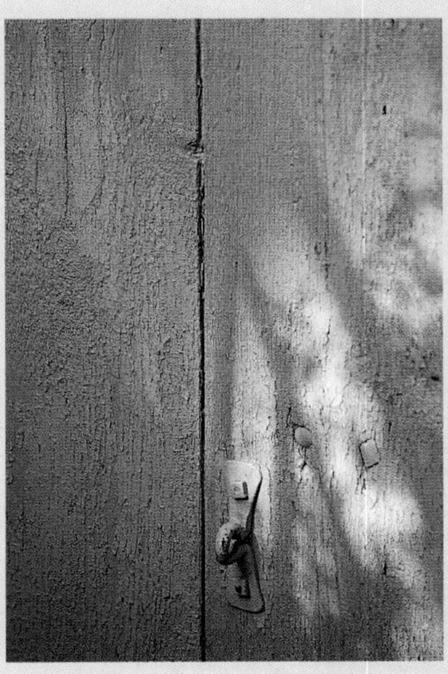

« J'ai enfin une Arlésienne, une figure sabrée dans une heure, fond citron pâle,
le visage gris, l'habillement noir, noir, noir, du bleu de Prusse tout cru. »
Vincent Van Gogh, Lettres à Théo.

« J'ai fait aussi un café, que Vincent aime beaucoup, et que j'aime moins [...].
Au premier plan, une figure assez exécutée d'Arlésienne,
avec un châle noir et devant un voile blanc. »
Paul Gauguin.

Blanc et noir, ombre et lumière, accompli et inaccompli semblent indissociables. Ainsi chevaux et taureaux sauvages courent-ils ensemble sur les rives du Vaccarès et, dans l'arène des courses camarguaises, le costume immaculé des raseteurs danse-t-il avec la robe noire de la bête. Ainsi encore la *bugada*, grande lessive, rituel domestique qui permettait de blanchir les draps et les chemises, ne pouvait-elle se faire que dans le secret de la nuit obscure.

Blanc et noir ne sont pas des couleurs, mais des éclairages différents. Le noir, c'est la nuit, c'est l'ombre, c'est-à-dire le moment où les couleurs semblent absentes de toutes choses. Mais il suffira que le soleil se lève pour les révéler à nouveau. Aussi bien le noir en Provence n'est-il jamais vraiment noir. Il peut être bleu de Prusse comme la robe noire de l'Arlésienne de Van Gogh, violet intense comme les grains de raisin sur la treille ou les figues de Caromb, brun comme la robe des taureaux de Camargue ou le nougat de miel et d'amandes, comme les fonds de tissu « ramoneur » teint à la noix de galle et comme la truffe qui mûrit en secret sous la terre.

Le blanc, lui, n'est que lumière céleste. La moindre altération le trouble, le dénature. La moindre tache le flétrit. Si les mariées de chez nous portaient une robe verte ou fleurie, elles la retroussaient pourtant afin que l'on voie leur merveilleux jupon de boutis blanc brodé de cœurs, de pigeons, de temples et de paradis, tout comme la courtepointe de leur lit de noces. Et de même que deux fois l'an on faisait la *bugada*, de même passait-on tous les murs à la chaux, rite purificateur qui certes éliminait la vermine, mais qui surtout revêtait la maison pour un temps d'une impeccable blancheur. Blanc, c'est aussi la couleur du sel, cristal révélateur de la saveur des choses, que l'on extrayait dans les nombreuses salines qui ponctuaient la côte médi-

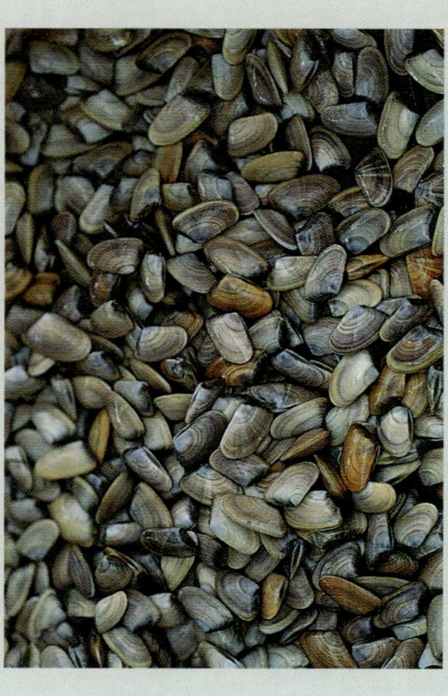

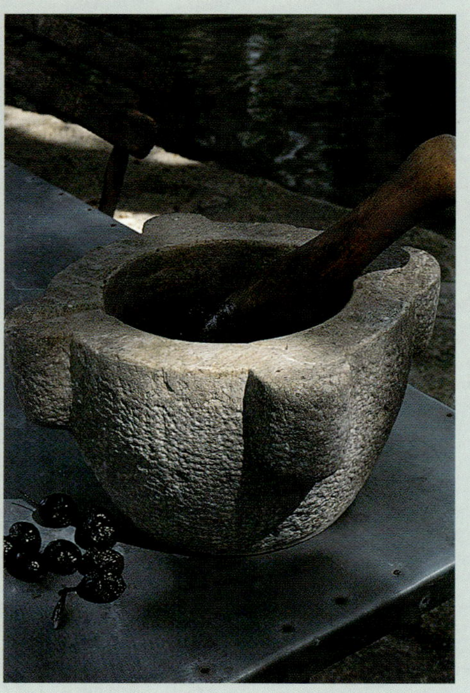

Les boutis de mariage s'ornaient souvent d'un cœur percé d'une flèche (page 126). Il n'y a pas si longtemps, les portes et les volets de Provence étaient peints de gris dans une infinité de nuances (page 127). Les tellines, délicieux petits coquillages ramassés sur les plages de Camargue (ci-dessus). Un mortier en pierre de Cassis, utilisé pour faire la tapenade (ci-contre).

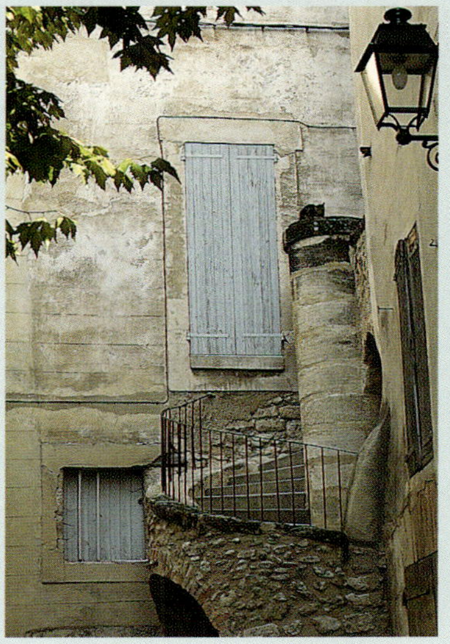

champs de lavande quand ils ne sont pas bleus, c'est-à-dire onze mois sur douze, la couleur du ciel quand le mistral ne souffle pas. A y bien penser, et tant pis pour le paradoxe, la Provence est baignée le plus souvent dans un camaïeu de gris, noyée dans une pâle lumière d'argent. Lorsque j'étais enfant, dans les années 50, c'est-à-dire bien avant que les modes venues d'Amérique n'aient incité nos villages à se farder aux couleurs de l'Italie, et à quelques rares exceptions près, tous les murs de toutes les maisons étaient crépis dans les couleurs naturelles des sables locaux et tous les volets, ceux des maisons de village comme ceux des mas ou ceux des bastides, étaient peints dans une infinie variété de gris qui jouaient délicatement avec le gris du ciel et la douce

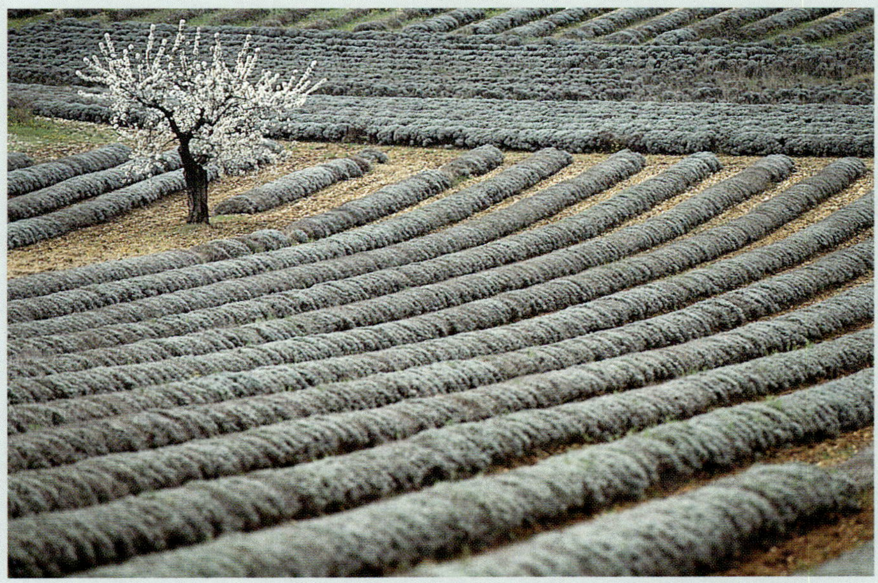

Patine des pierres et peinture des volets se fondent dans un camaïeu de gris (en haut). Cerisier en fleur et champs de lavande frissonnent sous la gelée tardive (ci-contre).

terranéenne. Blanc, c'est enfin la couleur de toute la Provence lorsqu'en août elle se noie dans la lumière du soleil de midi et que Jean Giono parle de « plâtre bouillant ».

Quant au gris, c'est essentiellement la couleur du temps qui passe. Les cheveux des vieilles, les murs de pierre, les volets des mas, tout devient gris avec le temps. C'est aussi la couleur de la colline, la couleur des thyms et des santolines, la couleur des palette argentée des paysages environnants. Ce qui faisait que, lorsque la couleur surgissait, charrette bleue chargée de ballots de paille, devanture de droguiste ornée de tous les balais de Lapalud ou encore étal de fruits et de légumes au marché du samedi matin, elle explosait, souveraine, dans la lumière du soleil provençal.

la course camarguaise

La Camargue est avant tout une terre d'élevage, peuplée de chevaux et de taureaux sauvages qui vivent en troupeaux distincts, les « manades ». Les gardians camarguais sont les cavaliers gardiens de ces troupeaux. Ils vivent tout le jour à cheval dans ce paysage immense, baigné d'eau et scintillant de sel. Les chevaux de Camargue naissent avec un pelage noir, bai ou gris et leur robe devient blanche à l'âge adulte. La robe des taureaux de race camarguaise est noire, avec quelquefois des reflets fauves. Leurs cornes sont en forme de lyre. Ils sont plus légers et plus nerveux que les *toros* de race espagnole.

En pays d'Arles, tous les moments de la vie sont liés aux taureaux et la ferveur populaire pour tout ce qui s'y rapporte, la « bouvine », comme on dit ici, est si grande qu'on la nomme aussi la « foi ». La lutte de l'homme contre le taureau est une tradition très ancienne. Les premiers jeux taurins trouvèrent sans doute place dans les cours des mas que l'on fermait d'un rond de charrettes. C'étaient d'abord de simples réjouissances familiales pour amuser valets et gardians. Puis les courses eurent lieu sur les places de village. Ainsi la ville d'Arles, pour honorer ses hôtes de marque, fermait-elle la place de l'hôtel de ville et, du balcon du cloître, les invités assistaient au spectacle blanc et noir des courses et des jeux. En 1826, fut entrepris le dégagement des arènes romaines. En effet, après l'effondrement de l'Empire romain, l'amphithéâtre s'était peu à peu transformé en une véritable ville fortifiée qui abritait près de trois cents maisons, des placettes et des chapelles. Tous ces ajouts furent détruits et dès lors les arènes purent renouer avec leur lointain passé et être rendues au public. On prit l'habitude d'y donner deux formes de spectacles bien différentes, les courses espagnoles et les courses camarguaises, « à la cocarde ».

Le Second Empire avait mis à la mode les corridas espagnoles. Et ce spectacle populaire emprunta les règles strictes des *cuadrillas* d'Espagne. La corrida espagnole est un drame de sang dont le déroulement est une danse tragique qui conduit à la mise à mort du taureau. C'est un rituel somptueusement coloré, aux costumes chamarrés de broderies et rehaussés d'or, où la robe noire du taureau se macule de sang et danse avec les roses et les rouges des capes et des *muletas*. En revanche, la course camarguaise est un jeu, sans mise à mort, où les raseteurs, tous vêtus de blanc, munis d'un crochet, tentent, dans un geste qu'on nomme le « raset », d'arracher une cocarde maintenue par des ficelles entre les cornes du taureau. Dans ce jeu, l'homme s'oppose à la bête, l'intelligence à l'instinct, l'agilité à la force. Les raseteurs sont nombreux, mais, de fait, chacun d'entre eux est seul face aux cornes redoutables.

Ces courses à la cocarde commencèrent d'être codifiées vers 1900 et, au début des années 50, elles trouvèrent l'organisation et les règles qu'elles connaissent encore aujourd'hui. Il y a une soixantaine de manades de taureaux en Camargue, mais seules quelques-unes « courent » dans les grandes arènes et participent aux courses presque tous les dimanches, pendant la saison qui commence au début du mois de mars et se termine officiellement en octobre. Les taureaux qui participent à ces courses sont de pure race Camargue. A l'inverse des corridas où seul l'homme a vraiment la vedette, le héros de la course camarguaise est bien le taureau. Certains deviennent même de veritables stars, déplaçant les foules, animant les controverses, provoquant de mémorables émeutes à l'entrée des arènes. Ainsi Goya, de la manade Laurent, fit-il une exceptionnelle carrière. Il fut même statufié de son vivant ! Il mourut de vieillesse, comme tous les grands taureaux de la manade Laurent. Il avait vingt-trois ans.

Le jour de la course, tout commence très tôt le matin, dans l'aube naissante. Le manadier part à cheval, accompagné de ses gardians, pour choisir les taureaux qu'il faut « trier ». Alors se déroule

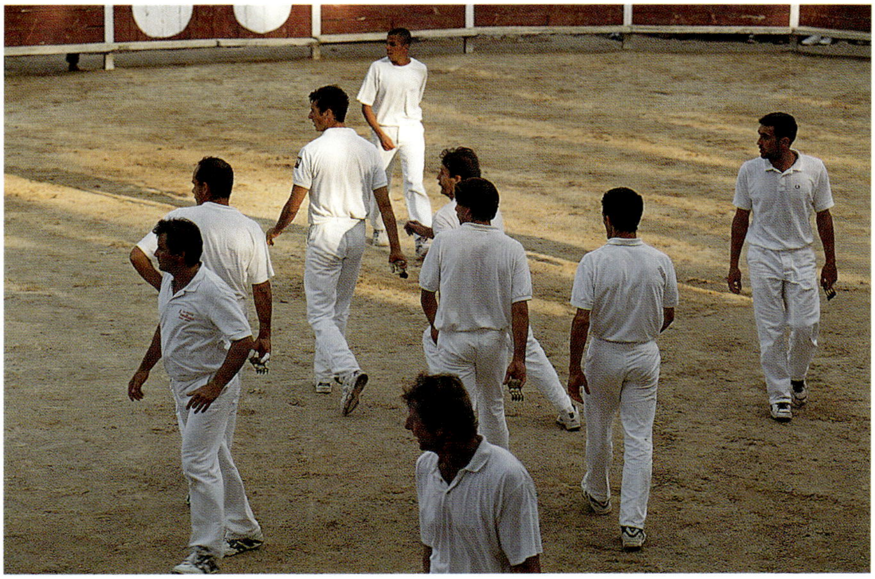

Les raseteurs, tous vêtus de blanc, guettent chaque mouvement du taureau.

une danse subtile entre les gardians à cheval et le taureau choisi, pour l'éloigner du troupeau. Dès que le taureau est isolé, les chevaux l'entourent et l'amènent jusqu'au toril. Là, les gardians le font grimper dans le « char » et, passant au-dessus de la bête, attachent à ses cornes les « glands » (pompons de laine blanche), un de chaque côté, le « frontal » (ficelle qui passe d'une corne à l'autre), la cocarde rouge et les ficelles qui sont enroulées autour des cornes. Les taureaux ainsi triés un à un, puis encocardés pour la course sont emmenés en camion jusqu'aux arènes. Il faut six taureaux par course, qui peuvent être choisis dans plusieurs manades, au gré des organisateurs.

Dans l'arène, l'impatience est à son comble. Les gradins sont bondés. Les spectateurs ont les yeux fixés sur la porte du toril. Les raseteurs, vêtus de blanc, sont en place. Soudain la trompette sonne, haut et fort, et la porte s'ouvre, livrant passage au taureau, magnifique de force et de prestance. Il s'arrête au centre de l'arène, un instant étonné, et observe la scène. Puis, très vite, il fonce sur tout ce qui bouge. Dans une époustouflante chorégraphie, les raseteurs traversent l'arène à la course, suivant une trajectoire oblique, le bras tendu, tentant de passer devant la bête pour atteindre les cornes. Mais le taureau les poursuit, dans sa toute-puissance, les obligeant à s'élancer dans les airs pour se mettre à l'abri. La bête saute les barrières, et même quelquefois les défonce rageusement. Elle sème la panique dans l'arène, piétine, projette en l'air les imprudents, sans une minute de répit, à la grande joie du public. Cependant, de temps à autre, un raseteur habile parvient à décrocher la cocarde ou les glands et la foule lui fait un triomphe. Mais déjà le taureau charge. Et les raseteurs s'envolent à nouveau dans les gradins...

Les taureaux de Camargue sont des sportifs et des artistes, seuls animaux de spectacle à faire une carrière sans aucun dressage, ni aucune contrainte. La durée d'une course est d'un quart d'heure par taureau et aucun ne court plus d'une fois par mois. Le reste du temps, ils vivent libres dans les vastes pâturages de Camargue.

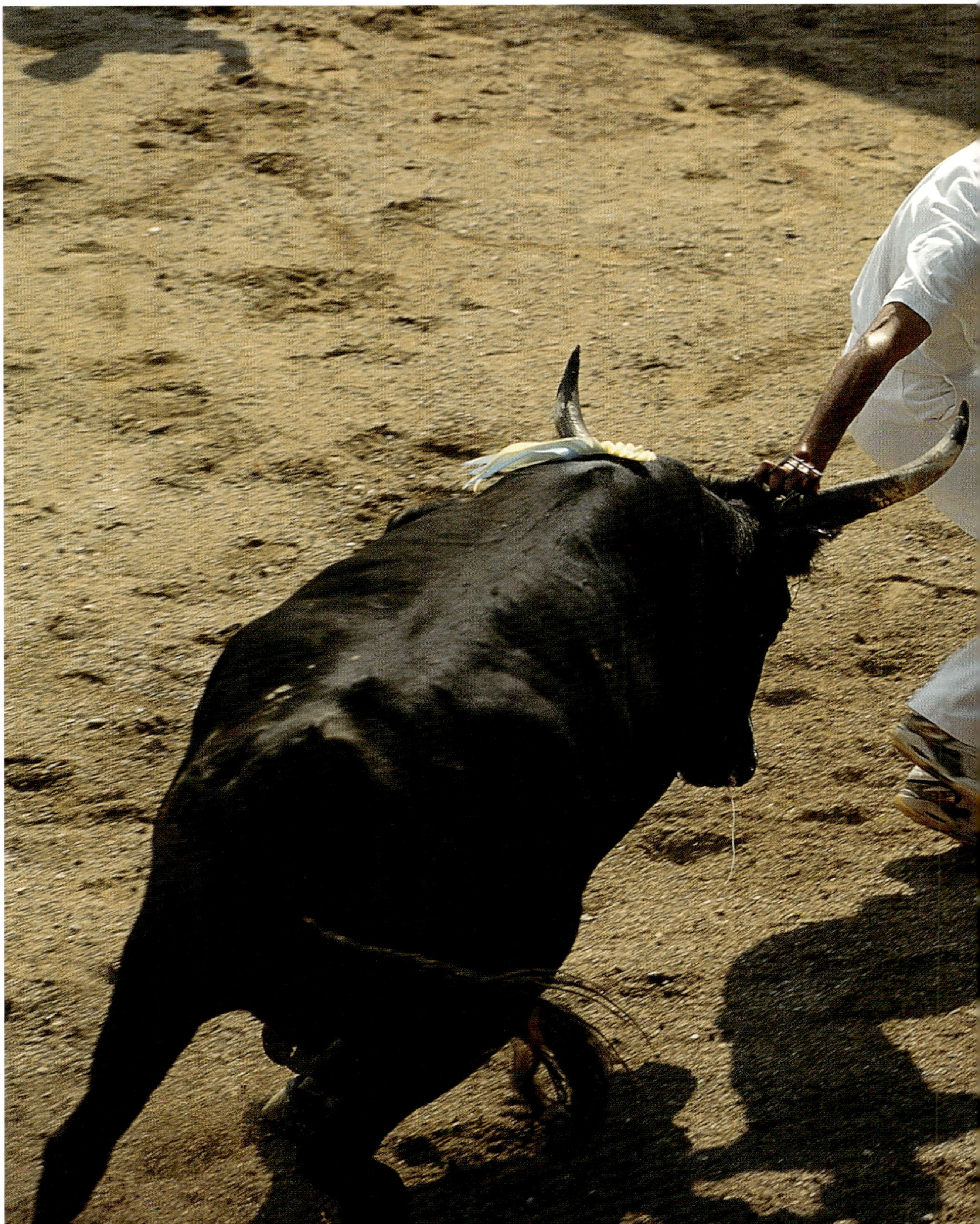

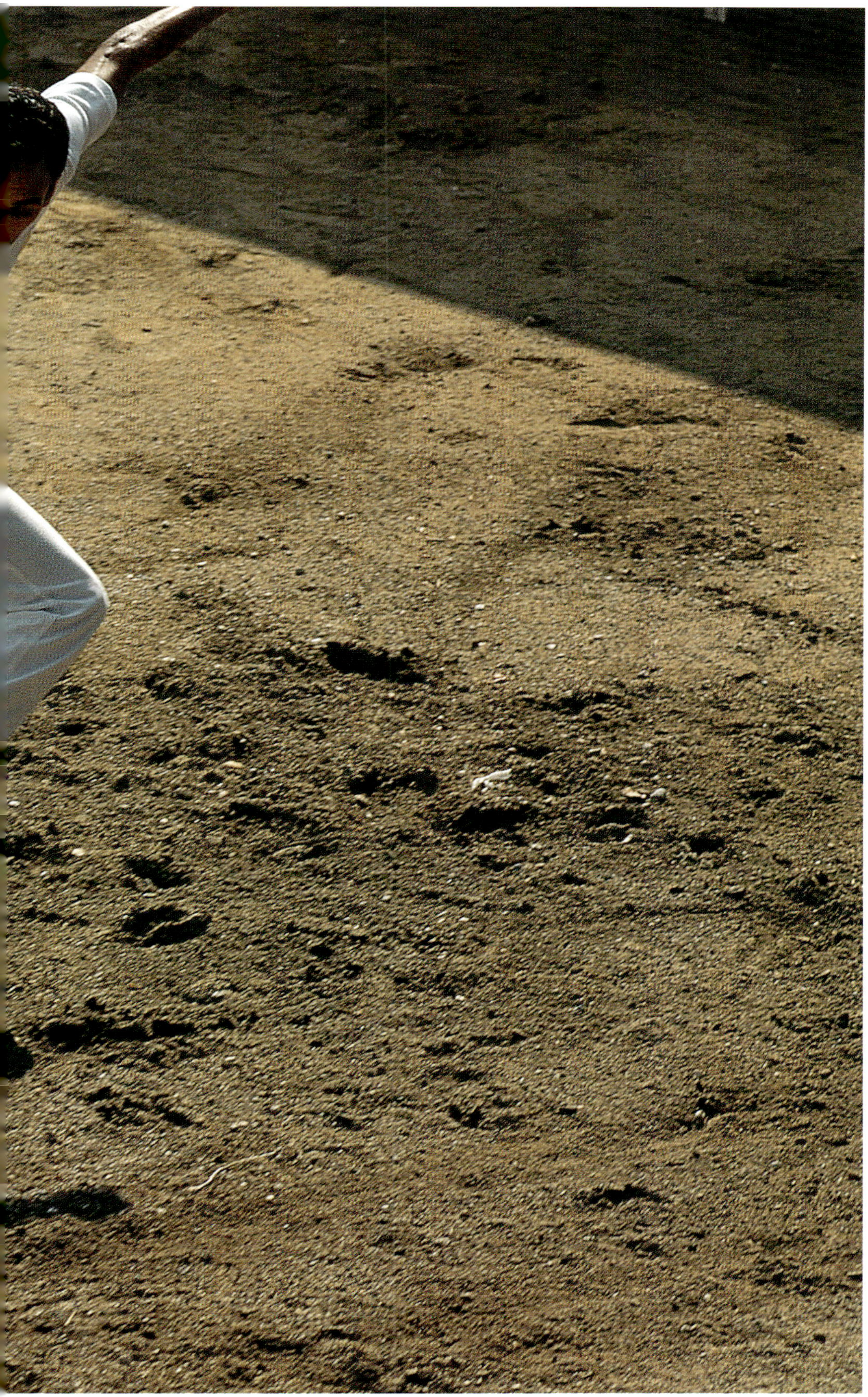

Taureau et raseteur effectuent un ballet aérien et viril, la course camarguaise.

les bugadières

La *bugada*, c'est ainsi qu'on appelait la grande lessive qui se faisait deux fois par an, au printemps dès les premiers beaux jours et à l'automne après les travaux des champs. Bien sûr, il y avait la petite lessive de tous les jours, le linge des enfants, les coiffes et les fichus de mousseline et de tulle brodés, les belles dentelles de Malines ou de Valenciennes. Tout cela, on le lavait doucement au savon de Marseille : c'était un *bugadon*. Quant aux cotons imprimés, aux indiennes et à toutes les toiles de couleur, on les lavait dans une infusion de racines de saponaire, cette plante qui pousse partout dans les collines de Provence. Pour laver les tissus noirs, les tissus du deuil, on ajoutait à la saponaire des feuilles de lierre et de noyer.

Mais les rudes chemises de jour et de nuit, les mouchoirs, les draps et les nappes, tout ce linge blanc de lin, de chanvre et de coton, qu'on ne changeait pas aussi souvent qu'aujourd'hui, donnait lieu à un rituel immuable qui se passait toujours dans le secret de la nuit. La veille, on l'avait mis à tremper, toute la journée et toute la nuit, dans de l'eau claire et froide avec quelques cristaux de soude. Puis il fallait le rincer une première fois. Vers le soir, on préparait le *tinéu*, le cuvier, vaste cuve de bois cerclée de fer et posée sur un trépied. Tout au fond était un trou pour laisser couler l'eau. Afin que le linge ne bouche pas ce trou, on plaçait devant un bouquet de thym protégé par un morceau de tuile cassée. Et, pour que le bois du cuvier ne tache pas le linge, on y étalait un grand drap de toile grise et grossière qu'on appelait le « florier ». Puis on entassait le linge en commençant par le plus sale. On le recouvrait d'un second florier plus petit et plus fin, sur lequel on répandait une couche de cendres de bois tamisées. Maintenant il fallait attendre que la nuit tombe, comme si l'ombre était nécessaire pour protéger les mystères de cette magique opération. Toutes les femmes de la maison étaient rassemblées et elles allaient « couler la lessive ». Elles avaient fait chauffer de l'eau qu'elles versaient sur les cendres, tiède au début, puis de plus en plus chaude. L'eau entraînait la potasse contenue dans les cendres et formait le *léissiu*, qui s'écoulait dans un seau posé au pied du cuvier. On réchauffait ce liquide et le versait à nouveau. Et encore et encore. Et on coulait ainsi la lessive toute la nuit. C'est la grand-mère qui commençait, relevée par sa fille. Quand celle-ci, épuisée, au matin, allait prendre un peu de repos, la grand-mère se remettait à la tâche. Les dames qui en avaient les moyens ne coulaient pas elles-mêmes leur lessive. Elles « faisaient laver » par la bugadière professionnelle, qui assurait seule la tâche toute la nuit. Enfin le *léissiu* prenait une couleur de café au lait, et tout était fini. Alors on chargeait le linge dans une brouette et on allait le rincer au lavoir ou à la rivière.

Le lavoir était le lieu privilégié où toutes les femmes se retrouvaient entre elles pour commenter la vie du village. Les genoux dans une caisse garnie de paille, armées d'un savon, d'une brosse en chiendent et d'un battoir de noyer, celui-là même que leur fiancé leur avait offert à la veille de leurs noces, les bugadières insistaient sur les dernières traces qui marquaient encore le linge et le rinçaient à grande eau. Tout cela se faisait dans les rires et les cris. L'été, elles portaient une grande coiffe à bavolet pour se protéger du soleil ; mais, à l'automne, l'eau était parfois bien froide lorsque, les manches relevées, elles plongeaient les bras dans l'eau jusqu'aux coudes. Enfin, à deux, elles tordaient le linge, l'essoraient et l'étendaient dans les prés, sur les buissons ou sur des cordes courant d'arbre en arbre sur les places des villages.

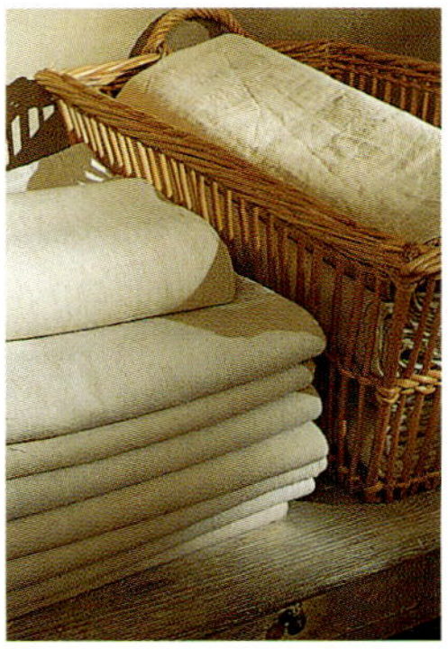

Au lavoir de Ménerbes, on utilise encore les gros cubes de savon de Marseille, comme autrefois (page ci-contre). Ces draps étaient faits de chanvre filé à la main et tissé sur d'antiques métiers à bras (ci-contre).

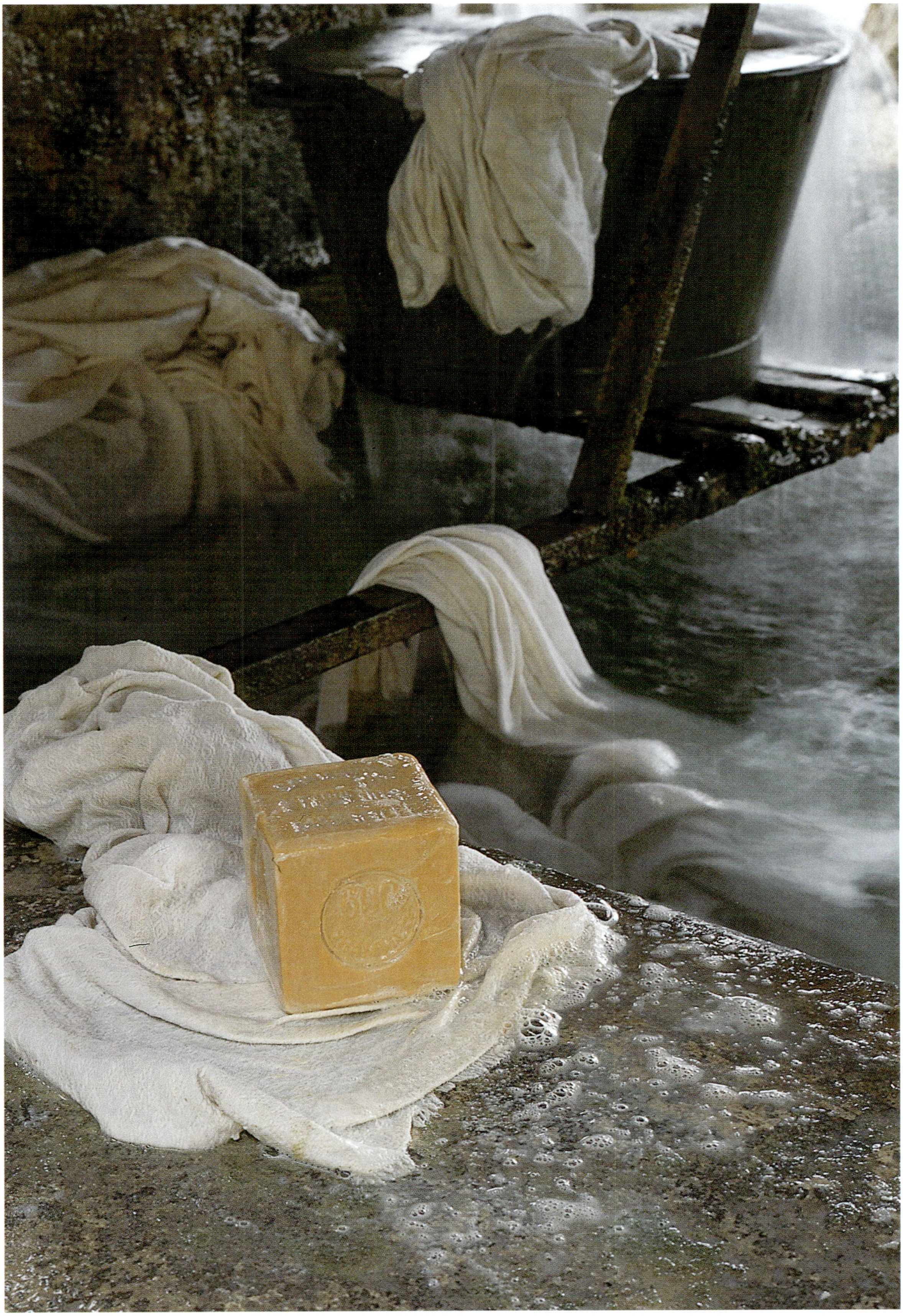

la pierre et la chaux

La Provence est divisée en deux vastes domaines. Dans l'un, qui s'étend d'Hyères à Cannes et qui regroupe les Maures, l'Esterel et le Tanneron, les roches cristallines sont majoritaires. L'autre, la Provence calcaire, où les roches sédimentaires dominent, se trouve plus à l'ouest et englobe les Bouches-du-Rhône et le Vaucluse.

A l'ère secondaire, le socle cristallin de la Provence fut recouvert par la mer et des sédiments s'y déposèrent. Cela donne aujourd'hui une pierre calcaire dure, de couleur blanc rosé ou grise. C'est la pierre de Cassis, qui forme les roches découpées des calanques entre Cassis et Marseille. La pierre de Cassis, très dure, est utilisée pour faire la plupart des pierres de seuil des maisons, les escaliers, les bordures de trottoir, ainsi que les « piles » (éviers de pierre) et les mortiers pour monter l'aïoli. Au crétacé inférieur, le continent émergea sous un climat tropical. Des phénomènes d'altération de matériaux engendrèrent alors la création de sables ocreux et de bauxite, qui donnèrent les falaises d'ocre du bassin d'Apt et les terres rouges du Tholonet. Au crétacé supérieur, la mer envahit à nouveau la Provence et déposa une couche de sédiments, riche en coquillages, qui constituera la pierre blanche du Midi. Ce terme générique regroupe quantité de pierres calcaires tendres, à grain plus ou moins fin, de couleur blanche le plus souvent, mais parfois dorée, qui furent utilisées partout en Provence pour la construction.

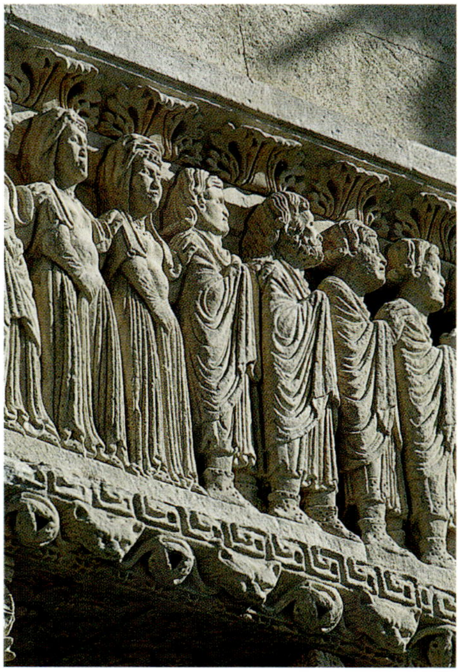

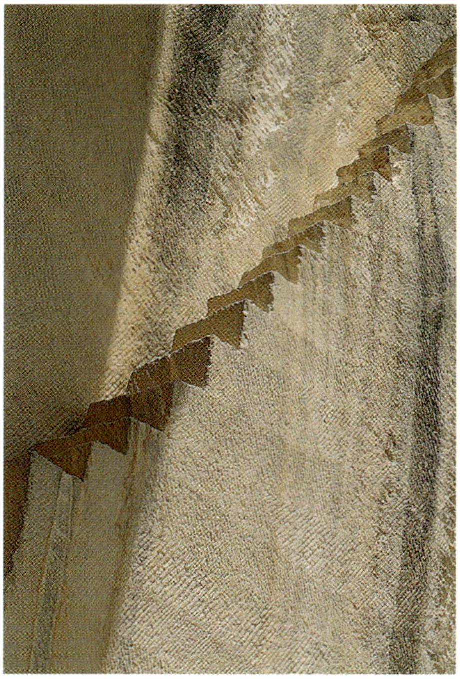

La pierre calcaire et blanche de Provence constitue la plupart des monuments de la région, comme ici les figures sculptées de l'église Sainte-Trophime à Arles, joyau de l'art roman (ci-dessus). Les carrières de pierre blanche de Ménerbes et d'Oppède sont encore en activité aujourd'hui (ci-contre).

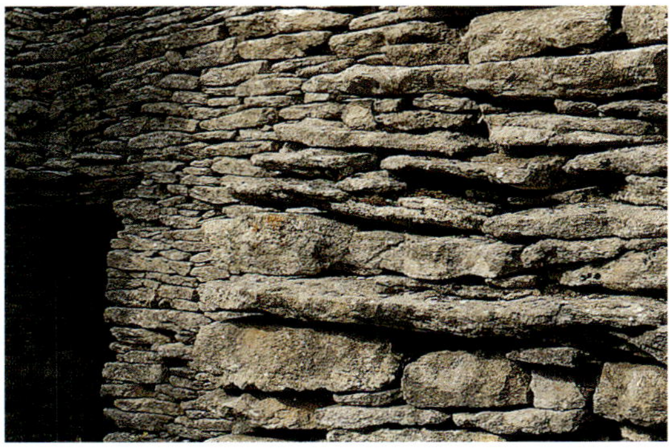

Les pierres sèches des murs des bories étaient blanches, mais le temps les a recouvertes de mousse et de lichen.

La pierre de La Couronne, d'une douce couleur entre le jaune et le rose, forme les calanques qui s'échelonnent entre Marseille et Carry-le-Rouet. La pierre de Bibemus, dorée, à grain très fin, permit de construire, au XVIIe et au XVIIIe siècle, tous les hôtels particuliers du quartier Mazarin à Aix-en-Provence. Les carrières de Bibemus ne sont plus aujourd'hui en activité et, pour restaurer ces hôtels, on la remplace par la pierre de Pont-du-Gard ou la pierre de Rognes. Mais cette dernière contient beaucoup de coquillages, elle est plus grossière et plus fragile.

Les pierres d'Arles, des Baux, de Calissane, d'Eguilles, d'Oppède et de Ménerbes, quant à elles, sont blanches. C'est avec ces pierres que furent construits la plupart des monuments antiques de la région. Elles furent exploitées depuis toujours et furent utilisées, de tout temps, pour la réalisation des encadrements de portes et de fenêtres ainsi que des chaînes d'angle des maisons rurales. Parfois, lorsqu'on construisait près d'une carrière, les façades étaient entièrement faites de pierres de taille. De nombreuses carrières sont encore en activité aujourd'hui, à Fontvieille et aux Baux, à Rognes, à Ménerbes, Lacoste, Saint-Pantaléon, aux Estaillades, à Espeil et à Crillon, à Mane et au mont Ventoux.

La pierre de taille était un matériau cher. On ne la transportait loin que pour la construction de monuments importants. Aussi les pierres des bâtiments en ruine ont-elles de tout temps été réemployées pour de nouvelles constructions. Parfois elles étaient retaillées, mais d'autres fois elles étaient utilisées telles quelles. Certains mas du pays d'Arles ont ainsi de fort belles sculptures gallo-romaines incluses dans leur façade.
Mais la plupart des murs des maisons étaient faits en pierres des champs. Avant toute nouvelle culture, les Provençaux devaient commencer par épierrer leurs champs, c'est-à-dire par enlever de la terre les quantités de pierres qui y affleuraient. Ils s'en servirent pour construire leurs maisons, soit en les assemblant les unes dans les autres, le plus justement possible – ce sont les murs en pierres sèches, dans lesquels il n'entre aucun mortier –, soit en les empilant et en les liant à l'aide d'un mortier de chaux, parfois même d'un mortier de terre – ce sont les murs en moellons, qui étaient toujours recouverts d'un enduit à la chaux.

La chaux est le résultat de la calcination, puis de la dissolution dans l'eau d'une pierre calcaire appelée « pierre à chaux ». C'est la chaux blanche qui est la plus employée pour la confection des mortiers et des enduits. En Provence, on faisait la chaux dans des fours à bois. Ces fours étaient très nombreux, souvent installés, par commodité, au milieu même des forêts, ce qui n'allait pas sans exaspérer le seigneur du lieu qui voyait ainsi ses bois dévastés. Au sortir des fours, la chaux était transportée sur le chantier. Il fallait l'utiliser rapidement, car alors elle se dissolvait mieux dans l'eau. On la plaçait donc dans un bassin carrelé, où l'on versait de l'eau. La chaux se mettait aussitôt à bouillonner et il fallait remuer jusqu'à ce que cesse l'ébullition. On la recouvrait ensuite totalement d'eau. Le lendemain, elle formait une pâte. Toutes ces opérations étaient assez délicates, car, si l'on éteignait la chaux avec trop d'eau, on la noyait et elle perdait de sa qualité ; mais, si on n'en versait pas assez, on la brûlait et elle ne faisait pas corps avec le sable.

En revanche, pour faire le « lait de chaux », il fallait éteindre la chaux avec une grande quantité d'eau ; on obtenait ainsi un liquide blanc que l'on pouvait étaler avec une brosse ou un pinceau. Le lait de chaux, une fois sec, donnait au mur une blancheur impeccable et veloutée, une impression d'absolue pureté. Alors, une fois l'an, rite purificateur, comme la grande lessive, on badigeonnait au lait de chaux l'intérieur de la maison, l'encadrement des portes et des fenêtres, l'intérieur des étables et parfois même tous les murs extérieurs jusqu'à hauteur d'homme, le bras levé.

Michel de Truchet, puis Frédéric Mistral ont raconté l'histoire de cette femme d'Arles à qui l'on vint apprendre la mort de son mari. Sans un mot, elle rentra chez elle et, prise d'une frénésie soudaine, elle débarrassa tout, meubles et objets, prépara le lait de chaux et blanchit tous les murs de la maison, lava les vitres, les mallons et les terrailles, cira tous les meubles et fourbit tous les cuivres. Tout étincelait dans cette blancheur nouvelle. Alors elle monta dans sa chambre, prit des habits de deuil, puis sortit sur le pas de sa porte, s'assit sur une chaise et se mit à pleurer.

La morue salée et séchée devra tremper vingt-quatre heures dans l'eau claire, renouvelée plusieurs fois, avant de pouvoir être cuisinée (page ci-contre).

le sel et la morue

Les salins du littoral provençal, d'Hyères, de l'étang de Berre et de la Camargue sont exploités depuis l'Antiquité. Et le sel qu'ils produisent n'a cessé d'être réputé pour sa blancheur et sa saveur. Pendant des siècles, le travail des saliniers fut harassant, car, en Méditerranée, il n'y a pas de marées pour alimenter les bassins. Il fallait donc amener l'eau de mer dans de premiers bassins appelés « échauffoirs », puis la répandre sur de grandes étendues plates que l'on nomme les « tables » afin que l'eau s'évapore et que le sel se cristallise. Et cela se faisait à bras d'homme, avec l'écope. Dès le Ve siècle, on inventa de grandes roues élévatoires pour alléger la peine des hommes. Cependant, le travail de la récolte du sel restait particulièrement pénible. Fernand Benoit raconte comment cette « cueillette » du sel, directement liée, comme la récolte des fruits de la terre, au régime du temps, avait emprunté son vocabulaire à l'agriculture. La table sur laquelle le salinier devait casser au pic la croûte de sel se nommait en provençal l'*iero*, l'« aire ». Et c'est aux tables de ses salins que la ville d'Hyères doit son nom. Le salinier, à l'aide d'un râteau, rassemblait le sel en petits tas, les « gerbes », avant de les transporter dans des brouettes sur de grandes barques plates, les « charrettes ». Ces barques charriaient le sel jusqu'à une aire surélevée, à l'abri des inondations, où il s'érigeait en un grand tas, la « meule » de sel.

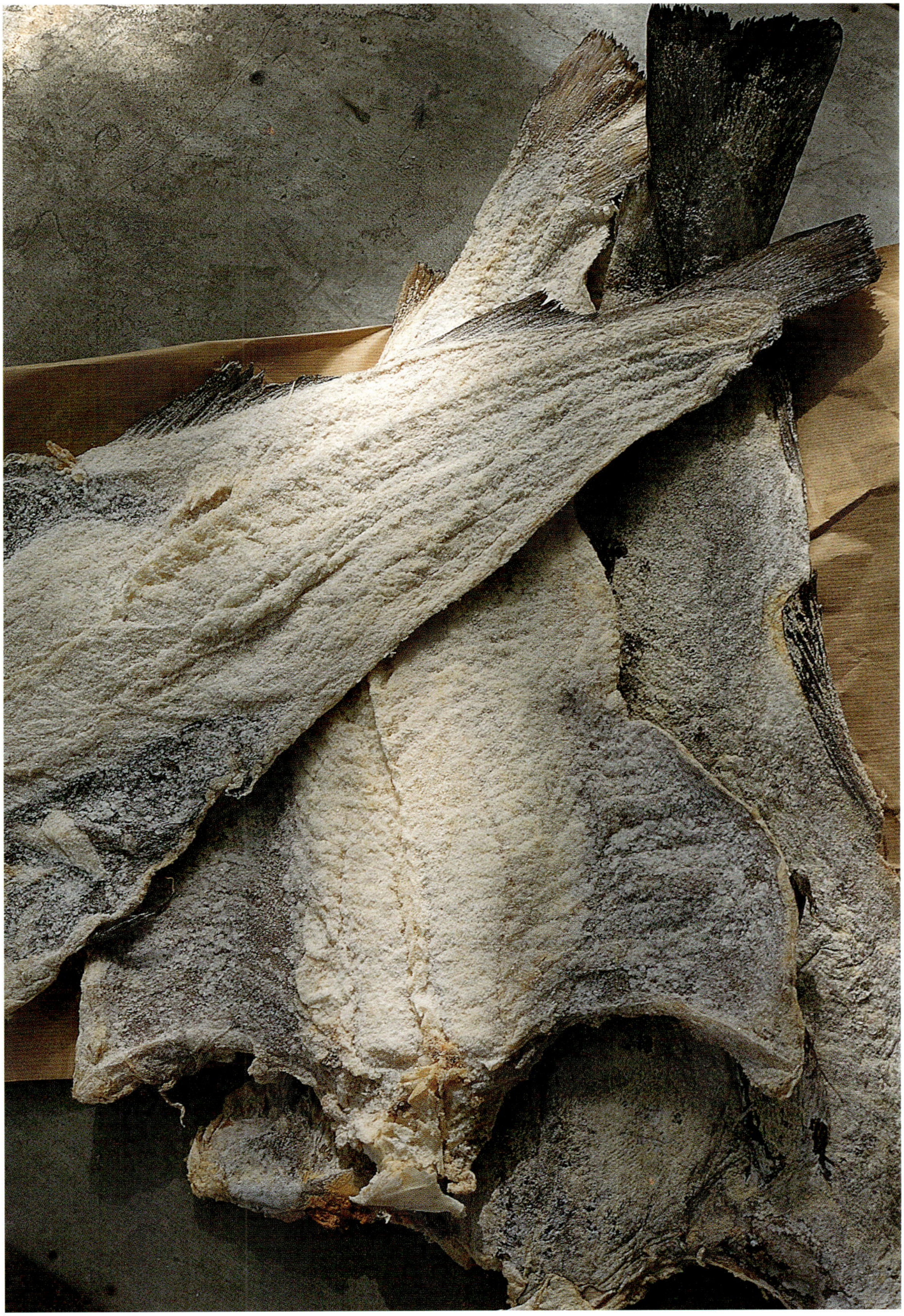

Le sel de Camargue remontait le Rhône pour être vendu dans le Comtat et en haute Provence. Le sel de l'étang de Berre empruntait la vallée de la Durance et celui des salins d'Hyères était vendu jusqu'en Italie.

Aujourd'hui, si le principe reste le même, les méthodes ont heureusement beaucoup évolué. Et les débouchés se sont considérablement élargis. En effet, la quantité de sel utilisée pour l'industrie et pour le déneigement des routes est trois fois plus importante que celle qui intervient dans l'alimentation. Mais, aujourd'hui comme hier, le sel continue d'être employé pour l'assaisonnement et la conservation des aliments, comme les olives, la charcuterie ou les poissons dans les régions de bord de mer.

A ce propos, comment ne pas s'étonner que la morue salée soit si populaire en Provence et qu'elle nous ait donné tant de plats fameux, tels la morue à l'aïoli ou la brandade, alors que, de tous temps, elle fut pêchée, salée et mise en tonneaux ou en caisses sur les bateaux mêmes, dans les lointaines mers du Nord, par les morutiers de Paimpol, de Lorient et de Saint-Malo ? C'est que ceux-ci venaient précisément en Méditerranée pour y faire provision du sel nécessaire à leur industrie et que bien souvent ils troquaient ce sel contre de la morue salée, dont la qualité de conservation convenait parfaitement au climat sec et chaud de notre région. Ainsi trouvèrent-ils en Provence un très important marché. Et la ville de Nîmes, toute proche des salins d'Aigues-Mortes, put-elle devenir capitale de la brandade de morue.

La brandade est la recette d'un mariage parfaitement réussi entre la morue, dessalée dans plusieurs eaux claires et pochée, et l'huile d'olive. En principe, rien d'autre. Il s'agit de broyer finement la morue dans un mortier de marbre avec un pilon de bois et d'y incorporer l'huile petit à petit, comme on le ferait pour monter l'aïoli. Toutefois, une pointe d'ail ou, mieux encore, quelques fines lamelles de truffe fraîche ne gâtent rien à l'affaire.

Ces « meules » de sel témoignent de l'activité que connaissent encore aujourd'hui les salins de Giraud.

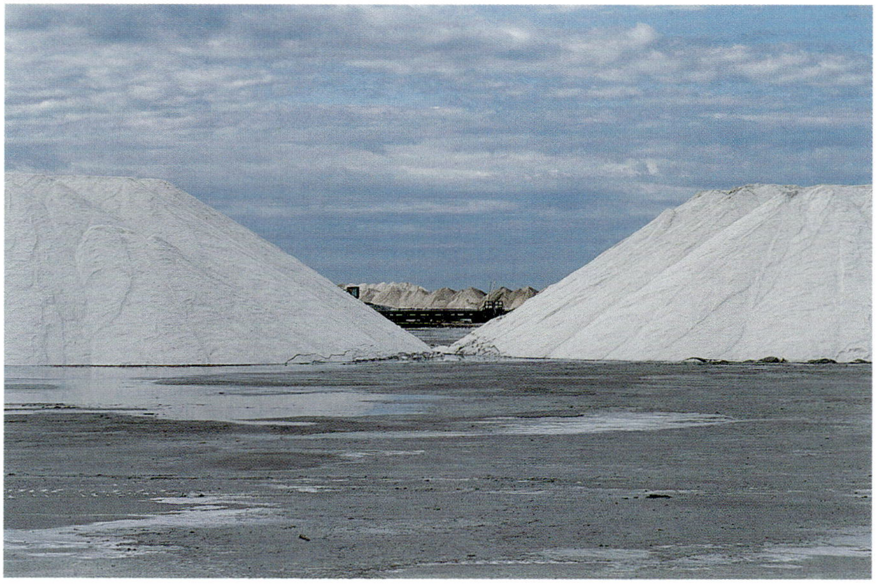

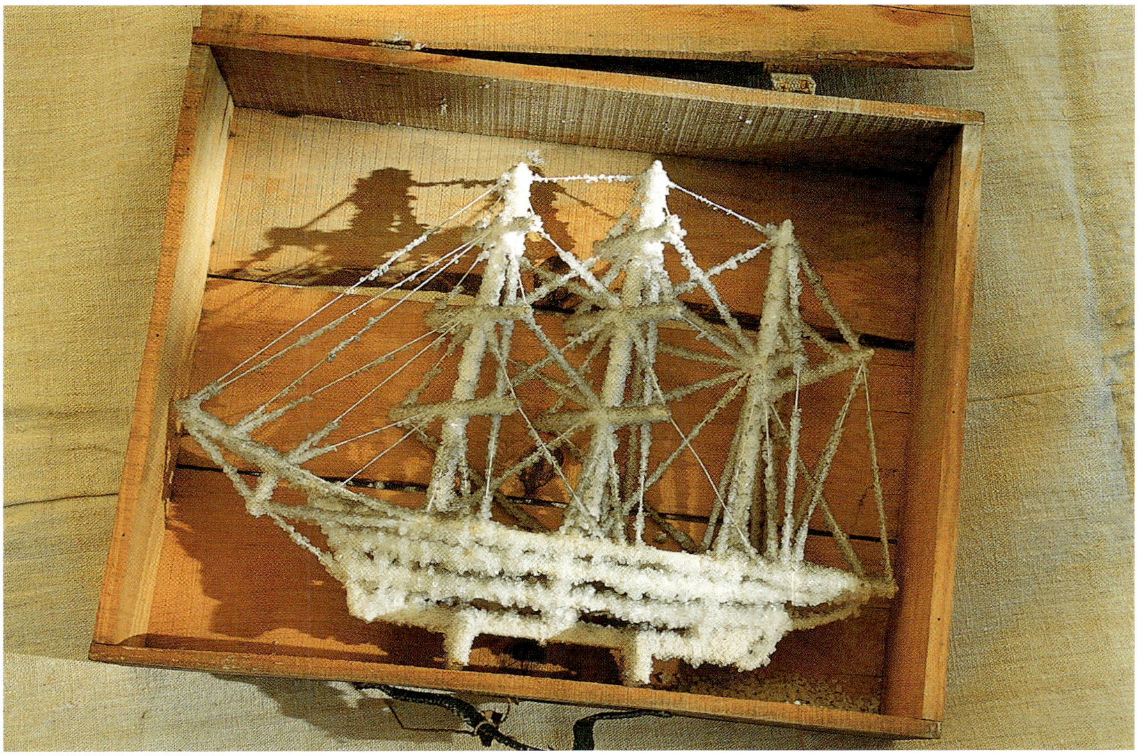

Bateau de sel réalisé par un salinier de Camargue au XIXe siècle.

La pêche à la morue est une belle aventure. Du temps de la marine à voiles, les trois-mâts, les bricks et les goélettes quittaient chaque année au printemps les ports de la Manche et de l'Océan, la cale chargée de sel, pour rejoindre Terre-Neuve ou l'Islande. En effet, la morue est un poisson arctique, vivant à plus de mille trois cents mètres de profondeur en hiver, au voisinage des courants chauds inférieurs ; mais, dès le mois de mai, elle remonte à la surface, par bandes. Elle se dirige vers le sud-ouest jusqu'à Terre-Neuve et vers le sud-est jusqu'à l'Islande et la mer du Nord. Ainsi, chaque année, poissons et pêcheurs se donnent-ils rendez-vous. Les navires morutiers, arrivés sur leurs lieux de pêche, détachent de petites embarcations qui vont poser leurs lignes le soir. Celles-ci seront levées le lendemain matin et les poissons capturés apportés aux navires, décapités, vidés, fendus, étalés, salés et enfin mis en cale.

Mais le sel trouvait aussi en Camargue un usage décoratif tout à fait extraordinaire. A la saison morte, les saliniers s'amusaient à sculpter dans le bois toutes sortes d'objets ajourés, comme des cabanes, des châteaux, des moulins à vent ou de superbes voiliers, qu'ils déposaient ensuite sur le bord des tables de sel. Et celui-ci, lentement, recouvrait le bois d'une infinité de cristaux blancs et translucides, comme pour pétrifier le rêve.

jupons et boutis de mariage

L'impératrice Joséphine fut la première à se marier en robe blanche, parce que la mode était aux mousselines de coton blanc drapées à l'antique et que cette couleur seyait fort bien à son teint doré par le soleil des Iles. Elle fut très vite imitée, d'abord par les dames de la cour, puis par les mariées des riches familles citadines. Mais il fallut attendre une soixantaine d'années pour que l'on se marie en blanc dans les campagnes. Il est vrai que le symbole de pureté immaculée du blanc avait trouvé un écho dans la société bien pensante du XIXe siècle. Alors le blanc remplaça le vert, longtemps associé en Provence à la toilette de la mariée.

Tant que les Provençales restèrent fidèles à leur costume traditionnel, elles portèrent le jour de leurs noces une jolie robe à la mode du moment, taillée souvent dans une cotonnade imprimée, parfois dans un taffetas ou un ottoman. Sur cette robe, elles nouaient un tablier de soie et plissaient un fichu de mousseline blanche brodée qu'elles « tiraient à quatre épingles », sur la tête leur plus jolie coiffe et à la ceinture un clavier, sorte d'agrafe d'argent où pendraient bientôt les clefs de leur nouvelle maison. Mais, alors que leur petit pied gainé d'un ravissant bas tricoté aux aiguilles et chaussé d'une *mouro de tenco,* ballerine de soie noire à bout carré, gravissait les marches de pierre du parvis de l'église, elles soulevaient délicatement le bas de leur robe qui, comme un rideau de théâtre, révélait à l'assistance le décor du plus bel ornement de leur toilette : un jupon de boutis blanc.

Quelques heures plus tard, sur leur lit de noces, une autre merveille attendait les jeunes époux : une courtepointe, elle aussi de boutis blanc, sans conteste le chef-d'œuvre du trousseau de la jeune épousée. La broderie au boutis était d'une exquise qualité et son décor en relief d'un tel raffinement qu'on utilisait le plus souvent une étoffe unie blanche pour le mettre en valeur. La toile de doublure était tendue sur un cadre de bois, l'étoffe qui constituerait l'endroit de l'ouvrage simplement maintenue par-dessus. On opérait avec le plus grand soin le minutieux report du décor au moyen d'un poncis perforé, puis on couvrait le dessin de fines coutures au point avant et parfois même, sur les plus beaux ouvrages, au point arrière. C'est alors qu'on allait pouvoir donner le relief, mais seulement là où la brodeuse le jugerait nécessaire. Dans les ouvrages les plus anciens, le décor était toujours constitué d'un réseau de piqûres parallèles, entre lesquelles on enfilait des lacets qui étaient des mèches de coton. On appelle en Provence ce travail le « boutis vermicelle ». Les mèches étaient enfilées à l'aide d'un boutis, nom que l'on donnait à l'aiguille pour ce faire et qui par la suite a donné son nom à l'ouvrage. On opérait toujours par l'envers du travail en écartant les fils de la toile de doublure. Au cours du XVIIIe siècle, les reliefs ainsi méchés envahirent toute la surface de l'étoffe, dans un gaufrage vermiculé d'une extrême finesse. On a ainsi brodé au boutis de somptueux couvre-lits, d'élégants jupons, des corsets souples et des caracos, ainsi que de nombreuses pièces de layette.

Au XIXe siècle, la venue de cette technique dans le costume populaire lui conféra toute l'invention naïve des ouvrières. On abandonna les mèches pour bourrer les reliefs d'ouate et leur donner plus de volume et de rondeur. Là est sans doute l'originalité fondamentale que les Provençales apportèrent aux techniques de matelassage. Elles créèrent ainsi de véritables sculptures de tissu où l'utilisation de la toile de coton blanche et le relief parfois considérable donné au décor permettaient à la lumière de jouer pleinement son rôle.

Si la plupart des boutis semblent avoir été réalisés à la maison par les jeunes filles, sans doute étaient-elles aidées par leur mère, leurs tantes et leurs amies, tant le travail que nécessite la réalisation d'un tel chef-d'œuvre est considérable. Mais les religieuses de certains couvents confectionnaient elles aussi de très beaux boutis, à la commande, pour de riches familles. On pouvait même y acheter son jupon de boutis « à la mesure ». Cela explique pourquoi on a pu retrouver, dans trois maisons de Saint-Maximin, trois jupons de mariage parfaitement identiques et qui semblent avoir été réalisés par la même main. Ces ouvrages sublimes étaient réservés au moment sacré du mariage. D'ailleurs, il est amusant de constater que le mot provençal *vano*, qui signifie « courtepointe », est resté dans l'usage lié au mariage, comme en témoignent ces deux expressions populaires : *i' an fa lou lié' mé la vano*, qui signifie « on leur a fait le lit garni » en parlant des mariés, et *faire vano*, ou *se faire vano* « quitter la maison paternelle ».

Les décors de ces boutis constituent le répertoire d'un véritable art populaire. Les « boutis de mariage », courtepointes et jupons, dans la plupart des cas de percale blanche, s'ornaient de volutes, de fleurs, d'oiseaux et de symboles familiers patiemment brodés par les jeunes filles. Certains se paraient de cœurs entrelacés ou percés d'une flèche, d'un couple de pigeons pour l'amour, de coupes et de vases débordant de fleurs et de fruits pour l'abondance et la fertilité. D'autres s'ornaient de lyres, de fontaines, de moulins, d'un chasseur et son chien ou d'une bergère et son mouton. Parfois aussi un monogramme ou une date se glissait dans le décor.

On peut dire que le décor des boutis évoluait avec la mode, parallèlement et dans le même sens que celui des autres ouvrages de broderie : au XVIIIe siècle s'épanouirent des rinceaux de fleurs et d'oiseaux ; sous l'Empire apparurent les guirlandes de lauriers ; sous la Restauration les corbeilles de fleurs et, sous le Second Empire, les très riches décors de fleurs et de fruits. A cette époque, les boutis prirent un relief extraordinaire. On peut voir sur certains ouvrages du Second Empire des grenades et des pommes bourrées d'ouate de façon à leur donner presque la taille d'un poing et des grappes de raisin qu'on dirait décrites au naturel. A la fin du XIXe siècle, ces techniques entreront dans une période de décadence. L'apparition de la machine à coudre, l'industrialisation qui se généralise, tout cela va progressivement provoquer la disparition de ce travail magnifique. Au début du XXe siècle, de rares courtepointiers travaillaient encore dans quelques villages de Provence, mais leur production était des plus médiocres. L'édredon de plumes remplaça sur les lits la couverture piquée. Et, comme on ne portait plus les jupons piqués des costumes populaires, on les employa pour molletonner les tables à repasser ou pour protéger en hiver le précieux moteur du tracteur. Heureusement pour nous, dans la nuit profonde des grandes armoires, certains, et parfois les plus beaux, furent pieusement et miraculeusement conservés.

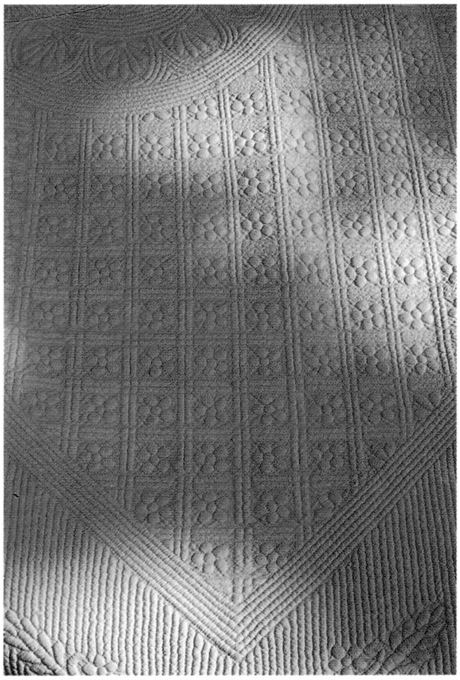

Dessus-de-lit de mariage d'époque XIXe, brodé au boutis.

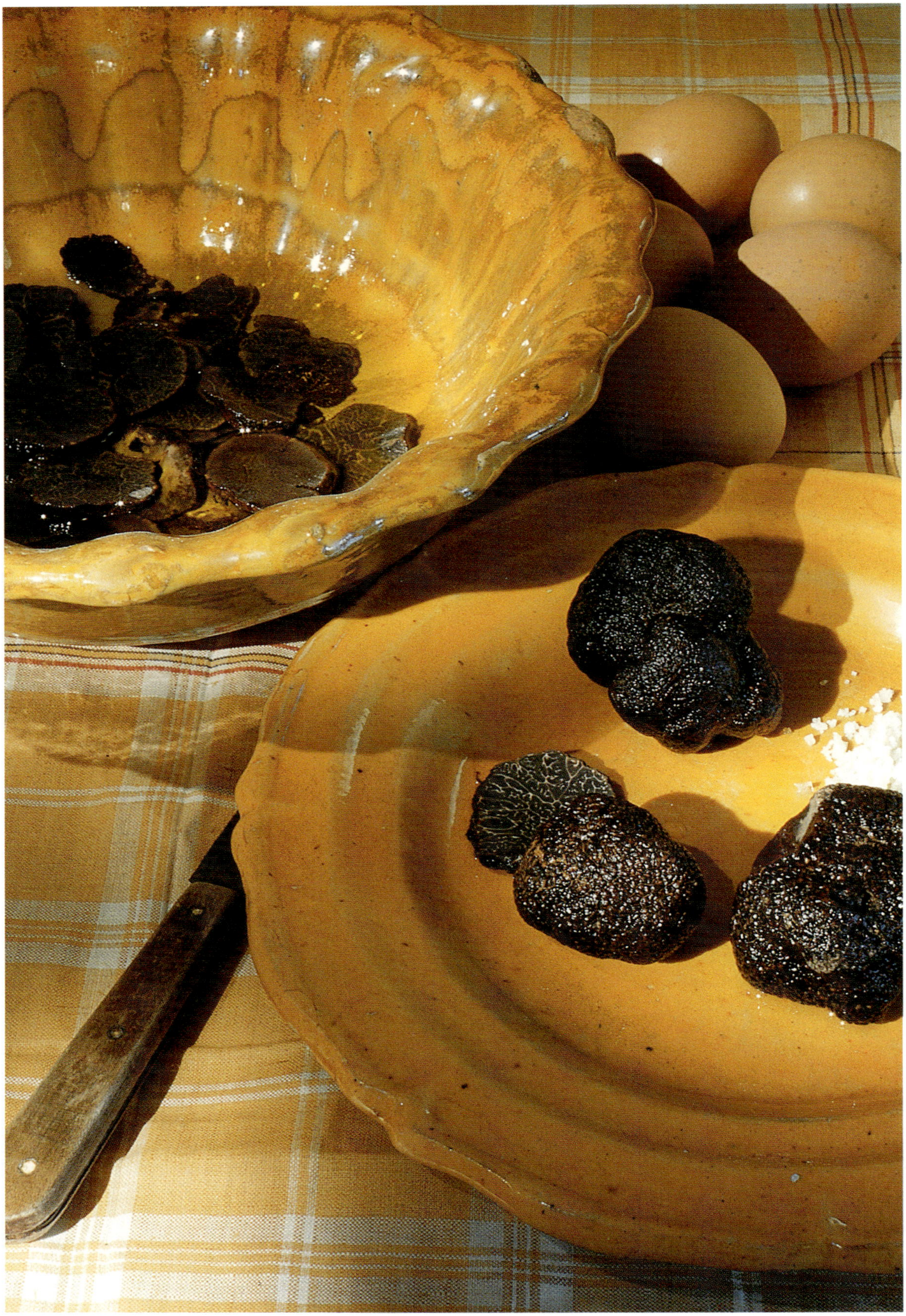

la truffe et l'amande

Avez-vous déjà goûté le « caillé du berger » ? C'est tout simplement un bol de lait de brebis caillé, légèrement salé, dans lequel on sauce de bons morceaux de pain noir. Seulement les bergers des monts du Vaucluse avaient un truc à eux pour faire cailler le lait : ils y râpaient tout fin, avec leur couteau, une truffe. Cela faisait figer le lait, tout seul, sans pressure. Et puis, cela lui donnait une saveur et surtout un parfum magnifiques. Il me semble que, plus encore que le goût, c'est l'odeur de la truffe qui ensorcelle. Elle déroute d'abord, puis elle s'installe, enfin elle s'impose, et l'on est perdu. Car on ne l'oubliera jamais, ce parfum-là. On le reconnaîtra entre mille, s'échappant par une fenêtre ouverte ou entre les éclisses d'osier d'un panier. Et instantanément on sera ému, heureux, l'eau à la bouche et les yeux brillants.

Il paraît qu'il y a une trentaine d'espèces de truffes, toutes comestibles, mais pas toutes vraiment délicieuses. A part la truffe blanche du Piémont, exquise en fins copeaux sur un plat de pâtes, ce qui est une autre histoire, moi je n'en connais qu'une, la rabasse ou truffe noire, *Tuber melanosporum*, la perle noire du Luberon. Elle est bien noire, bosselée, parfois très grosse. Sa chair est finement marbrée de blanc et de noir, et elle dégage un parfum incomparable. Les botanistes l'appellent « truffe du Périgord », et ça c'est d'une grande injustice parce qu'on trouve cette truffe un peu partout, en Espagne, dans les Pyrénées, dans le Périgord, en Provence, et jusqu'en Savoie et en Italie. Seulement, il semble bien que c'est encore en Provence qu'on en trouve le plus. Et on dit aussi que c'est de là que viennent les meilleures. Mais, comme celles du Périgord étaient les plus célèbres, chaque hiver, de grandes quantités de truffes partaient d'Apt ou de Carpentras pour être revendues sur les marchés de Cahors ou de Périgueux, sous le nom de truffes du Périgord..., parfois à des gastronomes marseillais qui les faisaient venir à grands frais !

Les truffes poussent dans la terre, le plus souvent au pied des chênes, les chênes verts comme les chênes blancs, parfois aussi au pied des noisetiers, très rarement sous d'autres arbres. Je ne résiste pas au plaisir de vous conter ici le prodige de la vie sexuelle de la truffe. Cette malheureuse, enfermée à quelques centimètres de la surface de la terre, est tout à fait incapable de répandre toute seule les spores qui lui permettraient de se reproduire. Alors elle exhale alentour son parfum lourd et capiteux pour tenter de séduire le premier sanglier qui passe. Et ça marche. Le sanglier possède un odorat très développé et adore la truffe. Il gratte la terre et dévore la belle toute crue, puis l'oublie aussitôt pour continuer sa route. Seulement, lorsqu'il ira, un peu plus loin, se soulager de ce bon repas, les petites spores de la truffe, entraînées par les eaux de pluie ou par quelques insectes coprophages, trouveront ainsi un nouveau logis. C'est alors que commence une interminable attente, car, pour que notre histoire continue, il faut qu'un jeune gland de chêne vienne à tomber, puis à germer à proximité des spores de truffe. Les noces pourront enfin avoir lieu dans le secret de la terre. Et, tandis que le jeune arbre pousse, les mycorhizes se multiplient sous la terre, envahissant ses racines et provoquant en surface d'étranges changements. Toutes les plantes et les herbes qui tapissaient le sol s'étiolent et dépérissent. Bientôt apparaissent la terre et les cailloux. Les Provençaux disent que l'arbre « marque », signe de sa puberté, comme la marque sur le trousseau des filles.

La brouillade aux truffes est ici préparée dans un saladier ancien en terre vernissée d'Aubagne *(page ci-contre).*

S'il a bien plu au printemps, si l'orage du 15 août était au rendez-vous, si l'automne n'était pas trop sec, il y aura sûrement des truffes dans l'hiver qui suivra. Elles se ramassent en hiver, dès les premières gelées. Mais, jusqu'au 15 janvier, elles ne sont pas forcément très parfumées, un peu claires, marbrées de blanc et de gris, et surtout elles ne se conservent pas très bien. Les meilleures truffes se ramassent donc entre le 15 janvier et le 15 février. Et c'est aussi le moment où elles sont le moins cher.

Il y a les truffes de truffières, truffes « cultivées », et les truffes sauvages que, théoriquement, tout un chacun peut aller ramasser. Je dis théoriquement parce que ce n'est pas si simple. Les « rabassiers », les vrais amateurs, dressent à cet effet des chiens et des cochons. C'est sans doute pour cela que l'ermite saint Antoine le Grand, souvent représenté un cochon à ses pieds, est le patron des chercheurs de truffes. D'autres utilisent la méthode « de la mouche ». Armé d'une branche de pin à l'extrémité de laquelle on n'a laissé qu'une petite touffe d'aiguilles, on balaie doucement, lentement l'espace chauve et brûlé qui signale la présence des truffes sous le chêne et, ce faisant, on dérange de toutes petites mouches qui étaient tranquillement en train de pondre. Alors celles-ci s'envolent et vont se poser un peu plus loin. En principe, à l'endroit où étaient les mouches rabassières, se trouve une truffe dans le sol. Il faut alors creuser délicatement pour dégager la noire merveille.

Il est une autre belle qui règne depuis toujours sur la table des Provençaux, toute blanche une fois débarrassée de son riche manteau de velours vert tendre, puis de sa solide coque couleur de miel, enfin de sa robe de bure brune : c'est l'amande.

Calissons, nougat noir et nougat blanc, sirop d'orgeat, parmi tant de merveilles, témoignent du règne absolu de l'amande sur les douceurs provençales (page ci-contre).

Elle est blanche comme la chape des carmes aux pieds nus qu'elle représente sur la table des treize desserts de Noël. Il y a l'amande douce et l'amande amère. L'amande douce est bien sûr la plus utilisée, et la meilleure variété en est l'amande princesse. L'amande amère, elle, est employée à petites doses ou en extraits. Mais toutes deux se retrouvent mêlées parmi les treize desserts pour dire que la vie est faite à la fois de douceur et d'amertume. On ne sait plus bien quand ni comment l'amandier, venu d'Orient, fut acclimaté en Provence. Il semble avoir toujours été là, comme l'olivier. Il pousse partout, dans les pierres de la Crau, sur les collines des Alpilles et jusque dans les montagnes du pays gavot. Il est le premier à la fin de l'hiver à se couvrir d'une neige blanche et rose de fleurs délicates.

Dès le Moyen Age, Aix-en-Provence était devenu le centre du commerce de l'amande. Les meilleures amandes étaient d'Aix, même si en réalité elles étaient récoltées un peu plus loin, tout autour de l'étang de Berre. Les confiseurs aixois furent sans doute les premiers à donner à ce fruit ses lettres de noblesse en en faisant, mêlé aux fruits confits, l'ingrédient de base du célèbre calisson. Les amandes se marient avec le miel pour faire le nougat noir et le nougat blanc. Elles se mélangent à l'huile d'olive et à l'anchois pour faire une sauce exquise à tartiner sur des tranches de pain grillé. Concassées et cuites avec de la farine, du sucre et de la fleur d'oranger, on en fait des croquants aux amandes. Finement broyées avec du sucre glace et un peu de blanc d'œuf, elles deviennent pâte d'amandes que l'on colore en vert, en jaune ou en rose pour fourrer noix, dattes et pruneaux.

Enfin, depuis l'Antiquité, tout autour de la Méditerranée, on fabrique avec les amandes un délicieux sirop, le sirop d'orgeat. Il est fait de sucre et d'une majorité d'amandes douces mêlées de quelques amandes amères. Il fut ainsi appelé par erreur, parce qu'on l'a confondu avec un autre sirop, fabriqué plus au nord avec de l'orge, qui comme lui troublait l'eau d'une belle couleur d'opaline blanche.

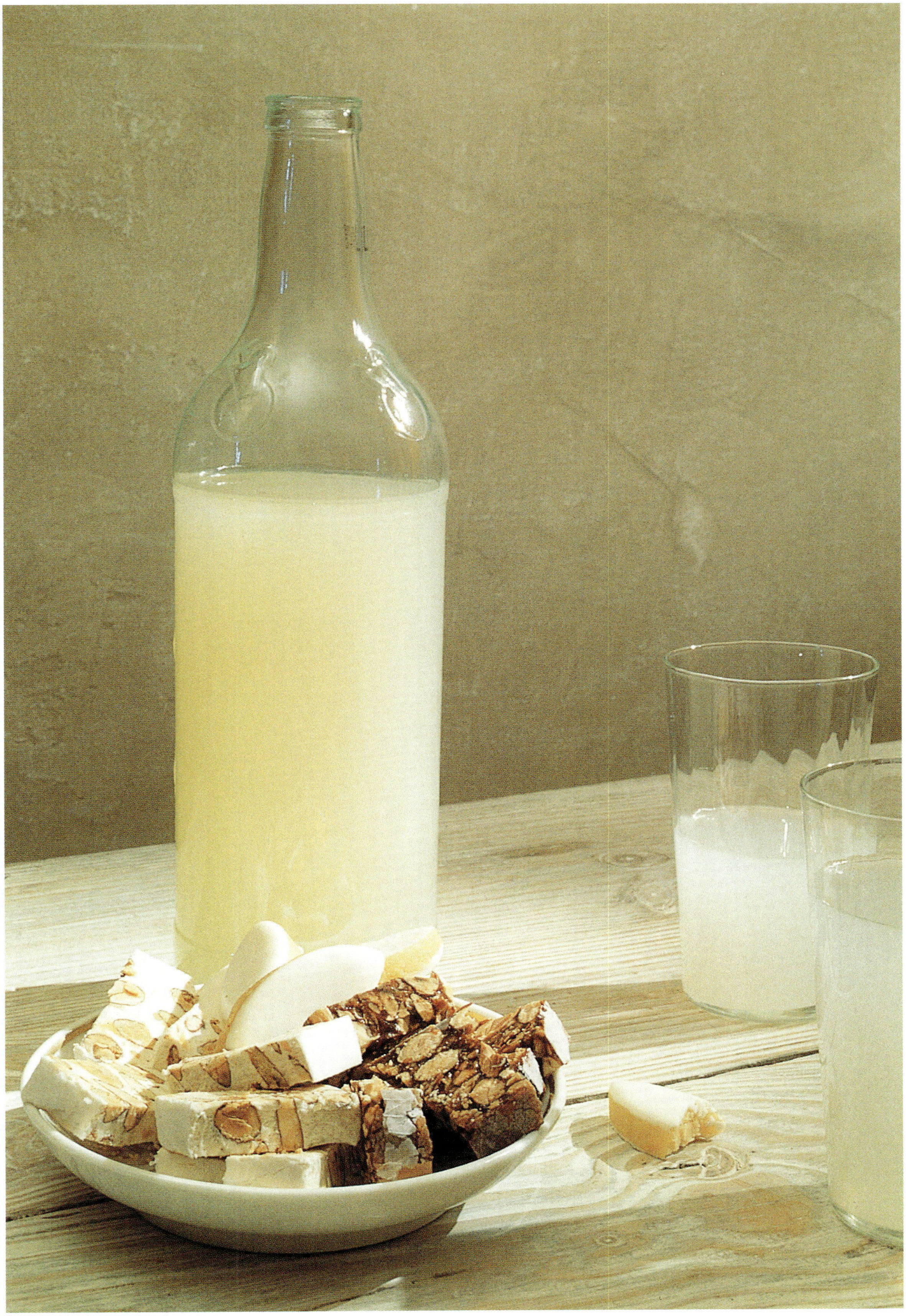

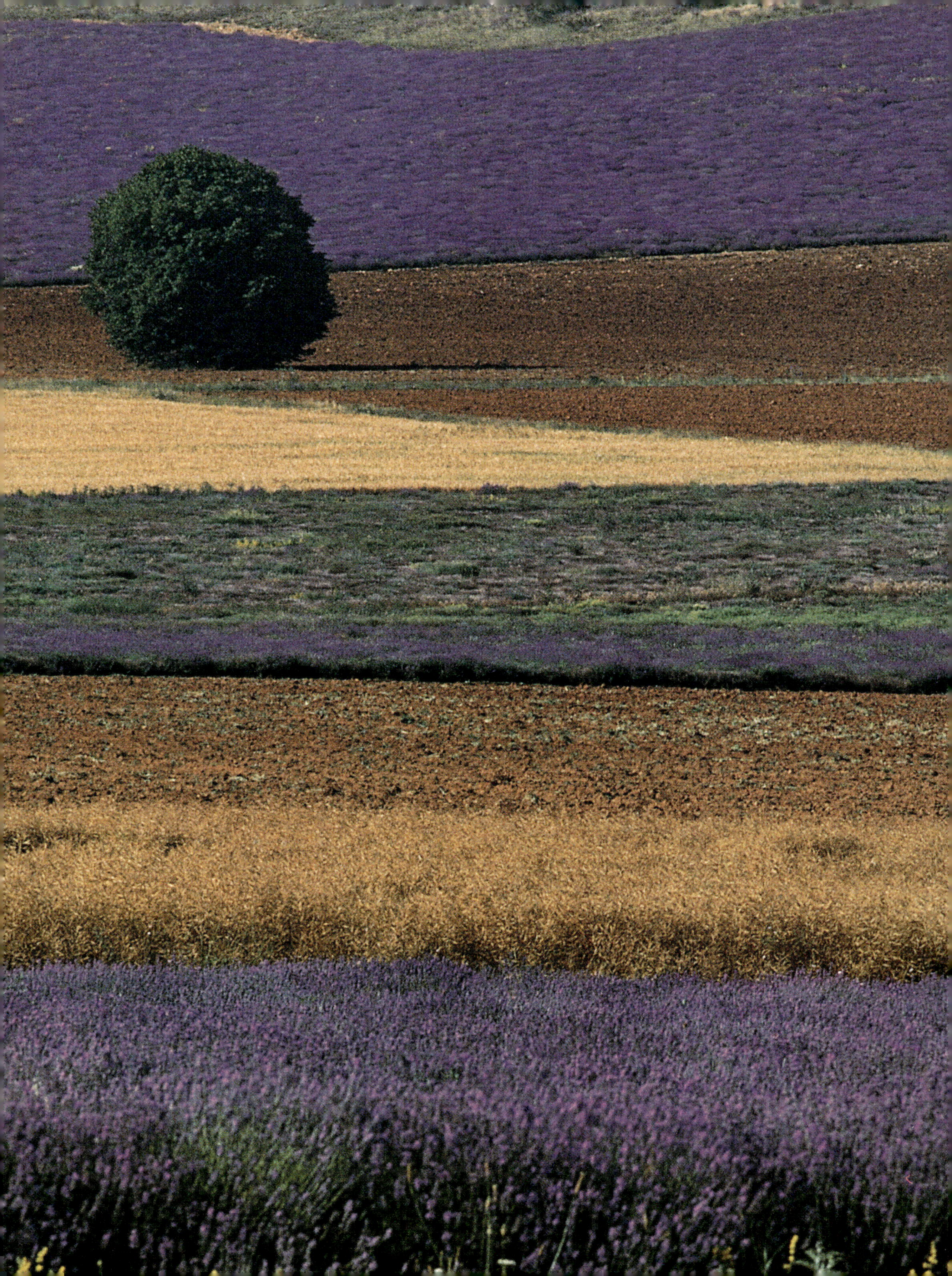

Provence, terre d'harmonie

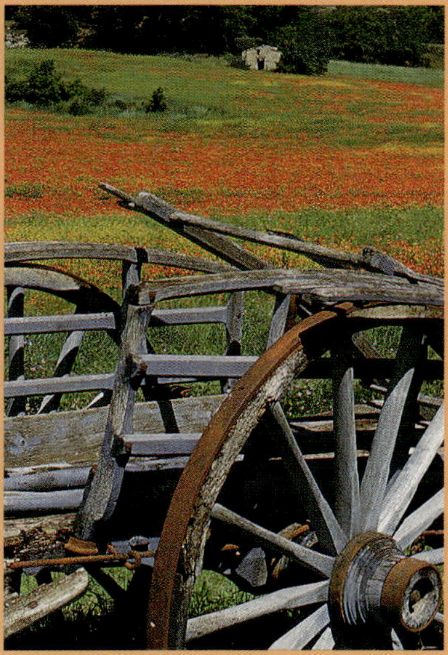

« Les oliviers sont fort caractéristiques et je lutte pour attraper cela. C'est de l'argent, tantôt plus bleu, tantôt verdi, bronzé, blanchissant sur terrain jaune, rose violacé ou orangeâtre, jusqu'à l'ocre rouge sourd. Mais cela me va et m'attire de travailler dans de l'or et de l'argent... »

Vincent Van Gogh, Lettres à Théo.

Lorsqu'on regarde un village de Provence d'un peu loin, il semble presque monochrome, parfaitement intégré à la nature environnante, dans une douce déclinaison de beiges, de grèges et de gris. Quelle surprise, alors qu'on y pénètre, de constater la diversité de la palette des enduits tout neufs et des peintures fraîches des volets et des portes ! Bien sûr le temps fera son œuvre, jetant un doux voile de lichen sur les murs, la pluie usera les peintures, le soleil les fera pâlir. Mais déjà, comme par magie, la lumière du jour atténue, assourdit cette violence. Elle la transfigure. La lumière ici, pourtant si différente selon la saison ou l'heure de la journée, est d'une telle qualité qu'elle est sans doute le principal artisan de la belle harmonie qui règne en Provence. Quoi d'étonnant alors à ce que tant de peintres aient tenté d'en percer la mystérieuse alchimie ?

La nature provençale a ses couleurs propres, qui changent de mois en mois au fil des saisons, se succédant par petites bandes joyeuses, comme autant de convives à la fête. Le printemps est vert et rose, avec quelques touches de blanc, de vermillon, de mauve et de violet ; l'été est blanc et or, éclairé de jaune et de bleu, barré de noir ; l'automne est rouge et jaune, avec de nouveau quelques traces de vert ; l'hiver est brun, gris et bleu. Comment ne pas rêver du temps où la nature régnait en maître, sans erreur, où l'homme se contentait de peigner les champs et d'égayer les chemins par les jupons des paysannes ? Comment ne pas rêver de ces places de marché saturées des couleurs de tout un petit monde endimanché, comme les jolis santons de la crèche ? Comment ne pas être ému par les vierges voilées et les saints barbus dans leurs robes orange, jaunes ou vertes, auréolés de papier doré et sagement abrités sous leur globe de verre, confidents des peines et des espoirs de ce peuple ?

Les Grecs sont venus ici il y a bien longtemps, apportant les premiers la civilisation. Plus tard, les Romains tracèrent les routes, jetèrent les ponts, creusèrent les canaux et construisirent les aqueducs. Au IXe siècle, l'invasion des Sarrasins et leur installation dans le massif des Maures nous laissèrent quelques tours et peu de souvenirs. Mais dès la fin du Moyen Age, avec les Croisades d'abord, ensuite simplement par esprit d'aventure et de commerce, la Provence s'ouvrit sur d'autres cultures, établissant des échanges avec l'Orient le plus lointain par l'intermédiaire des Echelles du Levant et bientôt avec le Nouveau Monde. C'est ainsi que l'indigo et le géranium, les toiles de coton et le platane, l'oranger et la morue, la tomate et la garance, comme tant d'autres trésors exotiques, trouvèrent ici une place qu'ils ne devaient plus quitter. Les Provençaux eurent de tout temps le talent d'acclimater les espèces nouvelles, de s'approprier les techniques, d'intégrer les modes sans rien perdre de leur caractère, ou plutôt même en le constituant, en l'enrichissant de chacune de ces rencontres.

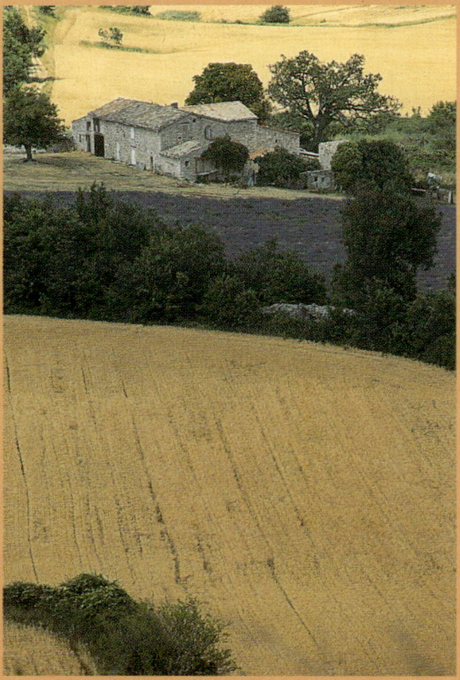

Le plateau de Sault se pare de toutes les couleurs de Provence (page 148). Un mas en haute Provence (ci-contre). Gordes, village perché, s'intègre parfaitement à la nature environnante (page ci-contre).

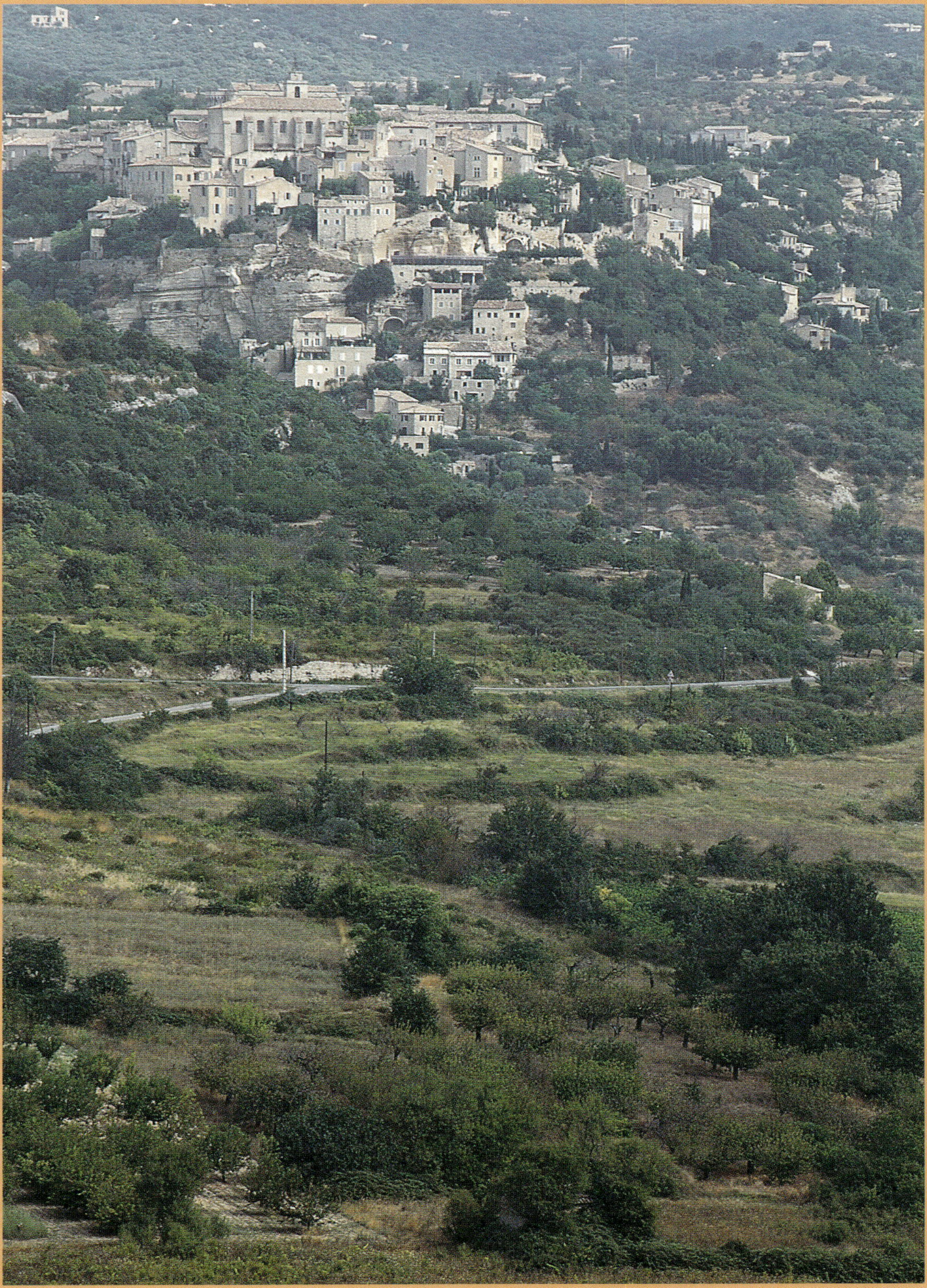

les couleurs des saisons

Frédéric Mistral raconte merveilleusement le temps qui passe et l'éternité en décrivant le mas du Juge où il est né, non loin de Saint-Rémy : « Mes parents, des *meinagiers*, étaient de ces familles qui vivent sur leurs biens, au labeur de la terre, d'une génération à l'autre ! Les *meinagiers*, au pays d'Arles, forment une classe à part : sorte d'aristocratie qui fait la transition entre paysans et bourgeois, et qui, comme toute autre, a son orgueil de caste, car si le paysan, habitant du village, cultive de ses bras, avec la bêche ou le hoyau, ses petits lopins de terre, le *meinagier*, agriculteur en grand, dans les mas de Camargue, de Crau ou d'autre part, lui, travaille debout en chantant sa chanson, la main à la charrue... Comme il était gai, ce milieu de labeur rustique ! Chaque saison renouvelait la série des travaux. Les labours, les semailles, la tonte, la fauche, les vers à soie, les moissons, le dépiquage, les vendanges et la cueillette des olives déployaient à ma vue les actes majestueux de la vie agricole éternellement dure, mais éternellement indépendante et calme. » Jour après jour, la nature tout entière rend compte de ce calme. Malgré le vent, si violent et si froid parfois, malgré les terribles orages qui font déborder les rivières, malgré la sécheresse qui soudain s'installe, il règne bel et bien ici une exceptionnelle douceur de vivre, une fête quotidienne au décor sans cesse renouvelé.

Les couleurs de l'hiver sont tout en camaïeux, en dégradés infinis. La lumière est oblique et pâle, légèrement voilée. L'écorce et la pierre, habituellement dissimulées, étalent leurs gris. Les chênes pubescents sont encore couverts de leurs feuilles mortes, comme fossilisées, couleur de poussière. Les cyprès et les chênes verts ne sont ni

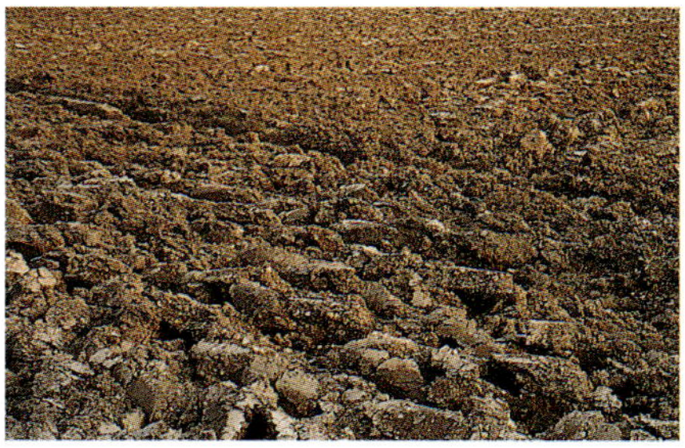

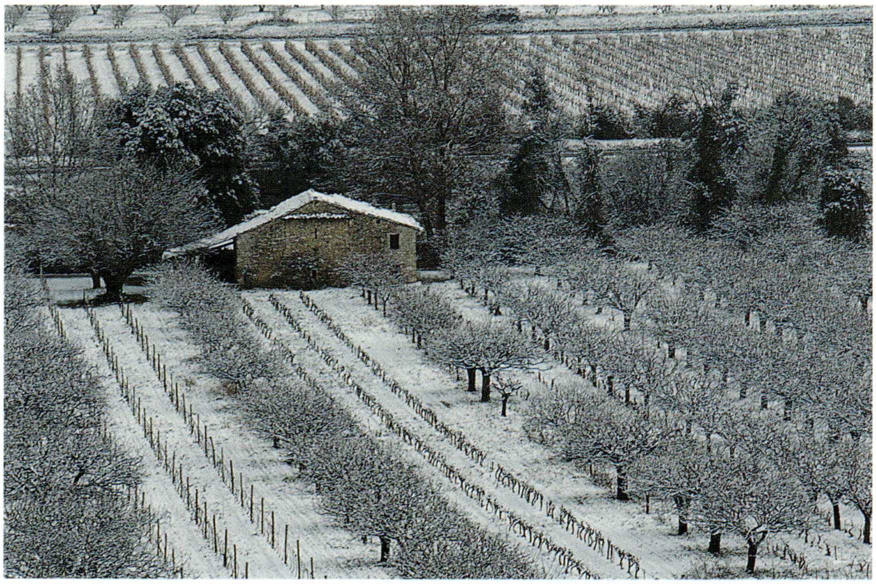

Terre labourée dans la plaine d'Apt (ci-dessus). La forme des maisons et des arbres, l'organisation des champs et des vergers permettent de reconnaître la Provence malgré son inhabituel manteau de neige (ci-contre).

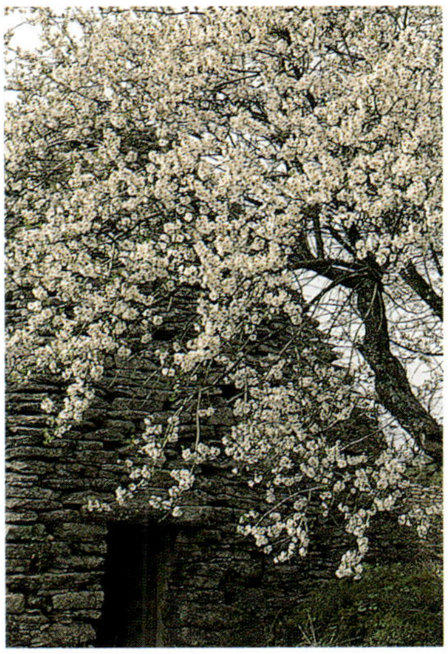

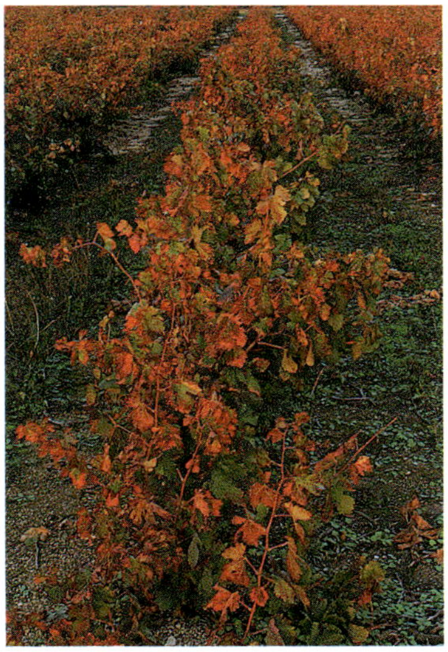

La délicatesse des fleurs de l'amandier atténue la rude austérité des pierres sèches d'une borie (à gauche). L'automne empourpre les vignes des côtes du Luberon (à droite).

verts ni noirs, mais sombres, les oliviers plus gris que jamais. Le ciel est gris-bleu, très clair, les collines le sont à peine moins. Seuls les jeunes scions des arbres colorent parfois les plaines de leurs traits brun-jaune ou brun-rouge. Puis, du jour au lendemain, les champs labourés se font verts, d'un vert inouï d'intensité quand le soleil traverse les pousses du blé en herbe. Ce vert prend le pas sur toutes les autres couleurs, et tout le reste alentour semble baigner dans de la fumée.

Un beau matin, les amandiers annoncent le printemps, souvent bien avant que le printemps n'arrive. Ils se couvrent de fleurs, blanches ou roses, fragiles, étonnantes dans ce paysage d'hiver. Un peu plus tard, les talus s'habillent d'iris violets. Les glycines accrochent leurs grappes de fleurs bleues sur les grilles et les tonnelles, avant même de les entourer de feuilles. Et puis, tout se met à verdir, d'une infinité de verts, frais, tendres, appétissants. Le printemps est là et l'herbe pousse vite. A leur tour, les cerisiers fleurissent et leur blanc délicat est encore avivé par les troncs bleus pulvérisés de sulfate. Un peu plus loin, un champ de coquelicots explose de rouge. Mille fleurs, roses, mauves, blanches, bleues, jaunes, surgissent çà et là, en semis presque régulier, comme sur les cotonnades imprimées du temps jadis.

C'est la folle avoine qui, la première, jaunit dans l'herbe haute, très vite suivie en cela par les champs de blé et d'épeautre, qui font comme autant de lacs d'or liquide. Les champs de tournesols resplendissent d'un jaune plus franc, plus cru, et les champs de lavande d'un bleu fou. La lumière se fait blanche, aveuglante, quand vient le temps des moissons. C'est l'été. Tout est sec et brûlé. La poussière épaissit l'air. Les cyprès sont comme de longues barres dressées, aussi noirs que leur ombre. Les oliviers frétillent dans le vent, de toutes leurs écailles d'argent. Et les feuilles des pêchers jaunissent déjà, épuisées par les fruits lourds et dorés.

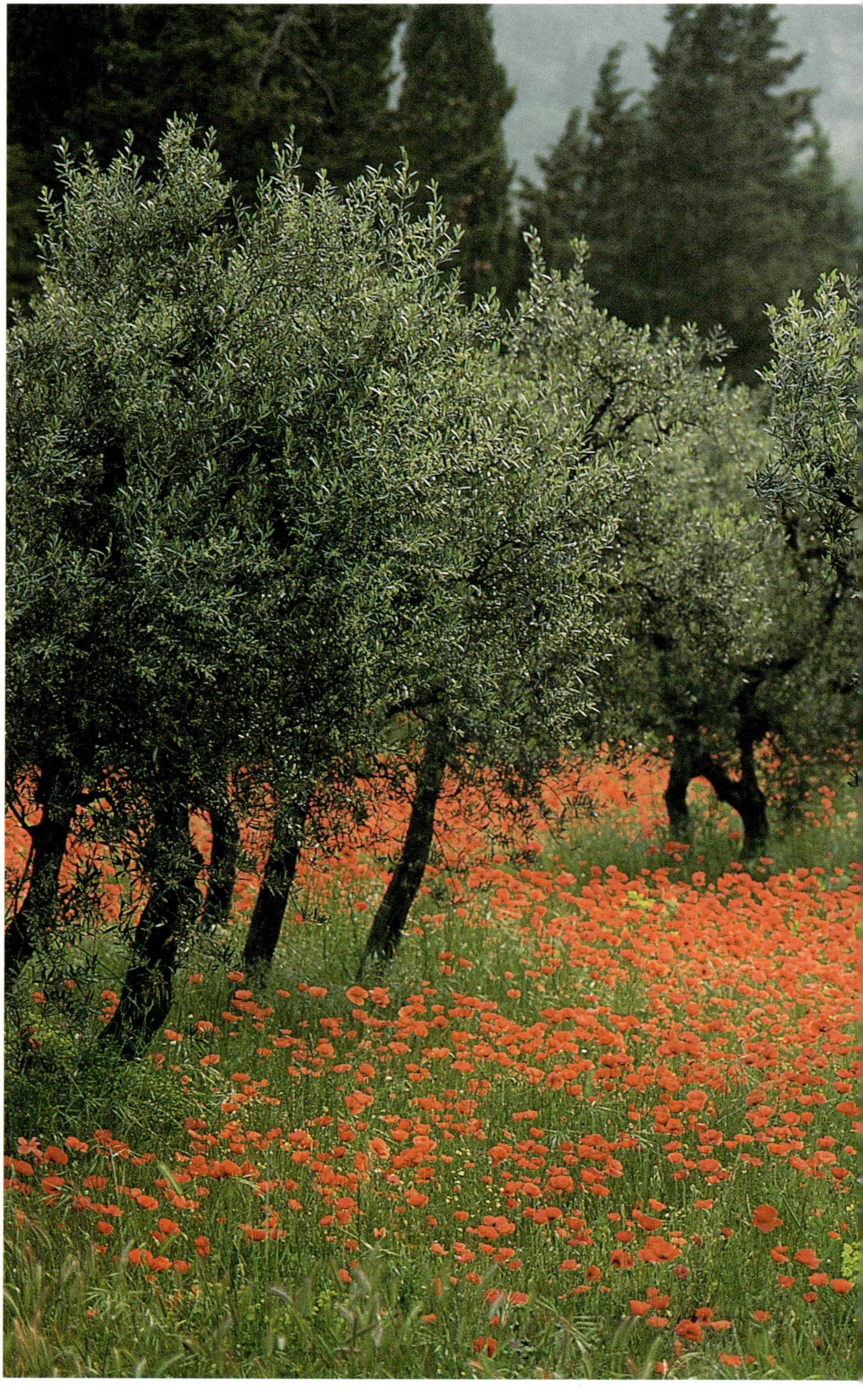

Les coquelicots apportent de leur gaieté dans le dramatique paysage des Alpilles.

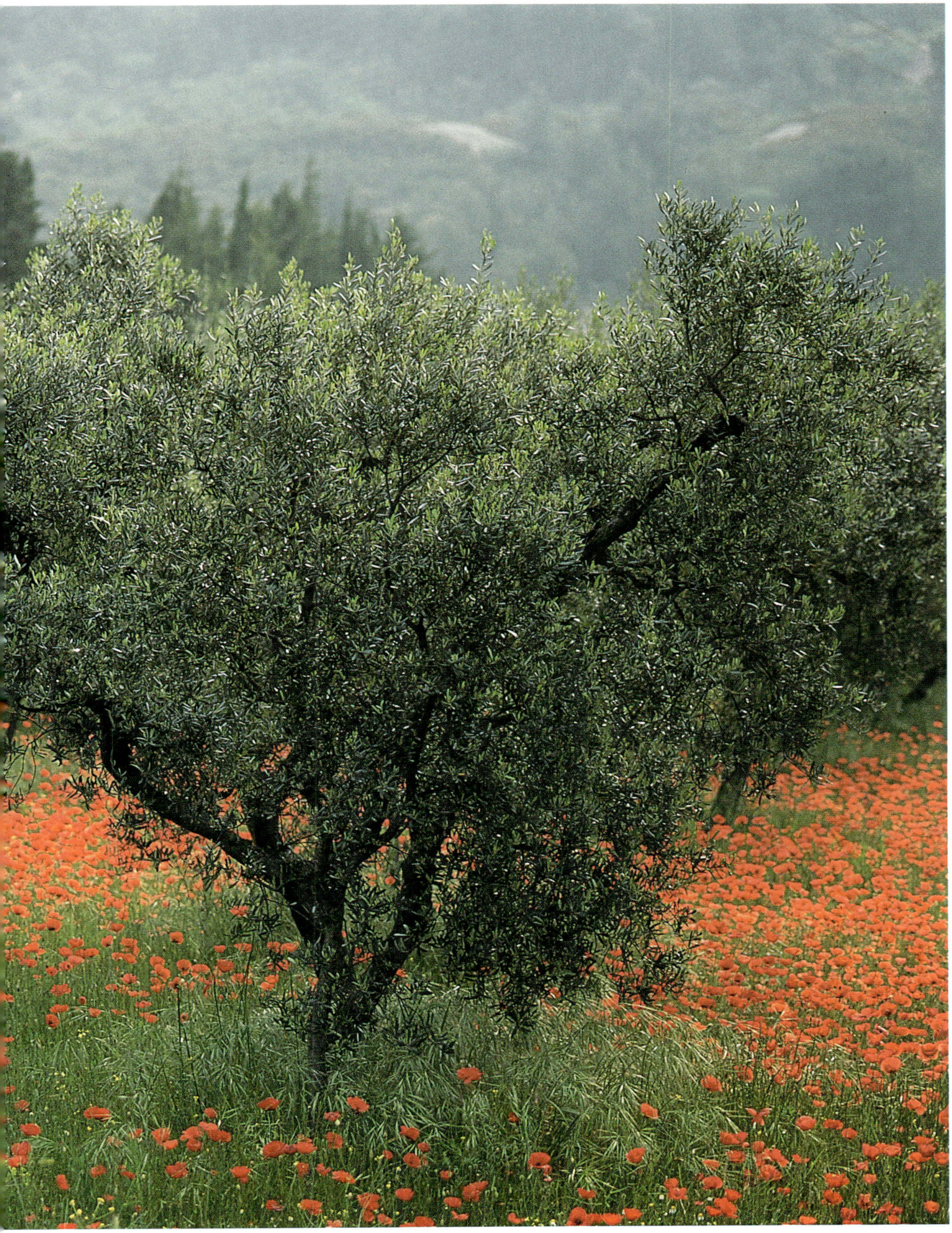

Et puis vient l'automne. L'air redevient limpide. Les pluies ont tout lavé, tout rafraîchi. L'herbe reverdit un peu au pied des arbres qui s'empourprent. La nature entière se fait rousse, presque orange. Dans la colline, les gratte-culs accrochent leurs lampions rouges sur les branches pour une ultime fête avant le grand repos.
Le feuillage des tilleuls se colore un instant d'un jaune sublime, à la fois violent et délicat, avant de s'envoler. Les plaqueminiers s'enorgueillissent de lourdes pommes d'or. Et les feuilles des platanes s'amoncellent en tas, poussées par le vent.
Les Sorgues fument, tout est baigné de vapeurs. Dans les champs, les grosses courges semblent avoir été posées là, au milieu des lambeaux de leur végétation. Les chênes pubescents, après avoir rayonné sur la forêt de leur feuillage jaune et rouge, se dessèchent soudain et se colorent en beige. Seules les feuilles des vignes rouges donneront encore longtemps un peu de leur chaleur au paysage, avant d'être une à une emportées par le mistral.

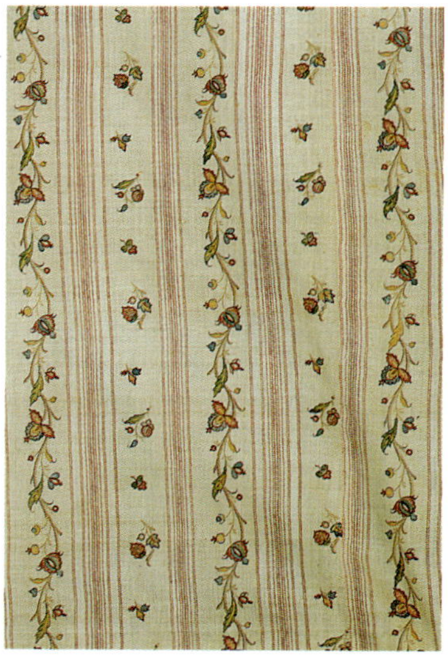

rayures tissées et fleurs imprimées

Sur les costumes des Provençales de toutes conditions éclatait la science des teinturiers, des tisseurs et des indienneurs, qui surent avec talent s'approprier des techniques venues parfois de bien loin. Les jupons rayés se portaient avec des caracos et des fichus fleuris, les siamoises se mêlaient aux indiennes. Le nom même de ces étoffes renvoyait à leurs lointaines origines, les siamoises au Siam, les indiennes aux Indes, les mousselines à Mossoul. Les échanges entre l'Europe, l'Afrique et l'Asie se sont faits de tout temps par la Méditerranée.
Et Marseille s'était imposée, dès le XVIe siècle, comme une porte ouverte entre la France et l'Orient. De solides relations commerciales existaient avec les Echelles du Levant, et notamment avec l'échelle d'Alep. Alep était un gigantesque bazar, à la croisée de toutes les routes, le plus grand marché de l'Empire ottoman.
Des marchands indiens, persans, arméniens et tatars y rencontraient des négociants vénitiens, hollandais, anglais et marseillais. Pendant près de trois siècles, ceux-ci achetèrent ou troquèrent contre bonnets, papiers, étoffes de laine et quincaillerie de France une incroyable diversité de toiles de coton blanches ou colorées, des Indes ou du Levant.

Michel Pastoureau, dans *L'Etoffe du diable*, raconte comment au Moyen Age les rayures étaient symbole d'impiété et d'ignominie.
Un vêtement rayé désignait tous ceux que l'on

Ce coton imprimé à la planche de bois et pinceauté, du XVIIIe siècle, fut sans doute le tablier d'une Arlésienne (ci-contre). Ces fichus ajoutaient encore de la couleur au costume populaire du XIXe siècle (page ci-contre).

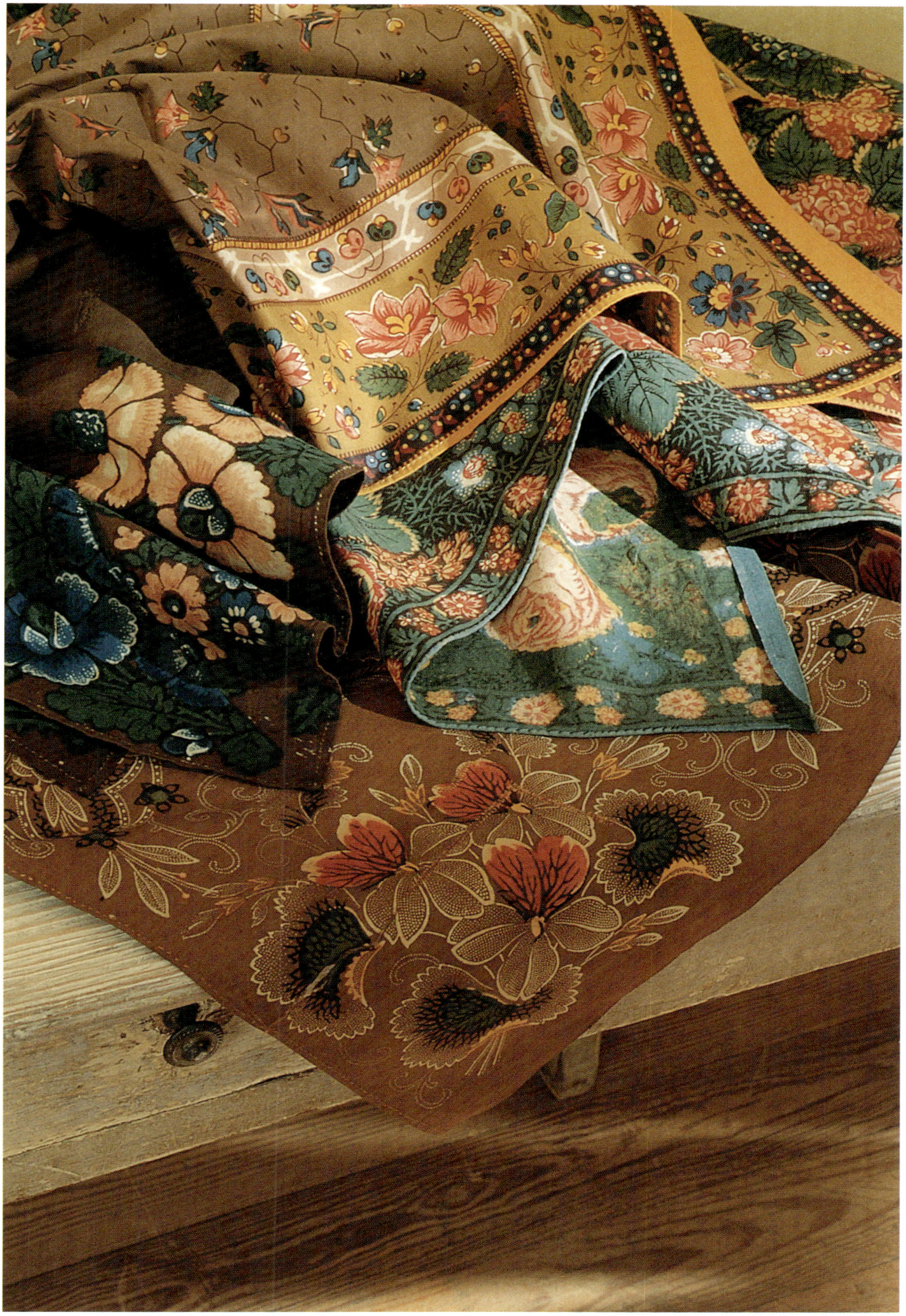

plaçait hors de l'ordre social, les faussaires et les criminels, les lépreux et les fous, les valets, les prostituées et les bourreaux, les forgerons qui passaient pour être sorciers, les bouchers sanguinaires, les meuniers affameurs, les musulmans, les juifs et les hérétiques.
Cette connotation péjorative de la rayure a perduré peu ou prou jusqu'au XVIIe siècle. Mais, à cette époque, le « bois des îles », le café, le tabac, le sucre, et tant d'étoffes aux motifs et aux coloris nouveaux, étaient débarqués presque chaque jour sur les quais du port de Marseille. A Paris, la mode aimait les turqueries et les tissus rayés plaisaient par leur exotisme. En 1684, les ambassadeurs du roi du Siam, se rendant à la cour de France, passèrent par Marseille et leurs vêtements rayés séduisirent tout le monde.
Ainsi naquirent les siamoises. Ce furent d'abord de petites étoffes à chaîne de soie et trame de coton teint, mais, devant leur manque de solidité, on remplaça la chaine de soie par une chaîne de fil non teint. A la fin du XVIIIe siècle, la France s'enthousiasmait pour l'Amérique et sa jeune révolution. « Le drapeau aux treize rayures rouges et blanches des treize colonies d'Amérique insurgées contre la Couronne britannique apparaît comme l'image de la Liberté et le symbole des idées nouvelles [...]. Dès lors, partout sur le Vieux Continent, c'est un déferlement de rayures [...] tant à la cour qu'au village, la plupart des pièces du vêtement sont ou peuvent être rayées. » Les siamoises, les toiles et les basins rayés en rouge et blanc, en bleu et blanc, en bleu et rouge, parfois tricolores, parfois même en rouge et jaune ou en bleu et jaune, allaient dorénavant faire partie du costume traditionnel des paysannes de Provence, essentiellement utilisés pour confectionner les jupons de travail portés quotidiennement jusqu'à la fin du XIXe siècle.

La Provence du XVIIIe siècle ou le mariage harmonieux de l'indigo et de la garance.

C'est au XVIe siècle, c'est-à-dire une centaine d'années avant que leur vogue n'envahisse le reste de l'Europe, que l'on trouve à Marseille les premières traces de toiles imprimées de plusieurs couleurs, venues des Indes et du Levant. Ces tissus de coton fleuris et colorés où se mêlaient les bleus de l'indigo, les violets, les rouges et les roses de la garance, les noirs et les bruns de la noix de galle et les jaunes du curcuma, et qui allaient devenir si caractéristiques de la Provence que, quelques siècles plus tard, on ne les connaîtrait plus que sous le nom de tissus provençaux, exigeaient une maîtrise technique qui dépassait largement les compétences des teinturiers marseillais de l'époque. Cependant, d'autres Marseillais avaient développé une industrie fructueuse des cartes à jouer. Pour les imprimer sur papier, on savait se servir à Marseille de planches de bois gravées, les « moules », très comparables à celles que l'on utilisait en Orient pour imprimer les tissus. Il semblait donc évident de graver de la même façon de nouvelles planches plus appropriées aux décors des indiennes et de les appliquer sur la toile. Tout le problème était de maîtriser la couleur.

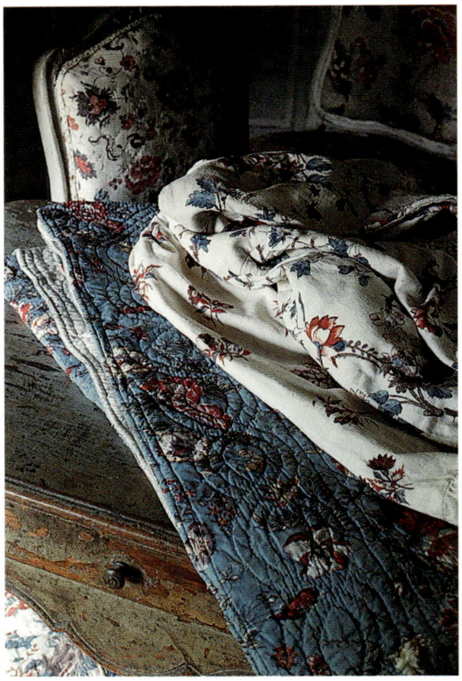

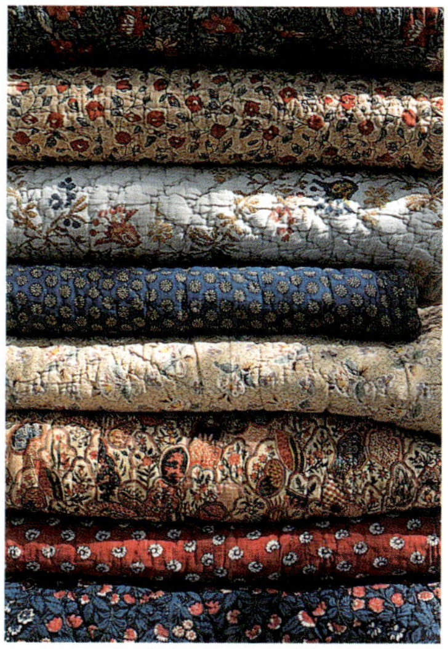

Pile de couvertures piquées illustrant la vaste palette des cotons imprimés provençaux aux XVIIIe et XIXe siècles.

C'est ainsi que, devant le succès rencontré en Provence par les toiles du Levant et pressentant un nouveau marché, maîtres cartiers, maîtres graveurs et maîtres teinturiers mirent en commun leurs savoirs et leurs talents pour fabriquer des étoffes imprimées de bonne qualité, c'est-à-dire qui résistaient à l'action de l'eau et de la lumière. Ce fut l'époque où les filles de teinturiers épousaient les fabricants de cartes... Mais ils mirent plus d'un siècle avant d'arracher aux indienneurs levantins et arméniens qui arrivaient à Marseille le secret de la permanence des couleurs et d'obtenir ainsi un résultat convenable.

Pendant ce temps, l'Europe entière se mettait à raffoler des légères cotonnades imprimées aux si jolis décors de fleurs, de fruits et d'oiseaux exotiques que Portugais et Hollandais rapportaient des Indes par les nouvelles routes maritimes et par le cap de Bonne-Espérance. Nobles et bourgeois s'en habillaient, en recouvraient leurs murs, en tendaient leurs lits et leurs meubles. A tel point que les industries traditionnelles de la laine et de la soie se trouvèrent en péril et protestèrent. Le ministre Louvois tenta d'arrêter cette mode et proclama en 1686 la prohibition des indiennes et des toiles peintes. Cependant Marseille, qui était port franc depuis 1669, put poursuivre sa production d'indiennes destinées en partie à la consommation locale et en partie aux colonies. Cette prohibition dura jusqu'en 1759, sans avoir réussi à décourager les amateurs qui s'approvisionnaient par le biais de la contrebande, bravant ainsi des lois pourtant très sévères. Mais, dès lors, de nouvelles manufactures purent se créer officiellement, comme celle de Jouy-en-Josas qui fut à la fin du XVIIIe et au début du XIXe siècle, en compagnie de quelques manufactures alsaciennes, le principal fournisseur des Provençaux. Alors tous les ans, à la foire de Beaucaire, parvenaient d'énormes quantités d'indiennes destinées tout spécialement au marché provençal : les « indiennes pises », aux fleurs naturelles inspirées des motifs de l'Inde et semées sur fond blanc, jaune ou caca d'oie, les « bonnes herbes », à fleurs des champs dans un mélange touffu d'herbages sur fond bronze, les « ramoneurs », dont le fond était plus sombre encore, et les « bâtons rompus », dont les fleurs étaient prises dans une stylisation géométrique. Parfois des plumes, des singes, des oiseaux, des vases, des temples, des fontaines ou des chinoiseries venaient animer ces jardins fleuris.

Le savait-elle, cette jolie bastidane se rendant au marché, un grand panier sous le bras, que sur son jupon de siamoise rayée, son cotillon piqué était doublé d'un « chafarcani » de Constantinople, que son caraco était une indienne de Jouy, que sur ses épaules elle avait plissé un fichu imprimé à Mulhouse et que sur sa tête la coiffe ornée de dentelle de Valenciennes s'abritait sous un « pletchoun » de mousseline des Indes ?

les santons de la crèche

Toutes les couleurs, les indiennes fleuries des fichus et des gilets, les siamoises rayées des jupes paysannes, les légumes et les fruits débordant de paniers d'osier portés au bras ou flanqués sur le dos des ânes, toutes les saveurs, le gibier du chasseur et le pain chaud du boulanger, les escargots de la marchande de limaçons, la morue et l'ail du *pistachié*, tous les costumes du bord de mer, du pays d'Arles et du Comtat, tous les métiers, le rémouleur et la poissonnière, le maire et le curé, le meunier et le garde champêtre, toute la société, les bastidans et les valets de ferme, les artisans et les gitans, le tambourinaire et le « ravi », c'est-à-dire bourgeois, domestiques, paysans, villageois, étrangers, artistes et poètes, tout ce qui fait la Provence traditionnelle se représente, modelé dans l'argile et peint à la gouache, autour de la Sainte Famille, dans la crèche de Noël.

La belle harmonie provençale est tout naturellement traduite par l'habile pinceau du santonnier : simplement de la gouache en quelques couleurs élémentaires. Et le rouge du parapluie de Grasset et Grasseto, ce couple de bastidans « tirés à quatre épingles » dans leurs costumes du dimanche, se retrouve identique sur la *taïolo* du meunier, les lèvres de Margarido, le bonnet du pêcheur et la lavallière de monsieur le maire. Le même bleu fait la culotte du marin, la blouse de l'homme à la coucourde et la veste du garde champêtre. La blaude du meunier, comme sa culotte et son bonnet, est blanche, toute poudrée de farine. Blancs sont les moutons qui broutent la mousse de la crèche, comme l'agneau sur les épaules du berger. Blanche aussi est la chemise du « ravi » qui n'a pas eu le temps de s'habiller et qui lève les deux bras au ciel, bienheureux et émerveillé. Noire bien sûr est la soutane de monsieur le curé. Noirs sont les grands chapeaux bérigoules de feutre des femmes. Noires les moustaches et la barbe du chef des « boumians », les gitans.

Pour les autres couleurs, le jaune, l'orange, le vert et le violet, elles se répartissent par petites touches sur les jupons, les caracos, les vestes et les fichus. Mais la cape de bure en laine de mérinos d'Arles du berger est toujours brune et l'âne de la crèche toujours gris.

Au XVIIIe siècle, nombreuses étaient les crèches dans les églises. Elles montraient les personnages de l'histoire sainte, c'est-à-dire Marie et Joseph, l'Enfant Jésus, le bœuf et l'âne, les Rois mages, et bien sûr aussi bergers et moutons qui avaient suivi l'étoile. Les santons étaient toujours de grande taille. Ils étaient faits de bois sculpté ou d'une armature métallique qui portait une tête et des mains en bois. Ils étaient richement habillés par les moniales du couvent voisin. Plus tard, les grands santons de crèches d'église furent réalisés en carton. Il existait aussi d'extraordinaires crèches de verre filé destinées à un usage domestique, où, dans une boîte de verre, tout autour de la crèche proprement dite, se développait un monde merveilleux de fleurs, d'animaux et de cascades, laissé à l'imagination de l'artiste qui les avait réalisées. Le Museon Arlaten de Frédéric Mistral, à Arles, montre quelques beaux exemples de telles crèches.

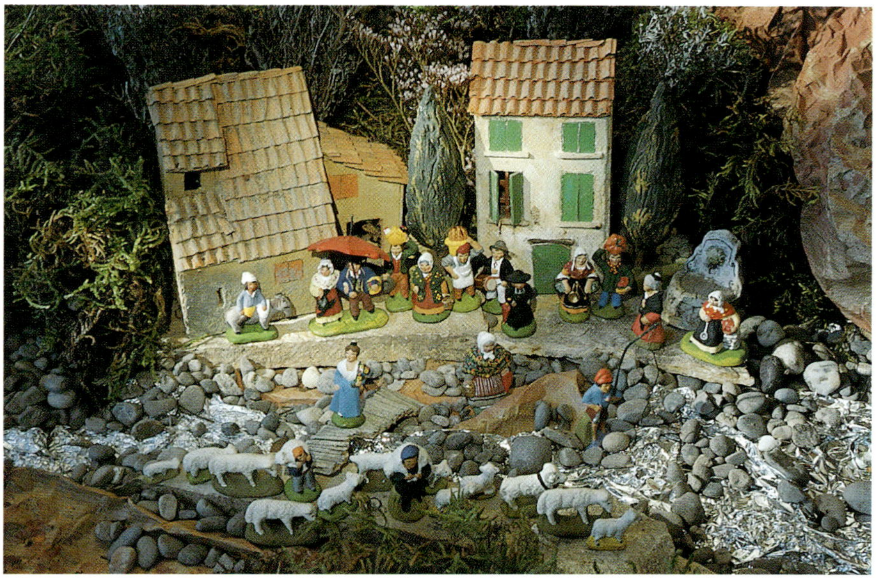

Deux ou trois maisons de carton peint, un ruisseau de papier d'argent, un pont fait d'allumettes, des rochers de papier, quelques branches de thym et des santons d'argile peinte, voilà la crèche.

Mais il fallut que passe la Révolution pour que le peuple de Provence, prenant conscience de lui-même, s'autorise à se représenter, tout entier, autour de l'Enfant Jésus. D'ailleurs, dans ces crèches provençales des premiers temps, le respect et le sens du symbole étaient encore si grands que, le plus souvent, l'Enfant Jésus et l'ange Boufareu, celui qui souffle de toutes ses joues dans la trompette pour claironner la Bonne Nouvelle, tous deux d'essence divine, étaient modelés en cire et non en argile comme le reste des personnages de la crèche.

Le premier santonnier à fabriquer des santons d'argile dans des moules de plâtre fut Jean-Louis Lagnel (1764-1822). Il était marseillais. Il se qualifia d'abord de peintre, puis de faïencier, avant d'être ouvrier – barbouilleur, puis sculpteur et enfin figuriste. Et c'est en fait ainsi qu'il convient de nommer ces artisans, qui souvent fabriquaient à la fois des santons pour la crèche et des *santibelli*. Ils modelaient une première figurine d'argile, puis ils en prenaient un moule en plâtre. Ce moule servait ensuite à reproduire à l'infini les petits santons. Pour ce faire, il fallait « de l'argile bien malléable (rouge ou grise, mais de "carrelage" et non de "tuile"), ayant assez de corps pour ne pas se déchirer ou trop coller aux mains et au moule, assez souple pour bien obéir à la pression des doigts et pénétrer les moindres finesses du creux des moules ». Il fallait alors laisser sécher les santons avant de les peindre. Ils étaient donc faits de terre crue, ce qui les rendait fragiles. Les santons d'aujourd'hui sont faits de terre cuite.

Le succès de Jean-Louis Lagnel fut immédiat, suscitant très vite la vocation de nombreux autres figuristes et santonniers, à Marseille d'abord, puis, plus modestement, à Aix, à Aubagne et à Toulon. En tout cas, le génie de Jean-Louis Lagnel est éclatant puisqu'il a fixé, une fois pour toutes, les règles du genre et que ses successeurs n'ont jamais fait que reproduire ces premiers santons, bien sûr en les interprétant avec le talent qui leur était propre. La fileuse, les manches de sa chemise à *listo* retroussées sur son caraco d'indienne et une longue quenouille fichée dans la ceinture de son tablier, la bugadière et sa corbeille de linge, la porteuse de légumes, abritée sous un grand chapeau de feutre noir, ou les adorants, couple de petits-bourgeois agenouillés, elle offrant une belle pompe à l'huile et lui deux poules dans un panier, créés par Lagnel, n'ont cessé d'être réinterprétés de santonnier en santonnier jusqu'à nos jours.

Nombreux furent les successeurs de Lagnel. Chacun décrivit précisément et tendrement la société provençale de son temps, rendant compte de son évolution en créant de nouveaux santons et permettant ainsi à cette belle tradition de rester vivante. Si la plupart des santons devinrent vite immuables, garants de cette tradition tout autant que Joseph, Marie ou les Rois mages, comme les ravis, l'aveugle et l'enfant, les valets et les vieux, le chasseur ou la poissonnière, d'autres tombèrent dans l'oubli, comme le joli dresseur de marmottes de Jean-Louis Lagnel. En guêtres de laine nouées sous le genou par un ruban rouge, culotte de drap brun, gilet rouge et veste courte de cadis vert, il portait sur le dos la petite caisse de bois où il abritait ses animaux et faisait gentiment grimper une marmotte le long d'un bâton qu'il tenait dressé devant lui. C'est un gavot descendu de Savoie avec ses camarades, qui se louaient tous les étés dans les riches fermes de Provence pour les moissons, les vendanges et les olivades.

De nouveaux métiers, de nouveaux costumes, de nouveaux personnages apparaissent avec le temps. Certains sont des « types » caractéristiques, comme le tambourinaire créé par Guichard ou le rémouleur créé par Simon, ou encore les santons portant le costume d'Arles et rejoignant la crèche au temps de Frédéric Mistral. Mais d'autres témoignent de personnages rencontrés un jour par un santonnier et immortalisés dans l'argile, comme la jolie Virginie de Garlaban créée par Thérèse Neveu, un peu voûtée, s'agrippant d'une main à son grand parapluie bleu, tenant de l'autre deux beaux lapins gris, souriante dans sa coiffe tuyautée, nouée sous le menton par un grand ruban jaune.

Alors, tous les ans, le 4 décembre, et depuis le 4 décembre 1803, se tient à Marseille, pas loin du Vieux Port, la Foire aux santons. Depuis 1883, elle a lieu le long des allées de Meilhan, tout en haut de la Canebière. Et là se retrouvent depuis toujours tous les santonniers de Provence, offrant sur leurs étals, aux regards émerveillés, des centaines de petits personnages d'argile coloriée.

les santibelli de Marseille et d'Aubagne

Je n'oublierai jamais l'image de cette sainte Blandine du grand livre de catéchisme de mon enfance. Attachée à un poteau de bois, les mains liées dans le dos, ses cheveux blonds descendant en cascade sur une longue tunique bleu pâle, sainte Blandine lève son visage vers le ciel, en souriant, les yeux grands ouverts. Couché à ses pieds, un auguste lion mâle, à la crinière sombre, regarde, attendri, ses deux lionnes endormies. Un peu plus loin, épars dans le sable de l'arène, des bras, des jambes et quelques lambeaux d'étoffe sanglants attestent du carnage ! Un rayon de lumière oblique traversant les nuages éclaire la scène.
Sur presque toutes les cheminées, dans les chambres de la grande maison de famille, se trouvaient, par paires, posés sur des socles de poirier noirci, des globes de verre allongés, abritant de curieuses statuettes de terre cuite peintes aux vives couleurs, drapées dans de grands manteaux de papier gouaché, auréolées de papiers découpés, ornées de guirlandes et de bouquets de minuscules roses de tissu, de feuilles de carton gaufré et doré, de légères plumes de poules blanches. Certaines étaient même floquées de petits tas de paillettes d'or posés en semis.
Elles avaient toutes la même tête souriante, les mêmes yeux extatiques. Il y avait des hommes barbus et sages, des femmes presque toutes voilées, certaines couronnées, d'autres avec leur longue chevelure dénouée sur leurs épaules comme la Blandine de l'image. Elles portaient dans les mains une grande palme ou une croix de carton et

Sainte Anne et Napoléon, un sultan, une sultane, sainte Madeleine aux cheveux défaits et l'archange saint Michel aux ailes déployées furent tous représentés en santibelli (page ci-contre).

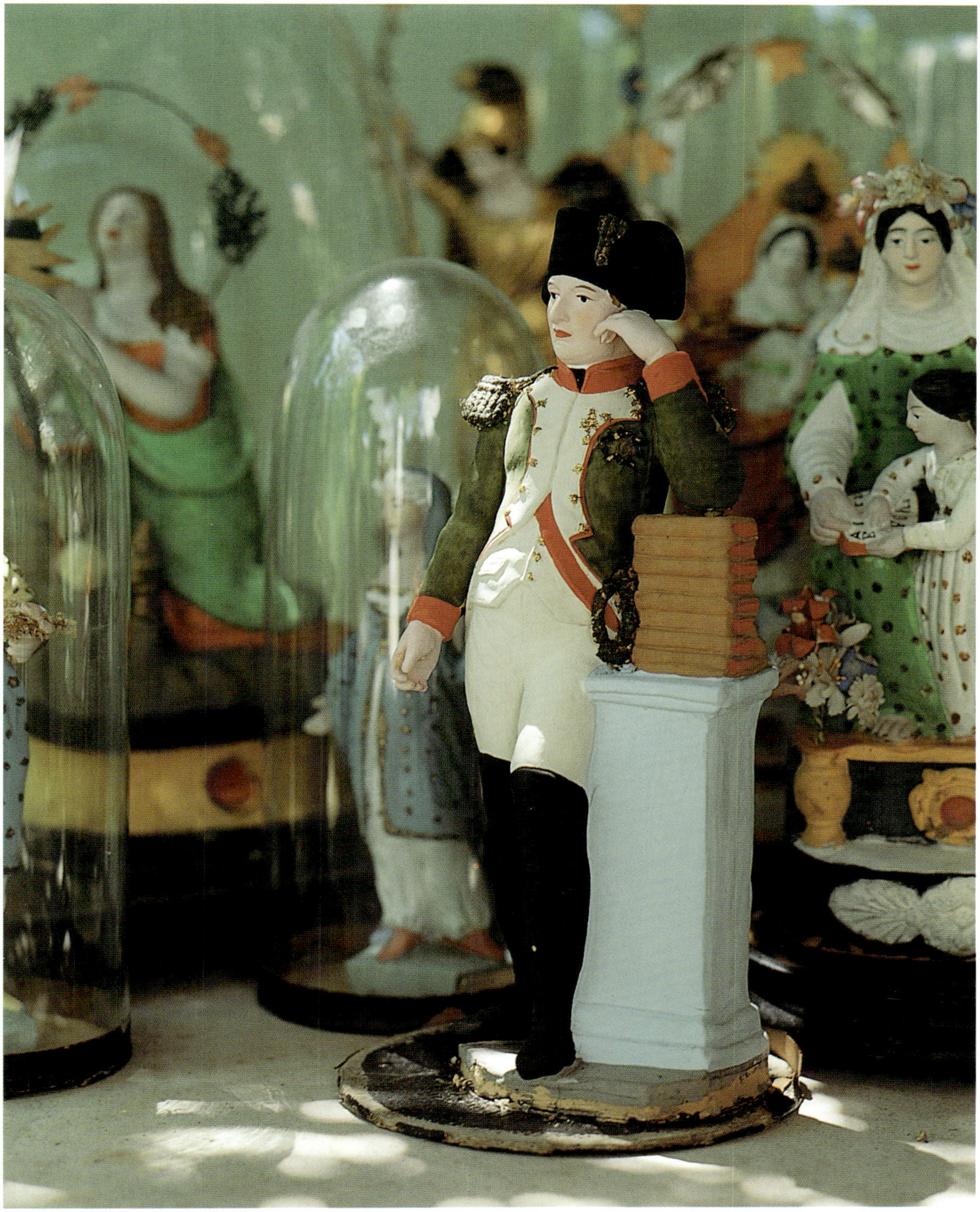

à leurs pieds se tenait un ange, un coq ou un cochon, parfois même un curieux dragon vert, la gueule béante, avec dedans ce qui semblait être les petites jambes d'un enfant. Et nous étions émerveillés, un peu terrifiés aussi, lorsque notre tantine Claire nous contait les histoires édifiantes et affreuses de ces malheureux martyrs des premiers temps chrétiens. La palme de papier vert était leur symbole commun.

Il y avait là sainte Catherine d'Alexandrie, représentée à côté d'une demi-roue hérissée de pointes. La malheureuse vierge qui s'était promise au Christ et qui, pour cette raison, refusait d'épouser l'empereur Maximien, après qu'elle eut soutenu victorieusement une dispute contre cinquante philosophes alexandrins chargés par l'empereur de lui démontrer l'inanité de la foi chrétienne, fut condamnée au supplice de la roue. Mais la roue se brisa miraculeusement. Alors l'empereur fit brûler vifs les cinquante philosophes et décapiter Catherine. Elle est la patronne des jeunes filles, des charrons et des philosophes.

Il y avait sainte Christine de Bolsène, tenant la palme d'une main et une flèche dorée de l'autre. Comme elle refusait de sacrifier à Apollon, brisant les idoles d'or et d'argent pour en offrir les débris aux pauvres, elle fut livrée au bourreau. Elle fut fouettée, enfermée, noyée, brûlée dans l'huile bouillante, jetée aux serpents et enfin offerte aux flèches des archers. La hache du bourreau acheva cette longue suite de supplices. Elle est la patronne des archers, des meuniers et des marins italiens.

Il y avait sainte Marguerite d'Antioche, qui, pour sa part, refusa d'épouser le gouverneur romain Olibrius, car elle avait fait vœu de virginité. Olibrius la fit jeter en prison. Là, elle fut agressée par le diable. Celui-ci se transforma en un monstrueux dragon et la dévora tout entière. Mais Marguerite, ayant gardé à la main une petite croix, en transperça le ventre du dragon et sortit miraculeusement indemne des entrailles de la bête. Olibrius, exaspéré par ce miracle, lui fit alors subir une quantité de supplices si atroces qu'il ne put en supporter la vue et dut se cacher les yeux. Marguerite fut finalement décapitée. La statuette de terre cuite peinte de sainte Marguerite la représentait tenant à la main une croix, un dragon vert à l'air plutôt débonnaire couché à ses pieds.

Lorsque, bien des années plus tard, je parcourus les marchés aux puces et les brocantes de Provence, je fus enchanté de retrouver de semblables statuettes sous globe et décidai d'en faire collection. En revanche, il me fut très difficile de trouver quelque documentation que ce soit sur ces objets, pourtant nombreux. Ignorés, oubliés, méprisés par les amateurs d'art religieux qui les trouvaient sans doute trop « kitsch », il n'existe encore aujourd'hui aucune étude sérieuse sur cet art populaire si ravissant, qui témoigne de la piété naïve de tout un peuple. Il en est seulement fait quelquefois mention dans les ouvrages relatifs aux santons, car il semble établi maintenant que ce furent bien les mêmes figuristes de Marseille et d'Aubagne qui fabriquèrent les uns et les autres, dès la fin du XVIIIe siècle. Mais, alors que les santons, de petite taille (de un à quatorze centimètres), étaient généralement faits d'argile crue, les santibelli, plus grands (le plus souvent une trentaine de centimètres), furent réalisés en terre cuite, plus solide, selon le même procédé de moulage. Et, contrairement aux santons généralement dotés de marques ou de signatures qui permettent d'identifier leurs auteurs, les santibelli n'en comportent pas. Seules la forme des bases, flanquées de vases ou de consoles, et les caractéristiques générales de ces figurines permettent de les regrouper et de différencier, à l'évidence, plusieurs ateliers.

Dès le XVIIIe siècle, des marchands ambulants venus d'Italie parcouraient la Provence pour vendre des statuettes de plâtre représentant divers saints et saintes, objets de la piété populaire. Aussi, lorsque les figuristes de Marseille et d'Aubagne se mirent à fabriquer à leur tour des statuettes de saints, mais faits de terre cuite cette fois, celles-ci gardèrent le nom italien de *santibelli*. Outre les malheureuses vierges martyres, elles représentaient tous les saints et saintes vénérés en Provence. La plus fréquemment représentée fut bien sûr la Vierge Marie, seule, entourée d'anges, portant au bras l'Enfant Jésus, ou plus jeune, apprenant à lire au côté de sainte Anne, sa mère. Son époux, saint Joseph, connut aussi de nombreuses versions. Saint Georges, saint Pierre, saint Paul, saint Sébastien, saint Jean-Baptiste, saint Louis, sainte Thérèse, sainte Marie-Madeleine et tant d'autres furent également statufiés. Seuls les symboles qui leur sont attribués permettent de les reconnaître. Ainsi saint Pierre est-il flanqué d'un coq et tient-il à la main une clé d'or ; sainte Marthe à la tarasque, que l'on confond souvent avec sainte Marguerite d'Antioche, ne porte pas de croix dans la main, tandis qu'à ses pieds la tarasque dévore un enfant.

Sans doute parce qu'ils étaient portés par la même vénération, des personnages laïcs, comme Voltaire et Diderot, le général Bonaparte, puis l'empereur Napoléon Ier accoudé sur les volumes de son Code civil, eurent aussi la faveur d'entrer dans la grande famille des santibelli. Et puis d'autres statuettes, techniquement en tous points semblables, mais destinées à un usage purement décoratif, figurèrent des bergers et des bergères, un Turc enturbanné fumant la pipe ou encore Diane chasseresse dans sa tunique à l'antique.

Enfin, certains personnages du petit peuple provençal, présents dans la crèche sous forme de santons, connurent aussi des versions sous la forme de santibelli : chasseurs, jardiniers et marchandes de pommes portent le costume provençal de la fin du XVIIIe siècle, décrit avec une grande précision puisque la taille des statuettes le permettait.

Santons et santibelli figurent d'une part le peuple de Provence entourant la Sainte Famille et d'autre part tous les saints honorés au XIXe siècle par la dévotion populaire. Ils furent créés par les mêmes artisans. Mais, alors que les santons furent le plus souvent peints de couleurs vives et primaires, les santibelli, eux, empruntèrent une palette sensiblement différente. Orange et jaune, en opposition avec un certain vert émeraude pâle, sont curieusement les couleurs les plus fréquemment employées, très souvent associées sur bon nombre de figurines. Les socles architecturés rappelant ceux des reliquaires anciens sont toujours violemment polychromes. Enfin, il semble qu'il entre toujours dans ces couleurs une petite quantité de blanc, un peu comme si, consciemment ou pas, les santonniers avaient intégré à la couleur le puissant symbole de lumière que porte le blanc. Pour la même raison symbolique, de nombreux santibelli représentant sainte Marie, saint Joseph ou Jésus, et quelques personnages de l'histoire sainte comme l'archange saint Michel ou saint Jean-Baptiste, étaient entièrement dorés, sauf, bien entendu, les visages et les mains, tant il est vrai que l'or est avant tout lumière.

Ce détail d'une couverture piquée montre bien l'exubérance des décors imprimés sur la toile au XIXe siècle (page 166).

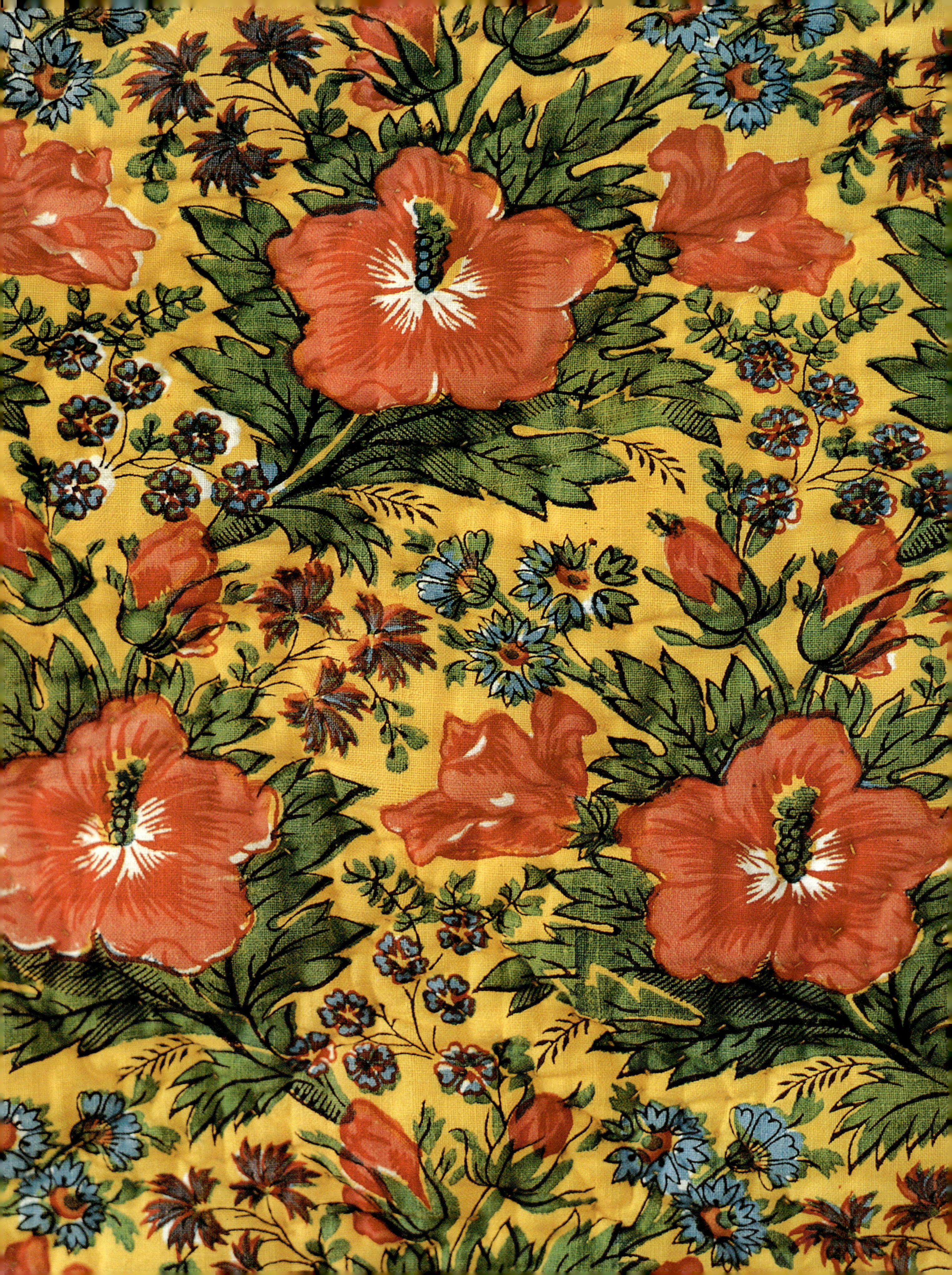

carnet de couleurs

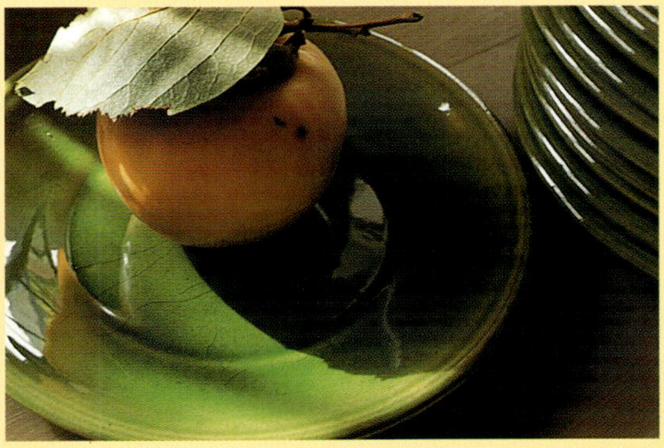

Les bonnes adresses de la couleur en Provence

Il ne s'agit pas de vous donner un guide complet et détaillé de toutes les bonnes adresses de Provence, chaque village réserve des surprises colorées, mais plutôt de vous entraîner dans les boutiques où j'aime chiner, dans les restaurants où je me sens chez moi et dans les hôtels où j'envoie mes amis. Vous y trouverez pêle-mêle tout ce qui m'a permis d'illustrer ce livre.

Jean-Claude Appy
Pépinières
Route de Joucas
Roussillon
Tél. 90 05 62 94
Du petit pot de thym en fleur au majestueux olivier plusieurs fois centenaire, en passant par les sentolines grises ou vertes, les buis taillés en boules et les glycines de Chine.

Patrice Arnoud
Décorateur d'intérieur
Mas Piédache
Oppède
Tél. 90 76 99 08
Le magicien de la couleur, de la conception à la parfaite exécution de la mise en couleurs de votre maison.

Association Rouge et Jaune
124, rue Consolat
Marseille
Tél. 91 08 59 99
Cette association organise à travers la Provence de magnifiques expositions qui célèbrent les étoffes et les costumes traditionnels.

Baldacchino
Boucher, charcutier
9, rue de la République
L'Isle-sur-la-Sorgue
Tél. 90 38 00 04
Alain Baldacchino cuisine entre autres merveilles les meilleures caillettes au vert de toute la région, telles que vous pouvez les croquer des yeux à la page 85.

La Maison Biehn
7, avenue des Quatre-Otages
L'Isle-sur-la-Sorgue
Tél. 90 20 89 04
Elle est célèbre pour ses boutis et ses étoffes anciennes. On y trouve aussi tout ce qui fait le charme et la couleur de la tradition provençale : des poudres d'ocre aux fuseaux de lavande, des bourrettes de soie aux terres vernissées, du savon de Marseille à la confiture de tomates vertes.

Brocante 11
Antiquités
11, avenue des Quatre-Otages
L'Isle-sur-la-Sorgue
Tél. 90 38 21 02
Dans ce tout petit magasin, Philippe et Marlise de Font-Réaulx accumulent quantité d'objets de curiosité, de charme et d'esprit.

Yves Boussin
Antiquités
7, avenue des Quatre-Otages
L'Isle aux Brocantes
L'Isle-sur-la-Sorgue
Tél. 90 20 69 93
Tous les jaunes et tous les verts des terres vernissées de Provence et du Languedoc.

Danièle Capia-Taillant
Antiquités
7, avenue des Quatre-Otages
L'Isle aux Brocantes
L'Isle-sur-la-Sorgue
Tél. 90 20 69 93
Meubles provençaux, terres vernissées et santibelli, ainsi que de très belles rééditions de sièges paillés.

Ateliers Carbonel
Santonnier
47, rue Neuve-Sainte-Catherine
Marseille
Tél. 91 54 26 58
Tous les jolis santons d'argile peints à la main.

Bruno Carles
Centaure Antiquités
209 à 235, avenue du

Maréchal-de-Lattre-de-Tassigny
Lunel
Tél. 67 71 36 10
Pour tout ce qui ornait les belles bastides d'autrefois, pour les vases à orangers d'Anduze, et pour les superbes sièges et radassiers paillés.

Le Carré d'Herbes
Restaurant
13, avenue des Quatre-Otages
Le Carré de L'Isle
L'Isle-sur-la-Sorgue
Tél. 90 38 62 95
Un joli restaurant ocre-rouge au cœur de la brocante, le bonheur d'une cuisine de saison, et une tonnelle où vous pourrez vous contenter d'un en-cas fait de tartines savoureuses.

Jean Chabaud
Antiquités - Matériaux anciens
ZI, route de Gargas
Apt
Tél. 90 74 07 61
Les tuiles, les tomettes et les pierres taillées pour restaurer votre maison en Provence.

Château de Roussan
Hôtel
Route de Tarascon
Saint-Rémy-de-Provence
Tél. 90 92 77 63
Une grande allée d'arbres (voir page 97) et un beau jardin apportent de la fraîcheur à cette bastide hors du temps.

Bertrand Colombier & Bruno Dion
Antiquités
7, avenue des Quatre-Otages
L'Isle aux Brocantes
L'Isle-sur-la-Sorgue
Tél. 90 20 69 93
Pour l'orange et la gaieté des céramiques et des toiles rayées de la Provence des années 50.

Les Délices du Luberon
Sauces provençales
Avenue du 8-Mai
L'Isle-sur-la-Sorgue
Tél. 90 38 45 96
Une fabrique familiale de tapenade, cette délicieuse purée d'olives noires ou vertes qui accompagne si bien l'apéritif, sans oublier la sauce au pistou pour accommoder les pâtes fraîches.

Maison F. Dervieux
Antiquités
5, rue Vernon
Arles
Tél. 90 96 02 39
Tous les beaux meubles de noyer ciré, les buffets à glissants et les grandes armoires débordantes de linge ancien et de boutis.

Château de Brantes
Route de Vedène
Sorgues
Tél. 90 39 23 36
Ce joli jardin de bastide, tout près d'Avignon, ouvre ses portes aux visiteurs le week-end (voir pages 98-99).

Librairie Dumas
16, rue des Marchands
Apt
Tél. 90 74 23 81
Tout simplement la meilleure librairie de la région où vous trouverez les ouvrages les plus intéressants écrits sur la Provence.

Bernard Durand
Antiquités
7, avenue des Quatre-Otages
L'Isle aux Brocantes
L'Isle-sur-la-Sorgue
Tél. 90 20 69 93
Pour le bleu céleste, le rose corail, le gris et l'or de la Provence du XVIIIe siècle. Petits meubles et objets rivalisent de charme dans un écrin de bois naturel et de lin bis.

Marius Fabre
Savonnerie
148, avenue de Grans
Salon-de-Provence
Tél. 90 53 24 77
Fabrique depuis 1900 et dans la pure tradition le célèbre savon de Marseille.

Foire aux santons
Tous les ans, dès le 4 décembre, à Marseille, en haut de la Canebière, à Aix, ou encore à Aubagne (voir page 162).

Fornaroli
Traiteur
1, rue de la République
L'Isle-sur-la-Sorgue
Tél. 90 38 19 75
Il faut absolument goûter le délicieux et traditionnel *crespeou* aux mille couleurs. C'est un gâteau d'omelette qui se mange froid, accompagné d'un coulis de tomate.

Le Fournil
Restaurant
Place Carnot
Bonnieux

Tél. 90 75 83 62
Un endroit accueillant où la cuisine colorée séduit par sa savoureuse simplicité.

Grand Hôtel Nord Pinus
Place du Forum
Arles
Tél. 90 93 44 44
Lieu mythique de la tauromachie, revisité avec bonheur et en couleurs par Anne Igou, l'âme de cet hôtel hors du commun, sur une des plus jolies places de la ville.

Le Grand Magasin
24, rue de la Commune
Saint-Rémy-de-Provence
Tél. 90 92 18 79
La Provence d'aujourd'hui et quantité d'objets, de lampes, de vaisselle et de bijoux choisis avec talent, humour et poésie par Francis Braun.

Hostellerie de Crillon-le-Brave
Place de l'Eglise
Crillon-le-Brave
Tél. 90 65 61 61
L'hôtel est fait de plusieurs maisons de village blotties autour de l'église. La vue est divine et le séjour calme et luxueux à souhait.

Le Jardin des Lavandes
Hameau de Verdolier
Sault
Tél. 90 64 14 97
Ouvert en juillet et en août. Dans ce conservatoire des lavandes, où l'on voit l'infinie palette de leurs nuances, on peut acheter des plants de lavande et de toutes les plantes officinales.

Kayak vert
Fontaine-de-Vaucluse
Tél. 90 20 35 44
Pour descendre la Sorgue en canoë, la meilleure façon de profiter des beautés de cette rivière limpide qui surgit à Fontaine-de-Vaucluse.

Lilamand
Confiseur
Route d'Avignon
Saint-Rémy-de-Provence
Tél. 90 92 11 08
Pour la beauté des fruits confits dans cette maison familiale de tradition artisanale.

Luberon Investissement
Quartier La Combe
Gordes
Tél. 90 72 07 55
Un guide parfait pour vous entraîner sur les routes de Provence en quête d'un coin de paradis.

Maison Garance
Maison d'hôtes
Hameau des Bassacs
Saint-Saturnin-les-Apt
Tél. 90 05 74 61
Un bonheur de maison d'hôtes tout en couleurs, sourires et plaisirs gourmands.

Maison Louis Sicard-Amy
2, boulevard Emile-Combes
Aubagne
Tél. 42 70 12 92
Le célèbre fabricant de cigales de faïence produit toujours sa traditionnelle vaisselle jaune à décor de fruits d'aubépine.

Marché paysan du Coustellet
Tous les dimanches matin, d'avril à novembre.
Un des plus jolis marchés aux légumes et aux fruits de Provence, où vous trouverez de nombreux pépiniéristes et les ravissants bouquets de fleurs séchées de Popo.

Le Mas Tourteron
Restaurant
Les Imberts
Quartier Saint-Blaise
Gordes
Tél. 90 72 00 16
Dans le plus joli des jardins, Elisabeth Bourgeois régale ses hôtes en faisant chanter les couleurs et les saveurs du terroir.

Usine Mathieu
Conservatoire des ocres et pigments appliqués
Association OKHRA
Route d'Apt, D 104
Roussillon
Tél. 90 05 66 69
Ancienne usine d'ocres où l'on peut s'initier aux pratiques des pigments.
Elle accueille chaque année de très nombreux visiteurs et organise l'été des ateliers pratiques pour apprendre toutes les techniques de la couleur et des enduits (voir pages 56 et 57).

Edith Mézard
Atelier de broderie
Château de l'Ange
Lumières
Tél. 90 72 36 41
Dans les communs du château de l'Ange

(voir page 17), Edith Mézard met en scène tout le beau linge de maison, de lin, de chanvre et de coton.

Musée de Château-Gombert
5, place des Héros
Marseille
Tél. 91 68 14 38
Ses très riches collections de santons et de santibelli, de costumes et de meubles provençaux méritent absolument un détour.

Musée du Vieux Nîmes
Place aux Herbes
Nîmes
Tél. 66 36 00 64
C'est le musée de l'indigo et des toiles bleues, des châles de cachemire, des terrailles du Languedoc, bref, de tous les objets de la vie quotidienne dans cette ville située aux portes de la Provence (voir pages 24 et 108).

Museon Arlaten
Rue de la République
Arles
Tél. 90 96 08 23
Créé par Frédéric Mistral, il rend compte avec ferveur de la tradition provençale et montre des objets, outils et tissus aujourd'hui très rares, notamment quelques superbes crèches de verre filé et une étonnante collection d'objets de magie populaire (voir page 160).

Objets de Hasard
Antiquités
13, avenue des Quatre-Otages
Le Carré de l'Isle
L'Isle-sur-la-Sorgue
Tél. 90 38 54 58
C'est comme un trésor de pirates ou une antique pharmacie, un cabinet de curiosités ou un dictionnaire des symboles. Bref, c'est magique.

L'Oustau de Nadine
Fruits et légumes
Place du Château
Gordes
Tél. 90 72 09 47
L'étalage de cagettes de bois débordantes des plus beaux fruits et légumes de la région est incontestablement une des curiosités les plus remarquables du village de Gordes.

Bernard Paul
Antiquités - Architecture d'intérieur
Rue de la République
Eygalières
Tél. 90 95 92 38
Alliant une grande culture et un charme incomparable, il vous aidera à trouver la parfaite relation entre couleurs, matières et proportions.

Musée Charles-Demery
39, rue Proudhon
Tarascon
Tél. 90 91 08 80
Dans ce musée créé à la mémoire du fondateur de la Maison Souleiado, incontournable coloriste des tissus de Provence (voir pages 6 et 7), sont présentés une remarquable collection de santibelli, de très nombreux documents textiles, costumes, boutis et couvertures piquées.

Sous l'Olivier
Epicerie fine
16, rue de la République
L'Isle-sur-la-Sorgue
Tél. 90 20 68 90
Pour l'huile d'olive et l'épeautre, le safran en pistils, les pastis artisanaux, la confiture de gratte-culs et les meilleures tapenades.

Terre d'Oc
10, rue Grande
Forcalquier
Tél. 92 75 44 63
Un coffret de pigments et d'ocres, en vente dans tous les magasins Nature et Découvertes (liste des points de vente au [1] 39 56 01 47), y a été conçu pour permettre à tous les malheureux qui vivent loin de la Provence de s'initier à la peinture décorative.

La Terre Salée
Table d'hôtes
Quartier Pont-Blanc
Les Saintes-Maries-de-la-Mer
Tél. 90 97 72 15
Au bord des étangs, Mimi Desana célèbre la Camargue par une cuisine généreuse et époustouflante d'audace, dans le plus amoureux respect de la tradition.

Vernin
Carreaux d'Apt
Route nationale 100
Bonnieux
Tél. 90 04 63 04
Cent soixante-cinq couleurs pour des carreaux façonnés et émaillés à la main.

Crédits photographiques

Les photographies de cet ouvrage sont de Heinz Angermayr, à l'exception de celles des photographes suivants, qui tous résident en Provence et ont consacré de longues heures à en photographier toutes les couleurs.
Par ordre alphabétique :
Gilles Abbeg/Terre d'Oc, p. 16 (gauche, haut et bas), 56 (haut) ; J.-M. Blaché-Mission/Ernoult Seatures, p. 148 ; François-Xavier Emery, p. 149 ; Philippe Giraud/Terres du Sud, p. 10, 11 (haut), 12-13, 36, 61, 116 (haut), 136 (gauche), 152 (bas) ; Vincent Motte, p. 15, 97, 98-99, 121, 153 (gauche) ; Hans Silvester/Rapho, p. 21 (haut) ; Gérard Sioën/Rapho, p. 11 (bas), 18, 33 (haut et bas), 62-63, 117, 154-155 ; Marc Walter, p. 1 ; Dominique Zintzmeyer, p. 20 (haut), 22, 31, 92 (haut), 102, 116 (bas), 122-123, 128 (gauche), 129 (bas), 150.

légende de la page 2

Cartons de loto colorés à l'indigo. Le jeu de loto est très populaire en Provence depuis fort longtemps.

Bibliographie
Ouvrages cités par l'auteur

Serge BEC, *Fêtes de Provence*, Edisud.

Fernand BENOIT, *La Provence et le Comtat Venaissin*, Aubanel.

Michel BIEHN, *En jupon piqué et robe d'indienne*, Jeanne Laffitte.

Michel BIEHN, *Le Cahier de recettes provençales*, Flammarion.

Michel BOULARD, « Biologie et comportement des cigales de France », revue *Insectes*, n°69.

Josette BREDIF, *Relations commerciales entre la manufacture Oberkampf de Jouy-en-Josas et la Provence*, CEITA, bulletin n°65.

Jules CHARLES-ROUX, *Le Costume en Provence*, Marcel Petit éditeur.

J. CHEVALIER et A. GHEERBRANT, *Dictionnaire des symboles*, Editions Robert Laffont.

CNAC, *L'Inventaire du patrimoine culinaire de la France : Provence, Alpes, Côte d'Azur.*

Marie-Pierre DEGUILLAUME, *Secrets d'impression*, coll. Les Carnets du textile, Editions Syros.

Jean-Pierre DEMERY et Philippe RENAUD, *Santibelli*, catalogue d'exposition, Michel Aveline éditeur.

Marc DUMAS, *Les Faïences d'Apt et du Castellet*, Edisud.

Pierre FONTAN, *La Crèche provençale*, Toulon, J. Labrosse éditeur.

André FRANÇOIS, *Santoun*, Serg/Berger-Levrault.

Charles GALTIER et Jean-Maurice ROUQUETTE, *La Provence et Frédéric Mistral au Museon Arlaten*, Joël Cuénot éditeur.

Michel GARCIA et Marie-France DELAROZIÈRE, *De la garance au pastel*, Edisud-Nature.

René GROSSO, *Paysans de Provence*, coll. Paysans de France, Editions Horvath.

Gérard et Vincent GUERRE, *Les Arts décoratifs en Provence du XVIIIe au XIXe siècle*, Edisud.

Johannes ITTEN, *L'Art de la couleur*, Dessain et Tolra.

Andrinople, le rouge magnifique, ouvrage collectif sous la direction de Jacqueline JACQUÉ, Editions de la Martinière.

Claudette JOANNIS, *Bijoux des régions de France*, Flammarion.

Louisa JONES et Vincent MOTTE, *Splendeur des jardins de Provence*, Flammarion.

Solange LAMBERGEON, *Un amour de Sade, la Provence*, Avignon, Editions A. Barthélemy.

Jean-François LEFORT, *Les Paperoles des carmélites*, Editions Jeanne Laffitte.

Jean-Philippe et Dominique LENCLOS, *Les Couleurs de la France*, Editions du Moniteur.

Jean-Luc MASSOT, *Maisons rurales et Vie paysanne en Provence*, Serg/Berger-Levrault.

Gilles MIHIÈRE, *Les Bastides marseillaises*, Jeanne Laffitte.

A.-L. MILLIN (cité par Régis Bertrand), *Crèches et santons de Provence*, Editions A. Barthélemy.

Frédéric MISTRAL, *Lou Tresor dou felibrige*, catalogue d'exposition.

Peintres de la couleur en Provence, Réunion des musées nationaux.

Musées de Marseille, *Sublime Indigo*, catalogue d'exposition, Office du Livre.

Musée du Vieux Nîmes, *Bleu de Nîmes, Jeans denim, le bleu populaire*, catalogue d'exposition, Electa Edition.

Ocres, coll. Images et Signes, Edisud.

Odile et Magali PASCAL, *Histoire du costume d'Arles*.

Michel PASTOUREAU, *Couleurs, images, symboles*, Le Léopard d'or.

Michel PASTOUREAU, *L'Etoffe du diable*, Librairie du XXe siècle, Le Seuil.

Jean-Marie ROCCHIA, *Des truffes en général et de la rabasse en particulier*, coll. Du goût et de l'usage, Editions A. Barthélemy.

Annie ROUX, *Le Textile en Provence*, Edisud.

Suzy ROZE et Marie-Noëlle CAVASSE, *Or, oranges, orangeries*, Ipomée/Albin Michel.

Maguelonne TOUSSAINT-SAMAT, *Douceurs de Provence*, coll. Du goût et de l'usage, Editions A. Barthélemy.

Daniel VALADE et Marcel POL, *Un siècle d'avenir en Camargue, La Manade Laurent*, E.N.D., Nîmes.

Yvonne VERDIER, *Façons de dire, façons de faire*, Gallimard.

Table des matières

Table des recettes

Remerciements

Il y a quatre ans, Nicky Chavaux m'a entraîné sur les traces de ce livre et elle a guidé mes premiers pas. Qu'elle trouve ici l'expression de ma profonde gratitude.

Mes amis, Pierre Bergé, Robert Merloz, Jasmine Thollon, Vladimir Bellot, Bernard Paul, Jacques et Martine Machurot, Bruno Carles, Lionel Guibal, Jacques Lebrun, Bernard Durand, Patrice Arnoud, Jacques Le Roy, Mme Walther-Duck, Danièle Capia-Taillant, Edith Mézard, Martine Nougarède, Puce et Dan, Yves Boussin, Thierry Guien, Jean-Pierre Demery, Lillian Williams, Serge Liagre, Patricia Pepino, Aline Vidal, la Maison Garance, Michel et Nicky Chavaux, m'ont ouvert toutes grandes les portes de leurs maisons, de leurs jardins et de leurs collections afin que nous puissions réaliser les photos de ce livre et je les en remercie.

Merci à Henri et Annie Laurent qui furent mes professeurs en bouvine et à Thierry Guien qui fut mon maître en palangrotte, à Philippe de Font-Réaulx qui m'a conté l'histoire des fruits confits du marquis de Sade et à Magali Pascal, à Jacques Chiffoleau, conservateur du palais des Papes, à Mathieu et Barbara Barrois, à Marcel Dérosier pour leurs précieux conseils.

Merci enfin à Heinz Angermayr avec qui j'ai parcouru avec bonheur pendant plus d'un an les sentiers de Provence et qui a traqué dans son objectif les belles images de ce livre.
Et puis, sans Gisou Bavoillot pour tenir les rênes, ni Marc Walter pour organiser le rêve, jamais ce livre n'aurait pu voir le jour.

A tous, merci.

L'éditeur tient à remercier tous les photographes de Provence qui ont bien voulu s'associer à cet ouvrage et, en particulier, Vincent Motte (à Monteux), Dominique Zintzmeyer (à Villeneuve-Loubet), Philippe Giraud (à Venasque), ainsi que tous ceux qui lui ont permis de découvrir l'infinie richesse des ocres : Mathieu Barrois (Usine Mathieu), André Guigou (Société des ocres de France, à Apt), Gilles Abbeg et Valérie Roubaud (Terre d'Oc, à Forcalquier), Emmanuelle Carraud (à Mazan), Anouk Lautier (Sud Restauration), l'atelier Lorenzi qui a bien voulu teinter de ses ocres les cigales de plâtre de la société Sedap, ainsi que Corine Russo de l'Office de tourisme de Cavaillon.
Ses remerciements s'adressent aussi à toute l'équipe qui a permis la réalisation de l'ouvrage : Marc Walter, Olivier Canaveso, Margarita Mariano, Sophie Pujols, Murielle Vaux, ainsi qu'à Véronique Manssy, Anne-Laure Mojaïsky, Anne-Stéphanie Trollé, Katia Bourdelet, Marilyne Willaert, Pascaline Sala, Mariane Perdu et Florence Boury.